高等职业教育汽车运用技术专业规划教材

Qiche Dianzi Shangwu

汽车电子商务

（第二版）

交通职业教育教学指导委员会　组织编写
李富仓　主编

人民交通出版社

内 容 提 要

本书是高等职业教育汽车运用技术专业规划教材，从实用、易于掌握操作的角度出发，以目前在汽车运用与维修领域应用较为广泛的、成熟的电子商务技术为对象，讲述了电子商务及电子商务系统的基础知识，介绍了汽车整车制造及配套企业、汽车流通企业、现代物流企业、汽车保险和租赁业的电子商务应用情况及相关知识、方法和技术。

本书可供高等职业院校汽车运用技术专业教学使用，也可作为相关行业岗位培训或自学用书，同时可供汽车维修人员学习参考。

图书在版编目（CIP）数据

汽车电子商务/李富仓主编．--2版--北京：人民交通出版社，2011.8

ISBN 978-7-114-09167-4

Ⅰ.①汽… Ⅱ.①李… Ⅲ.①汽车—电子商务 Ⅳ.①F766-39

中国版本图书馆CIP数据核字（2011）第103728号

高等职业教育汽车运用技术专业规划教材

书　　名： 汽车电子商务（第二版）
著 作 者： 李富仓
责任编辑： 张　强
出版发行： 人民交通出版社股份有限公司
地　　址：（100011）北京市朝阳区安定门外外馆斜街3号
网　　址： http://www.ccpress.com.cn
销售电话：（010）59757973
总 经 销： 人民交通出版社股份有限公司发行部
经　　销： 各地新华书店
印　　刷： 北京市密东印刷有限公司
开　　本： 787×1092　1/16
印　　张： 13.5
字　　数： 305千
版　　次： 2005年10月　第1版
2011年8月　第2版
印　　次： 2015年8月　第4次印刷　累计第9次印刷
书　　号： ISBN 978-7-114-09167-4
定　　价： 29.00元

第二版前言

DIERBANQIANYAN

《汽车电子商务》自 2005 年 10 月出版发行后，被国内多所高职院校选为教学用书，本教材至今已累计印刷 5 次。

本教材第一版出版后，出版社和编者陆续收到了一些院校教师的信息反馈，他们对书中的内容提出了宝贵的意见和建议，并指出了一些错误。

2009 年 11 月，人民交通出版社组织十几所院校的汽车系教师代表，在上海交通职业技术学院召开了高等职业教育汽车运用技术专业规划教材修订研讨会，对汽车运用技术专业规划教材进行了修订研讨，并确定了每本教材的修订方案。

本教材的修订工作，是在本教材第一版的基础上，吸收了教材使用院校教师的意见和建议，在高等职业教育汽车运用技术专业规划教材修订研讨会确定的修订方案指导下完成的。此次修订工作主要体现在以下四个方面：

(1) 对部分过时的内容进行了更新。

(2) 更新了单元三中“典型案例分析”。

(3) 鉴于二手车市场的快速发展和业务量的激增，在单元四中增加了二手车电子商务的内容。

(4) 邀请福建交通职业技术学院的倪红编写了“汽车备件订货系统应用示例”一节，列入单元四。

本教材的修订工作由内蒙古大学交通学院李富仓负责组织，各位编者分别对自己编写的部分进行了修改或重新编写。

限于编者水平，书中难免有疏漏和错误之处，恳请广大读者提出宝贵建议，以便进一步修改和完善。

编　者

2011 年 5 月

第一版前言

DIYIBANQIANYAN

为贯彻《国务院关于大力推进职业教育改革与发展的决定》以及教育部等六部委《关于实施职业院校制造业和现代服务业技能型紧缺人才培养培训工程的通知》精神,全面实施《2003—2007年教育振兴行动计划》中提出的"职业教育与培训创新工程",积极推进课程改革和教材建设,为职业教育教学和培训提供更加丰富、多样和实用的教材,更好地满足职业教育改革与发展的需要,交通职业教育教学指导委员会汽车运用与维修学科委员会组织全国交通职业技术院校的专业教师,按照教育部颁布的《汽车运用与维修专业领域技能型紧缺人才培养培训指导方案》的要求,紧密结合目前汽车维修行业实际需求,编写了高等职业教育规划教材,供高等职业院校汽车运用技术专业教学使用。

本系列教材符合国家对技能型紧缺人才培养培训工作的要求,注重以就业为导向,以能力为本位,面向市场、面向社会,为经济结构调整和科技进步服务的原则,体现了职业教育的特色,满足了汽车运用技术领域高素质专业实用人才培养的需要。

本系列教材在组织编写过程中,认真总结了全国交通职业院校多年来的专业教学经验,注意吸收发达国家先进的职教理念和方法,形成了以下特色:

1. 专业培养目标设计基本指导思想是以行业关键技术操作岗位和技术管理岗位的岗位能力要求为核心,确定专业知识和能力培养目标,对实际现场操作能力要求达到中级技术工人水平,在系统专业知识方面要求达到高级技师水平,并为毕业生在其职业生涯中能顺利进入汽车运用工程师行列奠定良好发展基础;

2. 全套教材以《汽车文化》、《汽车专业英语》、《汽车电工与电子基础》、《汽车机械基础》、《汽车发动机构造与维修》、《汽车底盘构造与维修》、《汽车电气设备构造与维修》、《汽车维修质量检验》八门课程搭建专业基本能力平台,以若干专门化适应各地各校的实际需求;

3. 打破了教材传统的章节体例,以专项能力培养为单元确定知识目标和能力目标,使培养过程实现"知行合一";

4. 在内容的选择上,注重汽车后市场职业岗位对人才的知识、能力要求，力求与相应的职业资格标准衔接，并较多地反映了新知识、新技术、新工艺、新方法、新材料的内容；

5. 本套教材将力图形成开放体系，一方面除本次推出清单所列教材之外，还将根据市场实际需求，陆续推出不同车系专门化教材；另一方面，还将随行业实际变化及时更新或改编部分专业教材。

《汽车电子商务》是汽车运用与维修专业领域技能型紧缺人才培养培训课程之一，内容包括：电子商务概论，电子商务系统，汽车整车及配套企业电子商务应用，汽车流通企业的电子商务应用，现代物流企业的电子商务应用，汽车保险和租赁业的电子商务应用，共6单元。此外还安排有一定数量的思考题或习题，并推荐了一些有关的学习资源。

参加本书编写工作的有：内蒙古大学职业技术学院田永鹏（编写单元一、单元二的第五到第八节，制定全书的编写大纲）；内蒙古大学职业技术学院周永良（编写单元二的第一到第四节）；内蒙古大学职业技术学院高飞（编写单元三）；内蒙古大学职业技术学院李政（编写单元四）；内蒙古大学职业技术学院李富仓（编写单元五的第一到第三节和单元六，并负责全书统稿）；江西交通职业技术学院胡丽娜（编写单元五的第四节）。全书由李富仓担任主编，江西交通职业技术学院黄晓敏担任主审。

限于编者经历和水平，教材内容难以覆盖全国各地的实际情况，希望各教学单位在积极选用和推广本系列教材的同时，注重总结经验，及时提出修改意见和建议，以便再版修订时改正。

交通职业教育教学指导委员会

汽车运用与维修学科委员会

2005年5月

目录

MULU

单元一　电子商务概论

学习目标

知识目标

1. 简述电子商务的概念和定义；
2. 正确描述电子商务的特征和分类；
3. 正确描述电子的功能、发展方向和趋势。

能力目标

1. 会分析电子商务的基本流程；
2. 会表述电子商务的相关内容；
3. 在进行电子商务发展规划时，可以对规划内容的合理性做出初步判断，并且能够提出建设性意见。

1　电子商务的概念和运用领域

对于电子商务概念的理解，我们可以从电子手段和商务活动两个方面入手。由于电子商务是一门实践性很强的学科，而且正处于发展之中，所以对于电子商务来说还没有一个国际上的统一标准定义。在学习这一单元时我们应该思考这样一个问题：对于那些想利用电子商务改变商务活动方式却又对此很陌生的人来说，我们能不能用一种通俗的表述方式告诉他们，怎么做就算是跨进了电子商务的大门呢？或者说，能不能告诉他们：电子商务就是运用电子手段进行商务活动。

1.1　电子商务的由来和发展

1.1.1　电子商务是经济发展和科技进步的产物

1839年电报出现后，人们萌发了运用电子手段进行商务活动的设想。20世纪60年代，人们开始用电报报文发送商务文件；70年代又普遍采用方便、快捷的传真机来替代电报；80年代计算机的普及和字表处理软件的出现产生了企业内部电子数据处理EDP(Electronic Data Process)技术，为标准格式商务单证的开发应用提供了条件，使企业商业文件的处理从书面文件转变为电子文件形式。随后人们又开始尝试在贸易伙伴之间的计算机上使数据能够自动交换。电子数据交换EDI(Electronic Data Interchange)是通过专用的电信网络，将业务文件按一个公认的标准从一台计算机直接传输到另一台计算机，传递过程如图1-1所示。由于EDI大大减少了纸张票据，因此也被称作“无纸贸易”。这在当时是对传统商务模式的一大突破，但它是一种为满足部分行业需要而发展起来的技术手段,必须遵照统一标准和专用设备及软件对交易活动的电子数据进行相对封闭的交换,买卖双方的选择非常局限,EDI 的技术要求复杂,使用 VAN(Value Added Networks)增值网络中心的费用很高,只有少数实力雄厚的大公司才支付得起采用 EDI 做生意的高昂费用,与中小企业和普通老百姓一直无缘。多方面的原因限制了 EDI 应用范围的扩大和应用水平的提高。

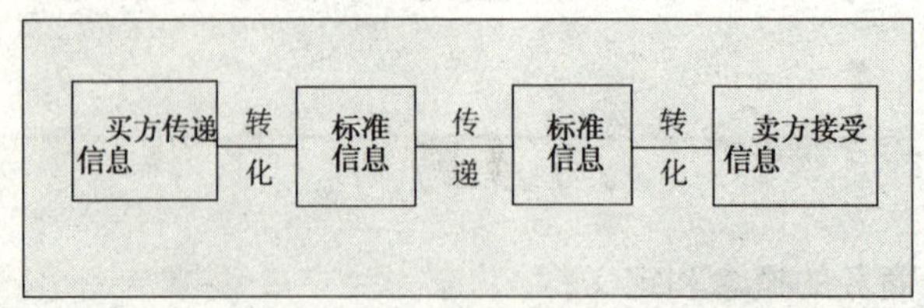

图 1-1　EDI 的信息传递方式

计算机技术的发展和普及,尤其是互联网的兴起和应用,使数据的处理和信息的传递突破了时间和地域的限制,并且大大降低了信息传递的费用。越来越多的人开始接触网络,开始使用电子商务。

1.1.2　电子商务的发展

广义的电子商务可以理解为利用一切电子手段进行的商务活动。广义电子商务的发展经历了 3 个不同的阶段,如图 1-2 所示。

图 1-2　广义电子商务发展的 3 个阶段

(1)第一代电子商务。使用电报传递商务信息,是人们开始第一次使用电子手段传递信息,电报技术的应用节约了信息传递时间,减轻了劳动强度,方便了交易过程。

(2)第二代电子商务。电话和传真的出现使得声音、文字和图形能在瞬间传递,提高了信息传递的效率,增强了信息传递的安全性。使用电话和传真实现了大范围点对点的信息传递。但是它不能真正实现"无纸化"办公的要求。

(3)第三代电子商务。第三代电子商务处于大量使用计算机技术和网络技术的时代。人们先是使用 EDI 技术,但是其成本太高,局限性太多;真正使电子商务实现飞跃的是互联网的高速发展。1993 年 WWW(World Wide Web)技术的出现,使互联网具备了支持电子邮件接收与发送、信息浏览查询及多媒体应用的功能,也使得网上的商业贸易活动变得异常活跃,到 1995 年互联网上的商业业务信息量首次超过了科教业务信息量。这既是互联网此后产生爆炸性发展的开端,又是第三代电子商务发展的标志。

近几年来,随着移动通信技术的发展,无线上网的技术已经成熟,许多专家预言,移动电子商务将是今后电子商务的重要特征之一。

1.1.3　基于互联网的电子商务

基于互联网的电子商务对企业具有更大的吸引力，这是因为它和早期电子商务特别是和基于EDI的电子商务相比具有明显的优势。

(1)费用低廉。互联网是国际的开放性网络，使用费用很低，这一优势使得许多企业尤其是中小企业非常感兴趣。

(2)覆盖面广。互联网几乎遍及全球的各个角落，用户通过普通电话线或专用网线就可以方便地与贸易伙伴传递商业信息和文件。

(3)功能全面。互联网可以全面支持不同类型的用户实现不同层次的商务目标，如发布电子商情、在线洽谈、建立虚拟商场或网上银行等。

(4)使用简单。基于互联网的电子商务可以不受特殊数据交换协议的限制，商业文件或单证可以通过填写与现行的纸面单证格式一致的屏幕单证来完成，不需要再进行专用软件的翻译和转换，任何人都能看懂或直接使用。

(5)高效全时。利用互联网可以快速地传递信息，并且不受时间的限制，可以24小时不间断地接收信息和发送信息。

互联网的电子商务具有上述无可比拟的特点，因此得到了广泛的应用和迅速的发展。

1.2　电子商务的概念和定义

1.2.1　什么是电子商务

(1)概念。从应用的层面来说，电子商务可以通俗地理解为电子和商务两个概念的结合，就是利用电子手段从事的商务活动，也可称为商务活动的电子化。电子商务是包括电子交易在内的利用网络进行的全部商务活动，它涵盖了企业内部的生产、管理、营销、财务，以及企业间的商务活动等，它是一个系统的、完整的概念，包括方案的提出、设计、实施，以及建立在其上的商务应用等各个方面。

(2)内涵。电子商务是一个很宽泛的概念，电子手段并不仅仅局限于计算机和互联网。电报、电话、手机、传真、E-mail、EDI都是电子手段，但是电子商务的概念却是在互联网被广泛使用后才出现的。以互联网为基础的电子商务并没有在本质上改变商务的内涵，改变的只是用什么方式进行商务活动。互联网不属于某个国家或某个公司，甚至也没有权威的领导，它是一个开放的全球性网络，已经成为全球电子商务公用的统一平台，这种特性使它不但消除了数据交换的障碍，而且为所有的企业提供了开展电子商务的可能。可以这么说，以计算机技术和互联网为基础的现代电子商务使商务活动变得更加高效、便捷、准确，同时也使商务活动变得轻松自如，如图1-3所示。

图1-3　电子商务的运用使商务活动变得轻松

1.2.2　电子商务的定义

到目前为止，对于电子商务还没有一种统一的定义，各国政府、各种组织、学者、企业界人士都根据自己所处的位置和对电子商务的参与程度给出了许多不同的表述。我们认为：电子商务是以电子技术、信息技术、网络技术、通信技术为基础，运用各种方法和策略，以方便客户和满足客户需求为中心，高效率、低成本从事以商品（或服务）交换为核心的各种商务活动。电子商务是商务活动的主体活动和相关活动的全部电子化和自动化，它是生产力水平和科技水平发展到一定阶段的必然产物，社会经济各领域的全面发展才能实现全面的电子商务。以上对电子商务的定义只能体现现阶段我们对电子商务的理解，电子商务是发展中的学科，是注重实践运用的学科，对它的认识必将随着实践的深入不断深化，对电子商务的概念和定义也会在实践中达到统一。

1.3 电子商务运用的领域

目前，电子商务在很多领域都有运用：

(1)消费者需求的获知：接收订单、进行消费者需求调研。

(2)企业的网上采购业务：利用网络的订货会、洽谈会等。

(3)企业产品的联合开发过程：利用网络进行联合设计等。

(4)企业生产过程控制活动：各种管理策略的运用和生产控制、信息反馈等。

(5)服务商与生产商之间的商务往来：库存信息互通、商品采购等。

(6)消费者网上购物活动：各种各样的网上商城、网上超市等。

(7)各产品服务领域的网上售后服务：商品的使用指导、维护咨询等。

(8)商贸谈判过程：商贸间各种信息的往来。

(9)在网络上进行各种商贸服务活动：电子报税、电子报关、电子报检等。

(10)网上支付结算：利用电子货币进行转账、付款等。

(11)网上物流活动：运输信息查询、货物信息查询等。

(12)各种类型的网络银行：为企业和个人提供理财服务。

(13)网上调查：企业的市场调查、政府的民意调查、各种社会统计等。

(14)网络预订服务：旅店、餐饮服务网上预定、导游咨询等服务；各种演出、展览、会议的登记注册及购票。

(15)网上医疗：网上预约、远程诊断、疑难病会诊。

(16)网上保险：及时获得保险公司的信息和得到保险服务。

(17)网上求职与招聘：利用一些专业网站进行个人谋职的查询和登记，企业网上发布岗位信息，从网络信息中选择人才。

(18)网络证券股票交易：在网上了解行情和进行证券的买卖。

(19)网络信息咨询：提供各种公共信息的服务。

(20)传播信息的媒体：如网络新闻、网络广告。

(21)网络远程教学：形形色色的网校、学校的师生交互教学。

(22)电子出版物：电子书籍、报刊、电子图书馆。

(23)网上娱乐：网上互动游戏，智力活动。

以上是目前常见的一些电子商务运用方式，随着我们对电子商务理解的不断加深和社会系统运用的不断深入，电子商务必然会进入社会生活的每一个领域。

2　电子商务的特征、功能和分类

电子商务与传统商务的主要区别是对信息收集、传递和处理方式的不同,它将会极大地改变企业的经营管理活动,使企业真正成为供应链管理的一部分。电子商务的全面运用,必然会带来生产力的提高和社会的进步。

2.1　电子商务的特征和功能

2.1.1　电子商务的主要特征

(1)以客户需求为中心。现代营销理论和现代供应链管理理论都强把客户的需求,强调把客户需求作为一切经济活动的出发点。电子商务的使用增强了顾客的主动性,网络空间聚集着无数的企业站点,这使得顾客有绝对充裕的选择自由,再加上从网上获取信息或服务的便捷性,电子商务在顾客与企业的天平上首次向顾客倾斜,整个社会生产将由顾客驱动;电子商务也赋予了企业获取消费者需求的便捷渠道,传统营销渠道对市场反应迟缓,使企业很少能照顾到消费者的个别需要,而电子商务营销中,企业可以借助互联网,迅速获得关于产品和广告的反馈信息,从而更加容易地对消费者行为方式和喜好进行跟踪,为每一位客户提供不同的商品和服务。

(2)信息要素成为重心。电子商务与传统商务的主要区别是对信息收集、传递和处理方式的不同,信息的作用从来没有像现在这么重要。电子商务使得我们拥有更多的信息来源,电子商务使得信息的传递变得方便高效,电子商务可以使我们在拥有大量信息的基础上做出有效的决策。

(3)商务活动区域更加广泛。电子商务利用互联网能使企业的客户市场遍及全球每一个角落,而不管企业是一家大公司还是一家小公司。它为人们提供了不受地域限制的最直接、最广泛的贸易联系。由于网上的顾客几乎是无限的,可以说电子商务使每一家公司都蕴含着无限商机。

(4)低成本,高效率运作。电子商务使企业有可能大幅降低运营成本,提高运作效率。企业通过网络进行销售,不需要建造豪华的营业场所,也无需招聘大量员工,从而降低企业投资。按订单生产的反应型商业模式能减少销售环节,降低库存量,避免了经营盲目性,使经营的成本降低,效率提高。

2.1.2　电子商务的功能

(1)沟通信息,如图 1-4 所示。在电子商务中,企业利用自己的网页在互联网上发布各种商品和服务信息,与以往的各类广告相比,网上广告成本更低廉,传递的信息更丰富、范围更大。客户可借助网上的检索工具迅速地找到自己所需的商品和服务,还可以将自己的特殊需求和对产品与服务的意见通过网络反馈给企业,这种沟通的实时性和方便性是传统商务无法匹敌的。

(2)网上购物,如图 1-5 所示。对个人而言,电子商务最为直观和方便的功能就是网上购物。在商品经济的社会中,任何人都需要市场提供消费品,但是现代社会中工作的紧张和生活节奏的加快,使人们需要减少购物的时间和过程,越来越多的人将选择网上购物的方式,网络营销是电子商务的主要功能。

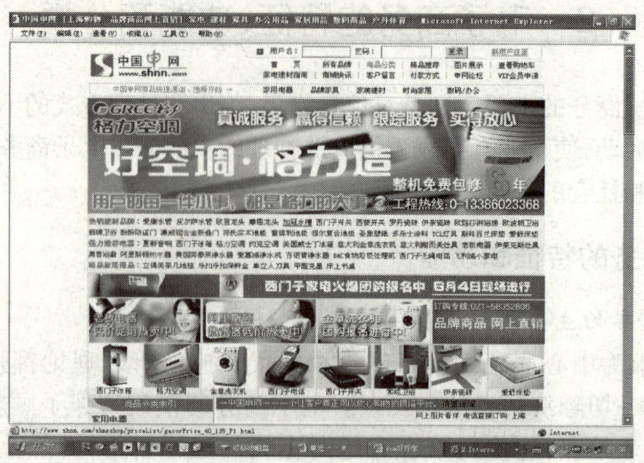

图 1-4　中国申网

图 1-5　西单商场电子商务公司的 igo5 网页

(3)网上支付,如图 1-6 所示。网络作为一种新的交易手段,势必带动着新型付款方式的形成。电子货币将成为购物的主要付款方式,除了购物的支付外,人们在生活中的很多开销如水电、通信、物业、交通、纳税等费用通过网络缴纳可以减少许多直接的人力服务,更方便、更安全。

(4)网上服务,如图 1-7 所示。电子商务的发展,为金融业提供了新的服务领域和服务方式,金融业务的重要性日益明显,网上金融服务的整体化发展水平将直接影响到电子商务的健康成长。网上金融服务包括家庭银行、个人理财、网上投资交易、网上保险等。

2.2　电子商务的分类

2.2.1　按商业活动运作方式分类

(1)完全电子商务。完全通过电子商务方式实现和完成整个交易过程的交易。

(2)不完全电子商务。无法完全依靠电子商务方式实现和完成完整交易过程的交易,它需要依靠一些外部要素，如网上完成信息沟通，网下实现支付和配送。

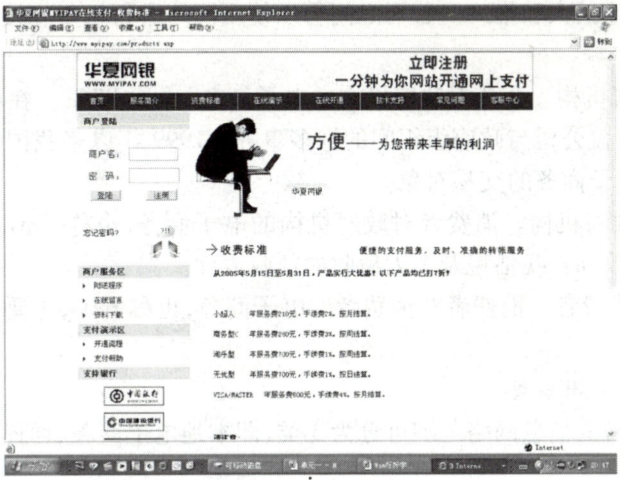

图 1-6 华夏银行网上支付服务

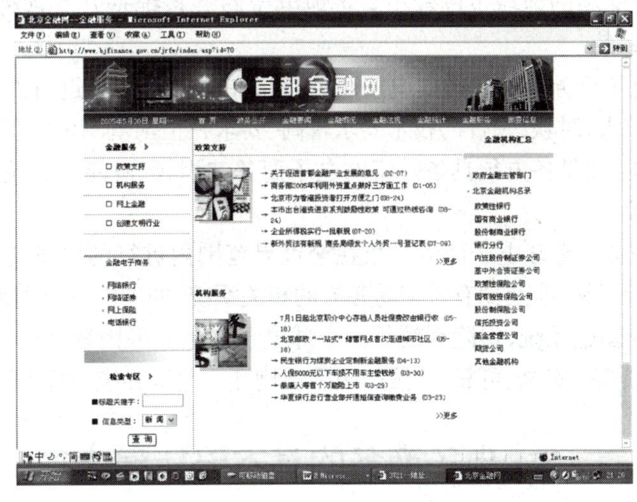

图 1-7 首都金融网的金融服务

2.2.2 按交易对象分类

按电子商务交易对象可分为 5 类，即企业对消费者（Business to Consumer）、企业对企业（Business to Business）、企业对政府机构（Business to Government）、消费者对政府机构（Consumer to Government）、消费者对消费者（Consumer to Consumer）的电子商务。

（1）企业对消费者的电子商务也称商家对个人客户或商业机构对消费者的电子商务，也称 B2C。这类电子商务主要是借助于互联网开展在线销售活动，近年来这类电子商务发展较快。企业的网页对于广大消费者，并不需要统一标准的单据传输，而且在线销售和支付行为通常只涉及到信用卡。

（2）企业对企业。企业对企业的电子商务，也称 B2B。商业机构对商业机构的电子商务是指商业机构使用互联网或各种商务网络，向供应商订货和付款。商业机构对商业机构的电子商务发展最快,已经有了多年的历史,特别是通过增值网络上运行的EDI,使企业对企业的电子商务得到了迅速扩大和推广。公司之间可以使用网络进行订货和接受订货,传输合同、单证和付款。

(3)企业对政府机构。企业对政府机构的电子商务,也称B2G。在企业与政府机构方面的电子商务,可以覆盖公司与政府组织间的许多事务。1999年以来我国地方政府已经推行网上采购,政府成为电子商务的交易对象。

(4)消费者对政府机构。消费者对政府机构的电子商务,也称C2G。政府将会把电子商务扩展到福利费发放和自我估税及个人税收的征收方面。

(5)消费者对消费者。消费者对消费者的电子商务,也称C2C,主要是一些拍卖网站和二手货市场。

2.2.3 按交易范围分类

按开展电子交易的信息网络范围可分为3类,即本地电子商务、远程国内电子商务和全球电子商务。

(1)本地电子商务。本地电子商务通常是指利用本城市内或本地区内的信息网络实现的电子商务活动,电子交易的地域范围较小。本地电子商务系统是开展远程国内电子商务和全球电子商务的基础系统。

(2)远程国内电子商务。远程国内电子商务是指在本国范围内进行的网上电子交易活动,其交易的地域范围较大,对软、硬件的技术要求较高,要求在全国范围内实现信息沟通、资金跨区支付和商品异地配送,交易各方须具备一定的电子商务知识、经济能力和技术能力,并具有一定的管理水平和能力等。

(3)全球电子商务。全球电子商务是指在全世界范围内进行的电子交易活动,参加电子交易各方通过网络进行贸易,涉及到有关交易各方的相关系统,如进出口公司系统、海关系统、银行金融系统、税务系统、运输系统、保险系统等。全球电子商务业务内容繁杂,数据来往频繁,要求电子商务系统严格、准确、安全、可靠,并按照国际惯例和一些世界统一标准运作。

3 电子商务的基本流转程序

要学习电子商务的基本流转程序,首先要掌握电子商务的交易过程。过程是抽象的、一般的和普遍的,流转程序是具体的、特殊的和个性化的,相同的过程可以对应不同的流转程序。

3.1 电子商务的交易过程

电子商务的交易过程,大致可以分为以下4个阶段。

3.1.1 交易前的准备

这一阶段主要是指买卖双方和参加交易各方在签约前的准备活动。

买方根据自己要买的商品准备购货款,制订购货计划,进行货源市场调查和市场分析,反复进行市场查询,了解各卖方国家的贸易政策,反复修改购货计划和进货计划,确定方式等,尤其要利用互联网和各种电子商务网络寻找自己满意的商家和商品。

卖方根据自己所销售的商品召开商品新闻发布会,制作宣传广告,全面进行市场调查和市场分析，了解各买方国家的贸易政策，制订各种销售策略和销售方式，利用互联网和各种电子商务网络发布商品广告，寻找贸易伙伴和交易机会，扩大贸易范围和商品所占市场的份额。其他参加交易各方，如中介方、银行金融机构、信用卡公司、海关系统、商检系统、保险公司、税务系统、运输公司，也都为进行电子商务交易做好准备。

3.1.2　交易谈判和签订合同

这一阶段主要是指买卖双方对所有交易细节进行谈判，将双方磋商的结果以文件的形式确定下来，即以书面文件形式和电子文件形式签订贸易合同。

电子商务的特点是可以签订电子商务贸易合同，交易双方可以利用现代电子通信设备和通信方法，经过认真谈判和磋商后，将双方在交易中的权利、义务以及对所购买商品的种类、数量、价格、交货地点、交货期、交易方式和运输方式、违约与索赔等合同条款，全部在电子交易合同中做出全面详细的规定。合同双方可以利用电子数据交换（EDI）进行签约，也可以通过数字签名等方式签约。

3.1.3　办理交易前的手续

这一阶段主要是指买卖双方签订合同后到合同开始履行之前办理各种手续的过程，也是双方贸易前的交易准备过程。交易中要涉及到相关各方，即可能要涉及到中介方、银行金融机构、信用卡公司、海关系统、商检系统、保险公司、税务系统、运输公司等，买卖双方要利用EDI与有关各方进行各种电子票据和电子单证的交换，直到办理完可以将所购商品从卖方按合同规定开始向买方发货的一切手续为止。

3.1.4　交易合同的履行和索赔

这一阶段从买卖双方办完所有各种手续之后开始，卖方要备货、组货，同时进行报关、保险、取证、信用等，然后将商品交付给运输公司包装、发货、起运。买卖双方可以通过电子商务服务器跟踪发出的货物，银行和金融机构也按照合同处理双方收付款，进行结算，出具相应的银行单据等，直到买方收到自己所购商品，就完成了整个交易过程。

索赔是在买卖双方交易过程中出现违约时，需要进行违约处理的工作，受损方要向违约方索赔。

不同类型的电子商务交易虽然都包括上述4个阶段，但其流转程序是不同的。对于电子商务来讲，大致可以归纳为两种基本的流转程序：网络商品直销的流程和网络商品中介交易的流程。

下面这个故事大家都知道，却没有人注意它所表现出来的内涵。问：把大象放到冰箱里总共要几步（把大象放到冰箱里的过程）？如图1-8所示，共3步：第1步打开冰箱门；第2步把大象放进去；第3步；关上冰箱门。

图1-8　把大象放到冰箱里的过程

3.2 网络商品直销的流转程序

网络商品直销，是指消费者和生产者，或需求方和供应方直接利用网络形式所开展的买卖活动。这种买卖交易的最大特点是供需双方直接见面，环节少，速度快，费用低。其流转程序如图1-9所示。

由图1-9可以看出，网络商品直销过程可以分为以下6个步骤：

(1)消费者进入互联网，查看在线商店或企业的主页。

(2)消费者通过购物对话框填写姓名、地址、商品品种、规格、数量、价格。

(3)消费者选择支付方式，如信用卡、借记卡、电子货币或电子支票等。

(4)在线商店或企业的客户服务器检查支付方服务器，确认汇款额是否认可。

(5)在线商店或企业的客户服务器确认消费者付款后，通知销售部门送货上门。

(6)消费者的开户银行将支付款项传递到消费者的信用卡公司，信用卡公司负责发给消费者收费清单。

为保证交易过程中的安全，需要有一个认证机构对在互联网上交易的买卖双方进行认证，以确认他们的真实身份，如图1-10所示。

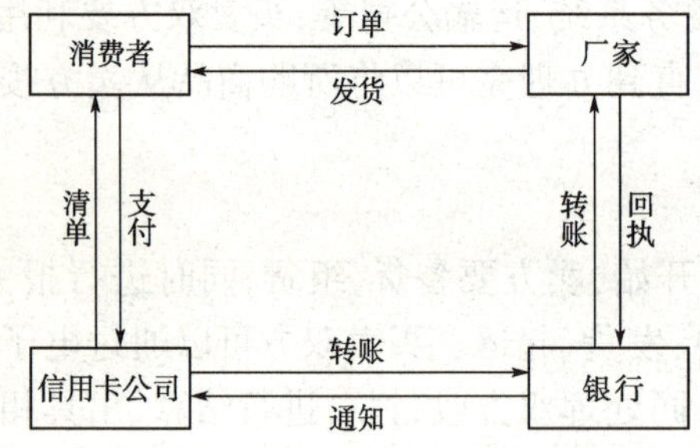

图1-9 网络商品直销的流转程序

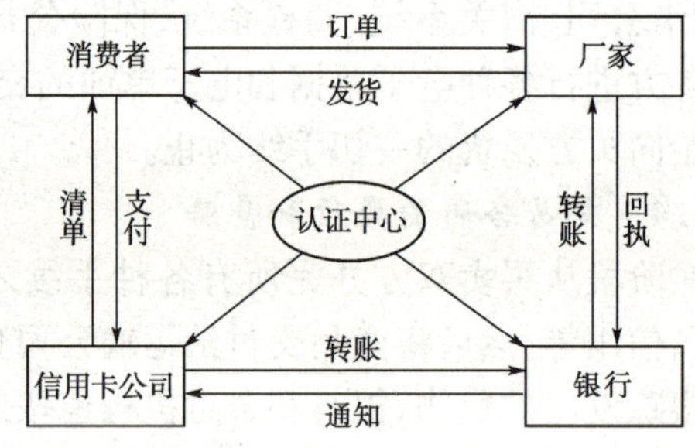

图1-10 认证中心存在下的网络商品直销流转程序

上述过程应当在SET协议下进行。在安全电子交易的4个环节中，即从消费者、商家、支付网关到认证中心，IBM、Microsoft、Netscape、SUN、Oracle均有相应的解决方案。

上述过程也可以用图1-11所示的流程图表示。

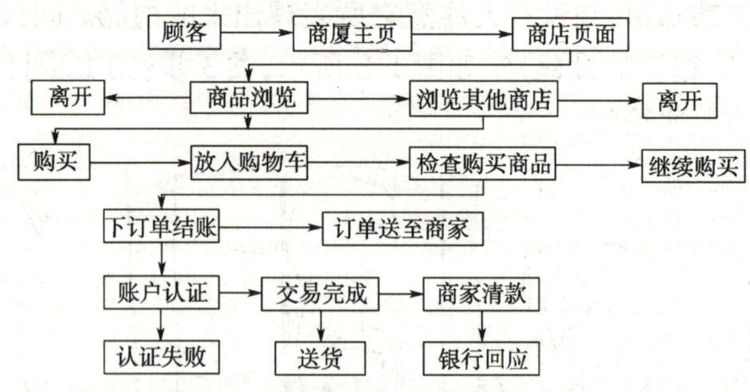

图1-11 网络商品直销流程图

网络商品直销的诱人之处在于它能够有效地减少交易环节，大幅度地降低交易成本，从而降低消费者所得到的商品的最终价格。在传统的商业模式中，企业和商家不得不拿出很大一部分资金用于开拓分销渠道。分销渠道的扩展虽然扩大了企业的分销范围,加大了商品的销售量,但同时也意味着更多分销商的参与。无疑,企业不得不出让很大一部分的利润给分销商,用户也不得不承担高昂的最终价格,这是生产者和消费者都不愿看到的。电子商务的网络直销可以很好地解决这个问题——消费者只需输入厂家的域名,访问厂家的主页,即可清楚地了解所需商品的品种、规格、价格等情况,而且主页上的价格既是出厂价,同时也是消费者所接受的最终价。这样就达到了完全市场竞争条件下,出厂价格和最终价格的统一,从而使厂家的销售利润大幅度提高,竞争能力不断增强。

从另一方面讲,网络商品直销还能有效地减少售后服务的技术支持费用。许多使用中经常出现的问题,消费者都可以通过查阅厂家的主页从中找到答案,或者通过电子邮件与厂家技术人员直接交流。这样,厂家可以大大减少技术服务人员的数量,减少技术服务人员出差的频率,从而降低企业的经营成本。

网络商品直销的不足之处主要表现在两个方面:

(1)购买者只能从网络广告上判断商品的型号、性能、样式和质量,对实物没有直接的感知,在很多情况下可能产生错误的判断,而某些生产者也可能利用网络广告对自己的产品进行不实的宣传,甚至可能打出虚假广告欺骗顾客。

(2)购买者利用信用卡进行网络交易,不可避免地要将自己的密码输入计算机,由于新技术的不断涌现,犯罪分子可能利用各种高新科技的作案手段窃取密码,进而盗窃用户的钱款。

3.3 网络商品中介交易的流转程序

网络商品中介交易是通过网络商品交易中心,即虚拟网络市场进行的商品交易。在这种交易过程中,网络商品交易中心以互联网为基础,利用先进的通信技术和计算机软件技术,将商品供应商、采购商和银行紧密地联系起来,为客户提供市场信息、商品交易、仓储配送、货款结算等全方位的服务。其流转程序如图 1-12 所示。

网络商品中介交易的流转程序可分为以下 8 个步骤:

(1)买卖双方将各自的供应和需求信息通过网络告诉给网络商品交易中心,网络商品交易中心通过信息发布服务向参与者提供大量详细准确的交易数据和市场信息。

(2)买卖双方根据网络商品交易中心提供的信息,选择自己的贸易伙伴。网络商交易中心从中撮合,促使买卖双方签订合同。

(3)买方在网络商品交易中心指定的银行办理转账付款手续。

(4)指定银行通知网络商品交易中心,买方货款到账。

(5)网络商品交易中心通知卖方,将货物送到距离最近的配送部门,配送部门送货给买方。

(6)买方验证货物后提货,并通知网络商品交易中心货物收到。

(7)网络商品交易中心通知银行将买方货款转交卖方。

(8)卖方将回执送交银行,银行将回执转交买方。

通过网络商品中介进行交易具有许多突出的优点:

(1)网络商品中介为买卖双方展现了一个巨大的世界市场。以中国商品交易中心为例,它控制着从中心到各省分中心、各市交易分部及各县交易所的所有计算机系统，构成了覆盖全国范围的“无形市场”。该计算机网络能够储存中国乃至全世界的几千万个品种的商品信息资料，可联系千万家企业和商贸单位。每一个参加者都能够充分地宣传自己的产品，及时地沟通交易信息，最大限度地完成产品交易。这样的网络商品中介机构还通过网络彼此连接起来，进而形成全球性的大市场。

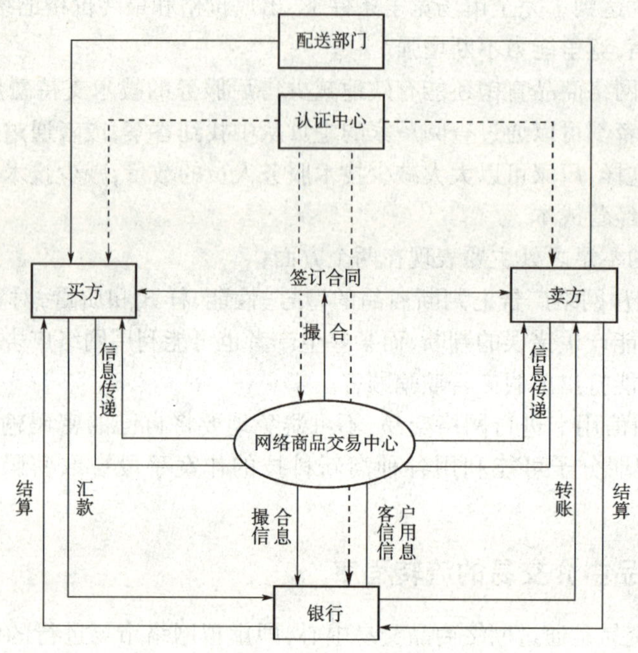

图 1-12　网络商品中介交易的流转程序

（2）网络商品交易中心可以有效地解决传统交易中“拿钱不给货”和“拿货不给钱”两大难题。在买卖双方签订合同前，网络商品交易中心可以协助买方对商品进行检验，只有符合质量标准的产品才可入网，这就杜绝了商品“假、冒、伪、劣”的问题，使买卖双方不会因质量问题发生纠纷。合同签订后便被输入网络系统，网络商品交易中心的工作人员开始对合同进行监控，注视合同的履行情况。如果出现一方违约现象，系统将自动报警，合同的执行就会被终止，从而使买方或卖方免受经济损失。如果合同履行顺利，货物到达后，网络商品交易中心的交割员将协助买方共同验收。买方验货合格后，在 24 小时内将货款转到卖方账户方可提货，卖方也不用再担心“货款拖欠”现象了。

（3）在结算方式上，网络商品交易中心一般采用统一集中的结算模式，即在指定的商业银行开设统一的结算账户，对结算资金实行统一管理，这就有效地避免了多形式、多层次的资金截留、占用和挪用，提高了资金的风险防范能力。这种指定委托代理清算业务的承办银行大都以招标形式选择，有商业信誉的大商业银行常常成为中标者。

网络商品交易中心仍然存在一些问题需要解决：目前的合同文本还在使用买卖双方签字交换的方式，如何过渡到电子合同，并在法律上得以认证，尚需解决有关技术和法律问题；信息资料的充实也有待于更多的企业、商家和消费者参与；整个交易系统的技术水平如何与飞速发展的计算机网络技术保持同步，则是在网络商品经交易中心起步时就必须考虑的。

4　电子商务的现状和前景

4.1　我国电子商务的现状

4.1.1　我国电子商务发展的历程

早在1994年，我国就开始研究开发电子订货系统，许多类似的电子商务模型都是面对企业的，把专用网作为通信工具，企业利用专用网进行交易。由于专用网费用较高，操作复杂，所以，这些研究开发效果不明显。

1995年底，随着互联网开始演变成为一种新潮，网络开始蔓延到社会生活的各个层面，各种基于商务网站的电子商务业务和网络公司开始不断涌现，电子商务在中国迅速发展。

我国政府于1996年2月成立了中国国际电子商务中心；1997年，国务院电子信息系统推广办公室联合8个部委建立了中国电子数据交换技术委员会，电子商务开始在我国启动，相继实施了“金桥”、“金卡”、“金关”等一系列金字工程，为我国电子商务的发展做了良好的铺垫。

1998年11月18日，国家主席在亚太经合组织第六次领导人非正式会议上指出：“电子商务代表着未来贸易方式的发展方向，其应用推广将给各成员带来更多的贸易机会。在发展电子商务方面，我们不仅要重视私营、工商部门的推动作用，同时也应该加强政府部门发展电子商务的宏观规划和指导，并为电子商务的发展提供良好的法律环境。”

1999年可以说是中国电子商务的真正的转折点和起点，拉开了星火燎原、百舸争流的序幕。尤其进入下半年以后，各网络服务商们进入电子商务领域，大量的网上商店、商场、商城等相关的知名网站建立。电子商务发展地域也在迅速扩大，从原先几乎局限于北京、上海、深圳、广州等极少数城市，开始向沿海及东部、中部各大城市发展。

2002年7月3日，国家信息化领导小组第二次会议，审议通过了《国民经济和社会发展第十个五年计划信息化重点专项规划》、《关于我国电子政务建议的指导意见》和《振兴软件产业行动纲要》。规划里明确提出：大力推进国民经济和社会信息化，是覆盖现代化建设全局的战略举措，要以信息化带动工业化，发挥后发优势，实现社会生产力的跨越式发展，“十五”期间我国信息产业成为带动经济增长、结构升级的支柱产业和增加综合国力的战略性产业。

2003年5月，阿里巴巴集团投资1亿人民币成立淘宝网，进军C2C；随后几年内，渐渐改变了国内C2C市场格局，而网购理念与网民网购消费习惯也进一步得到普及。同年10月，阿里巴巴推出“支付宝”，致力于为网络交易用户提供基于第三方担保的在线支付服务，正式进军电子支付领域。“支付宝”的出现让用户通过“支付宝”在网络间建立起相互的信任，为建立纯净的互联网环境迈出了非常重要的一步。

2004年8月28日，十届全国人大常委会第十一次会议表决通过了《中华人民共和国电子签名法》，于2005年4月1日起施行。同年年底，国务院信息化领导小组第四次会议，通过了《关于加快电子商务发展的若干意见》。而后《中华人民共和国电子签名法》的正式实施，奠定了电子商务市场良好发展态势的基础，这也是中国信息化领域的第一部法律。

2005 年 9 月 12 日，腾讯公司依托 QQ 逾 5.9 亿的庞大用户推出“拍拍网”，C2C 三足鼎立格局渐渐形成。

2007 年 6 月 1 日，国家发改委、国务院信息化工作办公室联合发布我国首部电子商务发展规划——《电子商务发展“十一五”规划》，首次在国家政策层面确立了发展电子商务的战略和任务，这是我国第一个国家级电子商务发展规划。

2008 年 4 月 24 日，商务部起草制订了《电子商务模式规范》和《网络购物服务规范》，进一步对网络购物进行了规范。

电子商务由最初发展到现在，产生了多种多样的方式，已经不是由传统的 B2B、B2G、B2C、G2C、C2C 模式承载而成的了，它出现了另一种 C2B 的模式——网络团购。这种崭新电子商务模式的创始者是美国的 Groupon，其营运模式是每日推出一件商品（deal of the day），如果通过网上认购这件商品的用户达到指定数量，这些用户就可以用特定的折扣价格购买这件商品，否则交易就失败。若交易成功，Groupon 就向出售商品的商户收取佣金。尽管网络团购在中国的出现时间只有短短几年，却已经成为在网民中流行的一种新消费方式。据了解，目前网络团购的主力军是年龄 25 岁到 35 岁的年轻群体，在北京、上海、深圳等大城市十分普遍。

网络营销作为电子商务的一种存在形式，在近几年随着网络的不断发展，相继出现了博客营销、微博营销。它是通过博客网站或博客论坛接触博客作者和浏览者，博客作者利用个人的知识、兴趣和生活体验等传播商品信息的营销活动。

中国的电子商务起步较晚，但发展速度之快却是人们始料不及的。

据中国网统计结果显示，截止到 2005 年 7 月 25 日，我国上网计算机数为 4560 万台。其中，专线上网计算机 670 万台，拨号上网计算机 2070 万台，其他方式上网计算机 1820 台。而中国互联网信息中心的统计结果显示，截止到 2009 年 6 月 30 日，我国网民规模达 3.38 亿，宽带网民达 3.2 亿，占网民数的 94.3%；手机上网用户达 1.55 亿，我国网络应用的发展是非常快的。2008 年我国电子商务交易总额达 3.1 万亿元。

从行业应用看，证券公司、金融结算机构、民航订票中心、信用卡发放等机构均已成功进入电子商务领域，并进行了大量的、可靠的交易，这些已构成电子商务发展的基础，同时也为进一步发展积累了丰富的经验。

2011 年是我国进入“十二五”开局之年，中国经济跻身世界经济的行列，面临世界各国的竞争，电子商务步入了新的发展阶段。

4.1.2 我国电子商务发展的特点

（1）注重战略发展。由热浮躁到冷思索，理性加强，发展战略开始转变。由于纳斯达克指数的变动，中国电子商务的发展经历了从疯狂到迷茫，从迷茫再到冷静和理智的过程。整个行业目前正在进行着表面不明显但是实质剧烈的变化。国际投资商对中国因特网企业投资的谨慎，长期亏损的压力，由受“电子商务不必营利”的误导而疯狂追求“全国第一”的“大手笔”到雅宝发出的“收益为王”的呐喊，众多企业正悄然改变原有发展战略，开始寻求新的商业模式，并在经营理念上注重从注意力经济向购买力经济转变。

（2）传统产业触网。大型传统产业纷纷涉足电子商务，实业网站开始崛起。众多知名企业认识到因特网的商业价值和电子商务的前景，凭借自身多年的物流、配送、资金实力及管理经验等方面的优势,很快杀入了电子商务的主战场,并显示出了勃勃生机。

(3)网站建设发展迅速。从1999年开始,网站数量增长迅速,同时上网门槛不断降低,逐渐贴近大众,与人民群众的生活联系日益密切。

我们也必须清醒地看到,目前阻碍中国大力开展电子商务的问题还有很多没有得到很好的解决。这些问题包括:网络基础建设滞后、国民文化素质影响电子商务的发展,市场运作亟须规范,政府在电子商务中的扶持作用有待加强,网络政策法规需要配套制定,网络安全问题仍然存在,配送问题尚未很好解决等。

4.2　电子商务的发展前景

4.2.1　电子商务发展方兴未艾

当前,电子商务已经成为一种符合人类进步趋势并得到大家认同的新事物,将对人类社会进行全方位的改造,在企业竞争,政府部门管理,民众的生活、教育以及娱乐等方面,改变着人类相互交往的方式,为人们展示了一个现实的、全新的信息世界。由于电子商务的出现,传统的经营模式和经营理念将发生巨大的变化。电子商务将会创造巨大的效益和机会,会将市场的空间形态、时间形态和虚拟形态结合起来,将物质流、资金流、信息流汇集成开放的、良性循环的环路,使经营者以市场为纽带,在市场上发挥最佳的作用,得到最大的效益。可以肯定,电子商务的发展会带给我们一个经济更加繁荣的时代,对社会的进步和经济的变革产生深远影响。传统企业已面临一场新的革命,原有的格局有可能重组,生产和流通将出现变革,在变革过程中,有可能打破原有的差距,使大家站在同一起跑线上。尤其是对于发展中的中国商业来说,通过电子商务来实现飞跃确实是难得的机遇,如果抓住了机会就有可能较快地缩短我们与发达国家的距离。有人预测:21世纪的世界经济中心将从欧美转移到亚洲,但要使这个预测成为现实,因特网及电子商务将成为改变世界经济旧秩序的最大动力。世界正在进入知识经济时代,电子商务已经成为中国企业在下一世纪超越世界的真正机遇。

全球因特网用户1996年不足0.4亿,到2009年已经超过10亿,并且仍在不断增长。1994年全球电子商务交易额为12亿美元;1997年达到26亿美元,增长了一倍多;1998年销售额达500亿美元,比1997年增长近20倍;2001年全球电子商务的交易额达到6000亿美元;2010年交易额达1万亿美元;未来10年,1/3的全球国际贸易将以网络贸易的形式来完成。统计资料显示,我国电子商务网站数量已经达到2万多家,大、中型企业基本都有了自己的网站。2008年,中国电子商务交易总额达3.1万亿元,比2007年增长了43%。在目前的经济形势下,运用电子商务的中小企业生存状况远远好于运用传统模式的企业。有关统计资料显示,在金融危机中,未运用电子商务类的企业陷入困顿的比例达84.2%,而运用电子商务的企业陷入困顿的比例为16.8%。现在,我国的电子商务已经不是几年前的萌芽阶段了,它已经成为我国未来经济的支柱力量、新的商务模式,正在深刻而彻底地改变着我国传统的经营方式。电子商务给了中国企业千载难逢的机会,在短时间内得以与世界经济接轨。

4.2.2　我国电子商务发展态势

今后我国电子商务将呈现以下6个方面的发展态势。

(1)纵深化趋势。由于电子商务的基础设施完善,我国传统企业发展电子商务的深度将进一步拓展,个人参与电子商务的机会也会越来越多。三网合一潮流势不可挡,高速宽带互联网将扮演越来越重要的角色。

(2)个性化趋势。个性化定制信息需求将会强劲,个性化商品的深度参与成为必然。对所有面对个人消费者的电子商务活动来说,提供多样化的服务,是决定成败的关键。

(3)专业化趋势。今后几年内,面向消费者的直线型网站和专业化网站前景看好。面向行业的专业电子商务平台发展潜力很大。

(4)国际化趋势。我国电子商务网站和企业,将随着国际电子商务环境的规范和完善逐步走向世界。随着我国加入WTO,国外电子商务企业开拓我国市场的障碍将逐步消除。

(5)区域化趋势。立足国情采取有重点的区域化战略,是有效扩大网上营销规模和效果的必然途径。由于我国南北差异、东西差距等因素,B2B电子商务模式的区域性特征将越来越明显。

(6)融合化趋势。电子商务网站在最初的全面开花后,必然走向新的融合,包括同类兼并和战略联盟协作等。

思考与练习

一、思考题

1. 为什么EDI系统的应用范围和发展速度远没有互联网发展得那么快?
2. 为什么到目前为止全球还没有一个统一的电子商务的定义?
3. 为什么我国政府十分重视电子商务在我国的发展?
4. 为什么电子商务的快速发展会遭遇20世纪末的网络经济泡沫?

二、练习题

1. 电子商务的发展经历了几个阶段?
2. 基于互联网的电子商务具有哪些优势?
3. 电子商务的特征有哪些?
4. 简述电子商务的交易过程。
5. 网络商品中介交易的流转程式可分为哪几个步骤?
6. 简述我国电子商务发展的现状。

单元二　电子商务系统

学习目标

知识目标

1. 简述电子商务建设所采用的方法及运行环境；
2. 简述电子商务各系统所涉及的方向；
3. 正确描述电子商务系统的构成和内容。

能力目标

1. 在进行电子商务系统建设时，会分析系统建设的合理性；
2. 会表述电子商务各系统在建设时应该考虑的问题；
3. 掌握电子商务系统建设与维护的方法，在进行电子商务系统建设时具有管理和控制的能力。

1　电子商务系统的建立

企业要进行完全意义下的电子商务活动，就要为本企业建立电子商务系统，在电子商务系统的平台上进行企业的各项商务活动。要实现这一步骤，就要了解并掌握电子商务应用系统的构成，以及企业建立电子商务的相应步骤。

1.1　电子商务系统的构成

在建立完善的企业内联网（Intranet）和实现了与因特网（Internet）的安全互联后，企业已经为建立一个自己的电子商务系统打下了基础。在此基础上，再增加电子商务应用系统，就可以建立一个企业的电子商务应用系统了。一般情况下，电子商务应用系统主要以应用软件形式实现，它运行在已经建立的企业内联网之上。

电子商务应用系统分为两部分：一部分是完成企业内部的业务处理和向企业外部用户提供服务，如用户可以通过Internet查看产品目录、产品资料等；另一部分是安全的电子支付系统。电子支付系统使得用户可以通过 Internet 在网上购物、支付等，真正实现电子商务。

1.1.1　电子商务的主要部件及关键技术

（1）用户。个人用户使用基于 Java 的浏览器、电视机机顶盒、个人数字助理、可视电话等接入 Internet 以获取信息，他们是以购买商品为主要目的的 Internet 用户。企业用户是以利用 Internet 作为企业信息载体进行日常商业活动的用户，如大型跨国公司、金融机构、连锁企业、政府机构等。

(2)电子商场。在全球电子商务环境中,电子商场就是指发布产品信息并且接受订单的站点。从这个意义上说,任何企业、个人,无论其经营规模大小,都可以通过 Internet 建立一个跨越地区、跨越国家、跨越时间限制的电子商场。因此,人们说 Internet 给无数的中小企业带来了无限商机。但是,网上商场的实现也并不是轻而易举的工作。首先,商家要建立动态网页、提供个性化服务,同时保证用户私人信息不会泄露。其次,网上商场还应有提供自己的身份证明、获取用户身份的能力。第三,要保证用户的订单信息在网上传输时,不被窃取、修改。订单一经发出,具有不可否认性。订单到达后,有一套完善的处理方法和管理保存机制。第四,要与银行等金融机构合作,提供可靠的结算方式。最后,还要保证网上购物系统与企业原有系统以安全、合理的方式集成,保证企业私有网络和私有信息的安全。

(3)网上银行。在 Internet 上实现一些传统的银行业务,突破时间和区域的限制,使普通用户在世界上的任何地方,都可以查看和管理自己的账户,使企业用户不必进入银行营业厅,就能得到一天 24 小时的实时服务,减少银行在修建和维护营业场所、保安、支付售货员费用等方面的开销,大大提高银行的办公效率。另一方面,网上银行与信用卡公司等进行合作,发放电子钱包,提供网上支付手段,为电子商务交易中的用户和商家服务。由于金融信息的重要性,网上银行与企业、个人用户之间的信息传输就更要保证安全、完整、不可否认,而且银行在提供在线服务的同时,还要确保内联网络和数据的安全。

(4)CA 中心。CA 中心是一些不直接从电子商务交易中获利的受法律承认的权威机构,负责发放和管理电子证书,使网上交易的各方能互相确认身份,持卡人对商家的验证如图 2-1 所示。电子证书的管理不仅要保护证书能存取,而且要保证证书不被非法获取。这是一项非常复杂的工作,通常通过以下环节加以保证:发放证书遵循一定的标准,证书的存放管理应遵循相关的协议和标准,管理密钥和证书的有效期限。这里 CA 中心内部的网络及数据安全也极为重要。

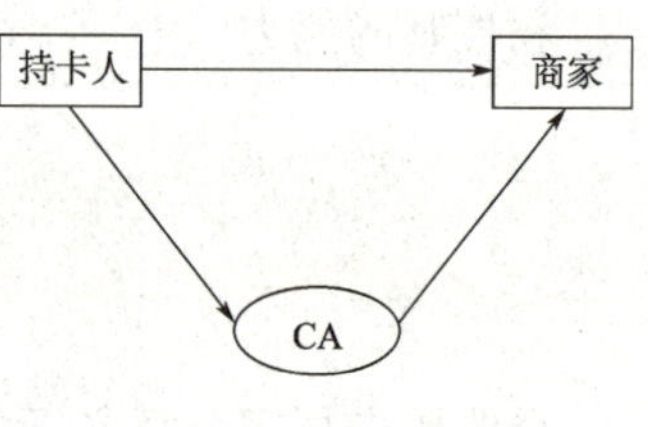

图 2-1　CA 认证的过程

(5)配送中心。配送中心接受商家的送货请求,组织运送无法从网上直接得到的商品(物资流),跟踪商品流向。

(6)电子钱包。电子钱包是顾客在电子商务活动中使用的一种支付工具。电子钱包实际上是一个软件包,通常都是对用户免费提供的。用户可以直接使用预先装载在自己终端里的电子钱包软件,也可以从 Internet 上下载。电子钱包内可以装入电子信用卡、在线货币等。用户可以用电子钱包管理器改变保密口令或者保密方式,查看自己信用卡上收付往来的账目、清单和数据。

(7)数字签名。数字签名用来保护在网上传输的信息的完整性和识别发送人的身份。首先,用散列算法将要传输的信息内容变换成一个固定长度的信息段,即信息摘要,然后,用发送者的私有密钥对信息摘要加密,就生成了数字签名。

(8)电子证书。电子证书就是一个数字文件,通常由 4 部分组成。第一是证书持有人的姓名、地址等关键信息;第二是证书持有人的公开密钥;第三是证书序号、有效期等;第四是发证单位的电子签名。这种证书由特定的授权单位机构(CA 中心)发放,具有法律效用,是电子商务交往中个人或单位身份的有效证明,类似于现实生活中的身份证、护照等。

1.1.2　其他相关的内容

电子商务是用电子方式和网络进行商务活动，通常参与各方是互不见面的，因此身份的确认与安全通信变得非常重要。解决方案就是建立中立的、权威的、公正的电子商务认证中心（CA）。它所承担的角色类似于网络上的“公安局”和“工商局”，给个人、企事业单位和政府机构签发数字证书——“网上身份证”，用来确认电子商务活动中各自的身份，并通过加解密方法实现网上安全的信息交换与安全交易。

需要强调的是，CA 认证中心似乎需要政府的授权，但实际上，CA 认证中心只是根据政府机构已签发的身份、资质证明文件进行审核，而并没有增加新的内容，实际上是一种更为安全的会员制。因此，CA 认证中心的商业运作性质应当超越政府的行为，除非以后真正由 CA 认证中心来发放电子身份证、电子营业执照等。

支付网关的角色是信息网与金融网连接的中介。它承担双方支付信息转换的工作，所解决的关键问题是：让传统的封闭的金融网络能够通过网关面向 Internet 的广大用户，提供安全方便的网上支付功能。

客户服务中心也称为呼叫中心，与传统的呼叫中心的区别在于不但支持电话接入的方式，也能够支持 Web、E-mail、电话和传真等多种接入方式，使得用户的任何疑问都能很快地获得响应与帮助。客户服务中心不是以往每个企业独立建设和运作的概念，而是统一建设再将席位出租，从而大大简化和方便中小型企业进行电子商务，提供客户咨询和帮助。

1.2　服务器的选择

服务器是在网络环境下提供网上客户机共享资源（包括查询、存储、计算等）的设备，具有性能高、可靠性高、吞吐能力强、内存容量大、联网功能强、人机界面友好等特点，是当代网络计算机系统的主设备。市场上服务器产品种类繁多，档次高低不同，性能各有千秋，应用领域和应用范围亦有差异。在应用系统中，如何采购适合自己需要的服务器，已成为广大用户十分关心的问题。为了选择到适应于电子商务的最佳的服务器产品，应着重从以下 5 个方面考虑。

1.2.1　安全性

电子商务服务器作为整个网络的核心，必须具有高度的安全性，要建立授权体系：将用户的姓名和密码登录到系统，使系统允许该用户访问服务器的所选区域。授权文件列有用户名和密码，服务器配置文件可将用户与许可访问区域连接。同时要保证网络的灵活性。另外，电子商务服务器的应答时间和正常运行时间对于企业是至关重要的。一个电子商务服务器必须有很强的故障排除能力，即它必须有很强的容错能力。

1.2.2　开放性

开放性的最大好处是给用户留下了可选择的余地，使用户可以很从容地选择不同公司的产品。衡量一个服务器的开放性的标准有很多，在购买时应从软硬件两个方面加以考虑。

在硬件方面，如果对网络服务器的可靠性要求特别的高，就应购买某一传统专用小型机结构，如 IBM 的 AS400、Sun 的 Ultra Sparc。不过以后的升级或额外的采购也要找这家公司。所以，只要对服务器没有什么特别的要求，还是选择“工业标准”的服务器结构，这样便于以后升级。选择可兼容的外设，就不必局限于一家的产品，可择优购买。

在软件方面，开放的服务器平台应该能运行各种不同的操作系统，即同一个服务器可运行各种操作系统,用户可以有选择的安装不同的软件操作系统,以达到最佳组合。

1.2.3 性能价格比

比较服务器的性能时,我们不仅要注意 CPU 速度、总线结构、I/O 吞吐带宽、网卡速度、硬盘速度等,还应注意其整体指标。有时可以借鉴某些独立组织对计算机的整体性能测试数据来进行对照。如果有些服务器在某一方面显得很有特色,则可用作专用服务器(如打印服务器),更好地为用户服务。根据实际需求,选择合适的专用或综合服务器,不仅可以节约经费,也可以使服务器能更好地发挥它的性能。

1.2.4 可扩展性

可扩展性是选择服务器的必要因素。为适应网络技术的发展,有时需要对系统增加内、外设(如内存、硬盘等),这时服务器的可扩展性就变得很重要了。

1.2.5 其他

另外,还要考虑到其他一些因素。要确保电子商务服务器的出口有足够的带宽,以满足众多来访者的反应速度;要注意内存,内存的大小直接影响到服务器的性能;要保证输入输出子系统的高数据吐吞量。如果用户准备提供一个查询引擎,不妨考虑采用多 CPU 系统,以加快查询速度。要了解增值销售商升级的费用和方式,如是否可增加硬盘,是否可增加 RAM,是否可扩充 CPU 等。

1.3 操作系统的选择

能够胜任电子商务服务器要求的操作系统主要有 Unix 操作系统、Linux 操作系统、Microsoft 公司的 Windows 类操作系统和 Novell 公司的 Netware 操作系统。

1.3.1 Unix 操作系统

Unix 的主要特点是技术成熟、可靠性高。许多 Unix 主机和服务器都是每天 24 小时,每年 365 天不间断运行,其结构简练,便于移植。Unix 系统是一款能在笔记本电脑、PC、工作站直至巨型机上运行的操作系统,而且能在所有体系结构上运行。

开放性是 Unix 最重要的本质特征。Unix 是开放系统的先驱和代表,它不受任何厂商的垄断和控制。Unix 系统从一开始就为软件开发人员提供了丰富的开发工具,成为工程工作站的首选和主要的操作系统和开发环境。Unix 具有强大的支持数据库的能力和良好的开发环境,所有主要数据库厂商,包括 Oracle、Informix、Sybase、Progress 等,都把 Unix 作为主要的数据库开发和运行平台。

网络功能强大是 Unix 的另一特点。作为 Internet 技术基础和异种机连接重要手段的 TCP/IP 协议就是在 Unix 上开发和发展起来的。TCP/IP 是所有 Unix 系统不可分割的组成部分。

此外,Unix 还支持所有需用的网络通信协议,包括 NFS、DCE、IPX/SPX、SLIP、PPP 等,这使得 Unix 系统能方便地与已有的主机系统以及各种广域网和局域网相连接,这也是 Unix 具有出色的互操作性的根本原因。

Unix 操作系统有多种不同的版本,主要有 Sun 公司的 Solaris、SCO 的 Open Server 与 UnixWare、惠普公司的 HP-UX、IBM 的 AIX 等。用户可以依据产品特性调查的结果选择适合自己的版本。

1.3.2　Linux 操作系统

Linux 操作系统是所有类 Unix 操作系统中最出色的一个。在计算机操作系统市场，Linux 是增长率最快的操作系统，而且也是唯一市场份额尚在增加的非 Windows 操作系统。

Linux 操作系统是一种自由的、没有版权限制的软件。现在，它在得到全球众多个人用户认同的同时，也赢得了一些跨国大企业客户的喜爱，如波音公司和奔驰汽车公司在一些项目中就使用了 Linux。

对于应用软件开发商，Linux 可能会是一个新的平台，一个潜在的产品市场。特别是 Linux 是免费平台，开发商不需系统平台的注册，用户也不必花钱买操作系统，双方都省了钱。Linux 流行不仅仅是因为免费，平台性能也是一个关键因素。Netscape 认为，Linux 之所以成熟，原因在于它在稳定性等性能上与其他操作系统有竞争力，它具有一些非常有吸引力的品质，而不仅仅是因为它开放代码。

1.3.3　Windows 操作系统

Windows 操作系统是全球最大的软件开发商——Microsoft（微软）公司开发的。微软公司的 Windows 系统不仅在个人操作系统中占有绝对优势，在网络操作系统中也具有非常强劲的力量。这类操作系统配置在整个网络配置中是最常见的，但由于它对服务器的硬件要求较高，且稳定性能不是很高，所以微软的网络操作系统一般只是用在中、低档服务器中，高端服务器通常采用 UNIX、LINUX 等非 Windows 操作系统。微软的网络操作系统主要有：Windows NT、Windows Server 2003，以及最新的 Windows Server 2008 和 Windows 7 发布的服务器版本——Windows Server 2008 R2 等，工作站系统可以采用任一 Windows 或非 Windows 操作系统。

整个 Windows 网络操作系统几乎成为中、小型企业局域网的标准操作系统，一是它继承了 Windows 家族统一的界面，使用户学习、使用起来更加容易；二是它的功能比较强大，基本上能满足所有中、小型企业的各项网络需求。它对服务器的硬件配置要求要低许多，可以更大程度上满足许多中、小企业的 PC 服务器配置需求。

Internet 信息服务器（Internet Information Server ，IIS）是 Microsoft 公司一种集成了多种 Internet 服务（WWW 服务、FTP 服务等）的服务器软件，利用它可以很容易地构造 Web 站点。由于是同一家公司的产品，IIS 和 Windows 紧密地集成在一起，可以充分利用 Windows 的多种功能，其安全机制也以 Windows 的 NIFS 安全机制为基础，因此可以实现用 IIS 构建的 Web 站点的安全性。IIS7.0 版是 Windows Vista 和 Windows Server 2008 中的 Web 服务器角色。Web 服务器在 IIS 7.0 中经过重新设计，将能够通过添加或删除模块来自定义服务器，以满足特定的需求。

由于微软公司在桌面操作系统上的长期垄断地位，很多应用程序开发商专门开发各种基于 Windows 系列的操作系统上的应用程序。因此，使用 Windows 操作系统能够更容易地得到各种服务软件，这是它得以流行的一个重要原因。

1.3.4　Netware 操作系统

Novell Netware 是 Internet 进入我国之前最为流行的一种网络操作系统。它一开始是为 MS-DOS 网络设计的比较专用的文件服务器操作系统。它能很好地处理从客户工作站发出的远程 I/O 请求。但是，由于 20 世纪 90 年代计算机系统逐渐由大型变为小型，而且多数都转移到了客户服务器计算结构上，所以网络服务器的作用也已经随之发生了相应的变化。越来越多的公司都把网络服务器看作是一个平台,希望它能支持内部事务处理系统,这些系统原来是在小型机和大型机上运行的。在一个客户服务器环境中,网络服务器必须能像大型机那样管理多个使用大量资源的服务器进程,而且保证同样的完整性、安全性和可靠性。

Netware 最重要的特征是基于基本模块设计思想的开放式系统结构。Netware 是一个开放的网络服务器平台,可以方便地对其进行扩充。Netware 系统对不同的工作平台(如 DOS、OS/2、Macintosh 等),不同的网络协议环境如 TCP/IP 以及各种工作站操作系统提供了一致的服务。该系统内可以增加自选的扩充服务(如替补备份、数据库、电子邮件以及记账等),这些服务可以取自 Netware 本身,也可取自第三方开发者。

1.4 ISP 的选择

我国提供 Internet 服务机构(ISP)分为两类:第一类是官方性质的 ISP 服务,如中国公用信息网(ChinaNet)和国家教育与科研网络(CerNet,只对学校科研机构及其下属单位提供服务);第二类则是新兴商业机构,它们能为用户提供全方位的服务,对较大区域的联网可以提供专线、拨号上网及用户培训等服务,如网通、上海热线、讯业、263 等。这类 ISP 拥有自己的特色信息源,建设投资大,覆盖面广,是未来 Internet 建设的主要力量。

选择 ISP 主要应该考虑以下 4 个因素:

(1)考虑 ISP 出口带宽以及接入用户的数量。出口带宽是指该 ISP 本身以多高的速率连接到 Internet 或其上级 ISP,是体现该 ISP 接入能力的另一关键参数。当用户真正访问 Internet 或国内其他网站时,起决定作用的就是出口带宽。目前许多 ISP 据称能使用户以若干兆的速率访问 Internet,实际是以该速度访问 ISP 的信息;某些 ISP 宣称自己拥有若干兆的速度接入国际出口,实际上目前国内所有互联单位都是使用信息产业部的国际出口电路,这是由《中华人民共和国计算机信息网络国际联网管理暂行规定》规定的。

ISP 是否具有独立国际出口,其出口带宽接入用户数,二级代理接入上级 ISP 的带宽等都是其服务好坏的标志。在条件可能的情况下,应优先考虑接入具有国际出口的 ISP。

(2)考虑 ISP 提供的服务种类和技术支持能力。接入 Internet 只是大多数用户上网获取和发布信息或进行某种业务交易,并掌握相应的各种技能的手段,因此 ISP 提供的服务种类、技术支持能力也是一个十分重要的问题。ISP 提供信息的能力和 ISP 的实力是必须考虑的问题。电子商务是一种通过 Internet 进行信息传递和实时处理的无纸交易,对接收信息的速度和安全性要求很高,提供该项服务的 ISP 一般需要使用专用的软硬件设备,因此入网时一定要注意 ISP 是否有足够实力能保证信息的速度和安全性。

(3)考虑 ISP 的收费水平。不同的 ISP 收费的形式和数量都不同,如果网费是其中一个决定因素的话,那么就要根据使用 Internet 的总时间和时段的情况,决定该向哪个 ISP 申请账户和选择这个 ISP 提供的哪项收费服务。

(4)其他需要注意的问题。其他需注意的问题是:是否有备用线路和升级扩容能力。备用线路是指主要连接电路发生故障时可供使用的另一线路,它反映了 ISP 提供服务的可靠性。若某 ISP 只有单线连接而无备用线路,则一旦发生电路故障,所有用户均无法上网。升级扩容能力是指随着用户数量和通信量的增长,ISP 接入能力能否随之提高,主要包括中继线、出口带宽和备用线路的增长。它是最能体现一家 ISP 整体实力和发展趋势的因素。

需要说明的一点是，用户在选择 ISP 时，不仅应着重考察以上指标，还应要求对方出示权威的证明材料。

1.5　Web 服务器的建立

1.5.1　Web 服务器的建立

不同的 Web 服务器支持不同的功能，选择电子商务站点的 Web 服务器时，应注意一些事项。其中最重要的是 Web 服务器提供的安全程序，因为电子商务站点要在网上传送大量的有关企业与客户交易的重要信息，应确保数据在传输之前进行加密，使用一种安全机制进行传输。其次选择 Web 服务器时应注意如何易于管理。Web 服务器必须支持 CGI 脚本。通过提供动态内容和及时响应用户输入，CGI 脚本使得用户可以和服务器进行交互。要确保 Web 服务器提供具有 CGI 环境变量的 CGI 脚本并且支持服务器方的嵌入部件，它是可以嵌入在 HTML 文件的特殊命令。在 HTML 被传输给 Web 浏览器之前，Web 服务器对这些命令进行处理。Web 服务器还应支持日志文件，这对于 Web 管理员及时了解站点的访问情况并做出相应决策十分有用。选择 Web 服务器时价格问题也是一个应该考虑的方面。

下面列出了在选择 Web 服务器时应考虑的一些功能：

(1) Web 服务器按 CERN/NCSA 公共日志格式生成日志文件。

(2) 服务器具有性能测试日志程序和工具。

(3) 可以配置服务器禁止通过域名和亚地址来访问。

(4) 通过请求基于用户口令和用户组的口令控制访问。

(5) 基于访问 Web 站点的用户的 IP 地址可以配置对数据的访问。

(6) 服务器支持服务器方嵌入部件。

(7) 服务器支持目录浏览。

一个完整的电子商务站点一般应有两台服务器以及它们的备份服务器。

第一台服务器作为前端服务器，主要用来做企业形象宣传、产品介绍与展示，通过 Internet 提供有关产品和服务的信息。在顾客选购商品时，需兼顾各种顾客的不同需求，将商品以分类预览方式或查询方式让顾客能快速的选择其所需商品。应该为顾客设计电子购物袋，使顾客在购物架选取商品后可以先置于购物袋中，并可随时检查自己的购物袋内所选取的商品或将购物袋中的商品放回架上。顾客选定自己所需的商品后可以通过使用安全的 Internet 支付手段或非联机支付手段来支付款项。顾客购买商品后，应该能够随时上网站查询其所购买商品的处理情形，如商场是否已送货，该交易是否已清款等，要采取某种措施来使客户或商业伙伴填写需求文件，收集整理这些信息，以便使自己的电子商务站点个性化；还可通过跟踪客户在站点栏目中出现的频率来判断客户的兴趣，通过这些手段来促使人们购买感兴趣的商品。

第二台服务器作为交易系统，运行信用卡处理的后台监控进程，对信用卡的合法性进行验证并负责清算。这是电子商务站点的后台系统，负责从 Web 浏览器得到订单并安全可靠地处理它。一旦客户给出了一个订单，后台系统通过验证支付方法来确保支付的安全性，这些系统可与网络银行的系统协同工作，允许客户打开信用卡记录，并在购物时付账。为确保安全，在电子购物中系统使用加密的口令替代信用卡号，后台系统创建并验证接到的电子信号。

如果支付方法可靠,后台系统把来自 Web 服务器的订单转到厂商的订单录入和处理系统,计算税额,并计算邮寄费用。这些系统或许要和传统系统连接,以便更新会计信息、库存管理和订单处理系统,还可以支持与贸易伙伴的有限电子数据交换。

1.5.2 站点资料的管理

如何能方便且有效地管理整个站点内的所有资料是一个不可忽略的问题。针对这一问题,服务器不但应该提供给使用此电子商务站点的顾客多样性的功能,对站点的管理者同样也提供了一系列相关的管理功能,使得管理者能很轻易地管理站点中的所有资料。依据电子商务站点提供的功能及资料的特性,管理系统应提供给管理者的功能区分为系统账号管理、站点及商品资料管理、订单资料管理、会员资料管理、留言板管理、最新消息管理等6个部分。

(1)系统账号管理。电子商务站点管理系统负责整个站点所有资料的管理,因此管理系统的安全性显得格外重要。系统账号管理应该限制所有使用电子商务站点管理系统的人员的使用权限,给予每个管理账号专属的进入代码与确认密码,以确认各管理者的真实身份。此外,也有账号等级的设定。依据不同的管理需求设定不同的管理等级,让各管理者能分工管理自己分内的工作且不会改动其没有权限去改动的资料。如密码有效天数、账号有效期限的设定等,可以让管理账号的安全性更高。而账号进入首页则可让不同的管理账号等级看到不同的管理网页样式,拥有不同操作界面的管理网页,让其管理工作更为方便。

(2)站点及商品资料管理。站点及商品资料管理部分的功能应该提供给电子商务站点管理者对于整个站点各商店与商店内的商品相关的管理功能,让管理者可以很方便地新增、删除与修改各项资料;并可针对各商店不同的需求,能有不同的商品属性与商品管理功能。除此之外,还应有对于特价商品的管理功能,使得站点内特价商品能在特别明显的位置出现,让顾客在选购时能更为便利。

(3)订单资料管理。此部分的功能应包含所有对于站点订单的相关管理功能,可以统计出目前站点中各项商品的销售情况,依据销售数量与销售金额等来排名,使结果一目了然。也可查询站点中的订单的处理状态、新订单情况,能打印出订货单,设定订单出货,以及进行线上清款与顾客退货等相关信用卡交易行为。

(4)会员资料管理。电子商务站点通常对顾客采用会员制度,可让顾客作为会员登录站点,并保留顾客的基本资料,除可借此了解顾客并与顾客取得联系外,系统将同时记录下顾客的相关资料,有需要时可直接从资料库取出,不需顾客重复输入。管理系统也应提供相关的功能让站点管理者能够简单地管理会员资料,随时根据所需查询会员资料,了解顾客的消费群等资料,以作为销售商品的参考。

(5)留言板管理。站点留言板是为了增加站点及顾客间良好互动关系而设的,顾客可在此留言板上留下各种意见和想法。对于留言板管理部分,系统应提供多项功能以协助管理者能方便地新增、删除与修改留言板上的留言内容,并能对部分留言内容进行回应。

(6)最新消息管理。新消息管理应提供对站点最新公告事项的相关管理功能,包含了新增、删除、修改等功能,使得电子商场管理者能很方便地发布要告知顾客的各项最新消息。

2　电子商务信息系统

企业信息化是开展电子商务的基础,企业信息化就是企业利用现代信息技术,通过信息资源的深入开发和广泛利用,不断提高生产、经营、管理、决策的效率和水平,进而提高企业经济效益和企业竞争力的过程。

2.1　信息系统建设的方法和过程

2.1.1　做好规划和准备

企业信息化对企业是一次机遇,也是一个艰苦而富有挑战的工程。在互联网的基础上,中国企业必须先解决好基础管理问题,抓住企业经营的核心要素,少走弯路,更直接地与网络时代经济紧密融合。企业信息化建设,需要注意以下3个方面的问题。

(1)组建机构进行规划。首先,信息化具有综合性、系统性、整体性特点,是一项系统工程,涉及企业的各个方面。企业信息化应坚持"统一规划、统一投资、统一标准、统一建设和统一管理"的工作原则。必须清醒地认识到信息化的本质意义,不能简单地理解为买了计算机、建一套网络或者上了网就实现信息化了,要看到信息化建设是由硬件建设和应用工作两部分组成的。硬件建设是必要条件,应用才是根本目的。

(2)加强信息化建设的地位。推进信息化建设的管理机构要具有高层次的综合职能,才能适应信息化发展内在规律的要求。因此,这个部门不能简单地由某个科技或规划部门兼管,应该是一个具有全局性、独立的部门,要懂技术、能管理、会规划三者合一,否则将很难开展工作。企业应尽快将这项工作纳入到议事日程上来。

(3)领导挂帅,高度负责。实施信息化是一项"一把手"工程,企业最高领导层对信息化的重视、期待和参与程度是信息化获得成功的关键因素。没有胸怀全局、高瞻远瞩的企业高层领导人来亲自领导这项工作,没有责任心强、工作勤奋和精通信息技术的工作人员具体负责这项工作,信息化是很难发挥效益的。

2.1.2　架构网络平台实现资源共享

如何合理有效地将企业人、财、物等资源更好地优化配置,是企业经营的根本之道。传统企业经营管理主要以金字塔形直线管理模式为主,纵向上由职能部门对所属业务进行垂直管理。这样的管理模式在传统企业运作中具有一定的积极作用。但是随着新经济时代的到来,它的副作用也日益明显,即横向上各部门之间缺乏有效的信息交流手段,纵向上信息的下行和反馈行为滞缓,不能高效率地组织好信息资源。所以,利用现代信息技术来改善传统企业的生产经营管理模式,就必须架构一个供大家共享资源的平台,即信息网络平台。实现的方法就是进行计算机网络建设,并与数据库和应用软件开发相配套。

目前,内联网作为一种利用互联网技术组建企业内部网络的成熟先进技术,已成为企业各部门之间信息查询的通用平台,是实现企业信息化最重要的途径。这种解决方案在实际应用中是切实可行的,目前已有成功的先例可以借鉴。尤其是计算机网络系统结构已从过去的终端/主机模式、客户/服务器模式发展到现在的浏览器/Web服务器模式。由于浏览器/Web服务器概念,实现了开发环境与应用环境的分离,使开发环境独立于用户前台应用环境,便于用户的使用。在业务应用方面，达到将企业各部门业务信息管理系统构筑到网络平台之上，帮助企业实现决策支持。在内部信息发布方面，达到企业的新闻消息、重大事件、生产行为、决策信息快捷准确地发布到内部网上，每一名关心企业发展的职工都可以在第一时间了解企业里的有关情况。

2.1.3 启动上网工程开展电子商务

企业上网是企业信息化的重要内容，企业网站在现代及未来的信息社会将成为不可缺少的企业识别标志之一，有人将其形象地称为企业的电子商标。由于互联网在全球迅速普及，上网人数呈几何级数增长，一些具有前瞻性的企业纷纷启动上网工程，建立门户网站，这样不仅可以展示企业形象，提高企业知名度，更有助于加强企业与社会之间的信息联系、沟通及互动交流。

企业上网包含两方面的含义，一是企业登录互联网，浏览查询各类信息，帮助企业了解外部世界，从而快捷、准确地寻找到有价值的信息。主要有两种途径可以实现这项工作，即拨号接入和专线接入，企业可根据自己的实际情况来选择。二是企业在互联网上建立自己的网站和主页，让众多的上网者了解企业的有关情况，达到宣传自己，提高影响力的目的。

2.1.4 信息化建设的具体步骤

电子商务系统是商务与技术结合的产物，所以在电子商务应用的全过程中，都必须充分兼顾商务和技术两个方面的因素，以科学、合理的程序展开系统设计、建设和应用工作。如果按阶段划分，要实现电子商务应用，电子商务系统建设大致需要经过下列5个阶段。

(1)商务分析阶段。这是实现电子商务应用计划的第一步。这一阶段的工作主要是进行充分的商务分析，主要包括需求分析(包括企业自身需求、市场需求以及客户需求等)和市场分析(包括市场环境、客户分析、供求分析和竞争分析等)两个方面。

在电子商务条件下，市场范围扩大，创新速度加快，竞争的压力越来越大，竞争的频率越来越高，因此必须对拟建的电子商务系统在未来可能面临的竞争尽可能做出分析，最大限度地避免竞争失利。此外，还要对企业自身状况进行分析，包括对企业组织、管理、业务流程、资源、未来发展的分析等等。要结合电子商务的特点，从供应链的角度重新审视企业组织、管理与业务流程，寻找与电子商务的最佳结合部。

(2)规划设计阶段。在完成上述商务分析的基础上，在掌握电子商务最新技术进展的情况下，充分结合商务和技术两方面因素，提出电子商务系统的总体规划，提出电子商务系统的系统角色，提出电子商务系统的总体格局，即确定电子商务系统的商务模式，以及与商务模式密切相关的网上品牌、网上商品、服务支持和营销策略4个要素。

电子商务系统设计工作可以由此展开，即从子系统、前台、后台、技术支持、系统流程、人员设置等各个方面全面构架电子商务系统。此阶段的工作完成得好坏，将直接关系到后续电子商务系统建设和将来电子商务系统运行和应用的成功与否。

(3)建设变革阶段。这个阶段的工作分为两条线：一条线是按照电子商务系统设计，全面调整、变革传统的组织、管理和业务流程，以适应电子商务运作方式的要求；另一条线是按照电子商务系统设计，全面进行计算机软、硬件配置，网络平台建设和电子商务系统集成，完成电子商务系统技术支持体系的建设，从技术上保障电子商务系统的正常运作。

(4)整合运行阶段。上述建设变革阶段完成后，就可以将经过变革的组织、管理和业务流程,与已经建好的电子商务技术平台整合起来,进行电子商务系统的试运行。再经过必要的调整、改进以后,实现电子商务应用的工作就可以进入整合运行阶段,开始实现电子商务应用。

(5)维护完善阶段。企业电子商务系统建设绝不是一旦建成就可以一劳永逸的事情,必须在系统应用的过程中,根据企业商务和网络技术等各个方面的变化,不断创新、改进、完善,确保和提高企业电子商务系统的竞争能力。

无论是传统企业还是新兴的电子商务企业,在企业电子商务化过程中,一方面,需要加强企业内部的信息集成,通过实时、正确、一致的信息强化企业内部各个环节之间的协作,优化企业内部从营销到采购、生产和售后服务等各个环节的业务流程,高效率地组织企业的内部资源;另一方面,利用互联网紧密连接经营管理过程中所涉及的外部力量,从而形成一条畅通于客户、企业内部和供应商之间的信息流,通过互联网把客户、企业、供应商联系在一起,进行高效率的商务协作,使企业能够借助内、外部的力量,以最快的速度、最低的成本响应市场,及时提供个性化的产品和服务。因此,无论是传统企业还是新兴的电子商务企业,要实现真正的电子商务,需要对企业的信息技术、业务流程管理、组织结构和企业文化进行根本性的变革,以适应电子商务时代企业发展的需要。因此,企业在对电子商务解决方案的技术选型时,需要充分考虑解决方案的先进性、实用性和前瞻性,不仅能够满足企业现在的应用需要,同时能够方便、高效率地对已有系统进行扩展,及时满足不断提高的应用需求。

2.2 企业信息化建设的内容

2.2.1 企业信息化的基本要求

(1)以提高企业的效益和竞争力为目标。这里所说的效益包括经济效益和社会效益,这里所说的竞争力包括在国内市场和国际市场赢得或保持竞争优势的能力。企业搞信息化,无论是计算机辅助设计、计算机辅助制造或者管理信息系统、制造资源计划,还是柔性制造系统、计算机集成制造系统或者互联网、内部网,都要注重效益,有利于增强竞争力。企业信息化的目的务必明确,并需把它作为衡量企业信息化成败的标准。

(2)以企业管理的规范与优化为基础。企业信息化是三分技术、七分管理,不能单纯依靠技术人员的努力,必须有全体管理人员特别是高层管理者的积极参与和领导。信息化是为了改进管理、提高管理效率,而在管理制度不健全、管理机构不稳定、管理还不规范的情况下,追求信息化往往劳民伤财。在整顿和加强管理的基础上推进信息化,用信息化促使企业管理的重组和革新,才会走向成功之路。

(3)以信息资源的深入开发和充分利用为核心。重硬轻软、重信息设备轻信息内容以及重规划轻实施,是企业信息化的通病。企业信息化能否奏效的关键,在于对企业内外的数据和信息的整理和分析,以及这些数据或信息在生产、销售和管理、经营中发挥作用的程度。数据库或数据仓库也好,信息系统或信息网络也好,它们的功能就表现在其内含的信息资源的有效利用上。在信息时代,把信息提炼为知识,再把知识激活为智力(即企业智商),使其成为经济和社会不断发展的源泉尤为紧迫。

(4)以围绕企业的产出为重点。企业的产出表现为产品或服务。企业搞信息化要紧紧围绕着产出,为其降低成本、提高质量、快速供应、减少库存、扩大销路、持续创新、缩小开发和生产周期,以及增进顾客对消费的满意度服务。朝这个方向努力,企业信息化必然会得到企业主管的重视和支持。

(5)以提高人员素质为根本。企业信息化同其他任何工作一样,最终决定于人及其素质。人员的培训和他们水平的提高是个根本性问题。专业人员的技术和创造力固然重要,企业领导干部的观念和智慧以及全体职工的信息意识和整体素质尤为重要。这个问题的解决非一日之功,需持之以恒。

2.2.2 企业信息化的内容

信息化建设并不是一个单纯的技术问题,而是一项系统工程,它不仅包括了计算机软、硬件技术及网络技术,更重要的是在信息化的过程中,必须对企业的管理制度、组织机构、运行机制进行深层次的变革,必须融入现代化思想,应用现代化管理方法,提高职工的整体素质。交流、协作、控制是现代化企业办公管理的目标,企业的内部网络应能实现如下的功能:采集、加工、传递、查询、分析各类业务系统信息数据,员工之间、部门之间、企业之间的信息交流与协作,人事、档案、公文、会议等办公管理,企业资源管理,财务管理,工作、项目、任务管理与监控,客户信息管理、技术支持、售后服务、产品维护等管理,互联网信息、卫星信息的自动采集与查询,企业信息发布以及各类互联网网上行销行为,对各类业务数据、办公信息、外来信息的分析处理,电子商务等。基本可以概括为以下4个方面:

(1)办公自动化。办公自动化、信息化(OA系统)实现信息传递、信息类资源的共享、电子邮件收发、公文流转、工作日程安排、小组协同办公、工作流程自动化。

(2)业务处理自动化。业务处理自动化、实时化(即企业的MIS系统、辅助决策系统)实现企业业务管理下的计划管理、项目管理、财务管理、人力资源管理等为主要内容的基础管理业务处理活动自动化和信息化。

(3)生产自动化。设计、生产过程自动化、信息化,侧重于生产过程自动化、信息化、制造资源规划(MRP)、企业资源规划(ERP)、计算机集成制造系统(CIMS)的建设。

(4)客户服务网络化。利用信息系统及时了解客户信息,并以最快的速度向客户提供满意的服务。客户服务自动化在国外已被作为公司发展最为重要的一部分,在国内刚刚起步,但其重要性正在被更多的企业认识到。

3 电子商务系统的管理

要充分地利用电子商务系统离不开合理有效的管理,其中组织和人员方面的保障是最为重要的。

3.1 电子商务系统的组织管理

3.1.1 管理体制和方式的转变

我国的企业多年来实行的是集中的层级管理制,在计划经济下有益于企业的规范化管理,但这种组织结构严重阻碍了企业决策层与第一线的顺畅沟通,从而影响了企业的反应速度和信息传达的准确性。特别是在电子商务环境下,企业面对变动频率越来越快的市场需求和某些突发事件时,能否在最短的时间内做出快速反应,将决定企业在竞争中的状况。传统企业的组织结构层次多,级别分明,与电子商务的要求不完全适应。

这是因为工业化生产的分工越来越细,每个部门、每个人都在专心做自己分内的事情。但是局部效率的提高,有时会以牺牲整体效果为代价。由于技术的革新和变更,大批量生产标准化产品已经不再像从前那样成为制造企业的竞争核心,企业要更多地考虑按照客户的需求定制产品。竞争的压力要求各个企业能对周边经济环境的变化迅速做出反应,这意味着从前主管发号施令、中层管理人员负责执行、普通员工由部门分管的等级管理体制将不复存在。借助于信息技术,通过实现信息共享、规则共享、方法共享和经验共享,以及操作自动化和控制智能化程度的提高,它使少数人甚至一个人,就能完成以前由许多人分工完成的复杂任务,并大大减少了组织层次。信息技术的发展还可以使企业能通过网络及时而准确地从外部获得信息,不失时机地开拓市场。在电子商务时代,企业和组织的金字塔式的管理体制不可能再合理存在了,扁平型、网络状的组织更有利于果断决策。通用电气公司总裁在改造这个全球规模最大的企业时提出:“从我到一线员工不能超过4层。”

3.1.2　注重强化管理

企业电子商务的建设是“三分建设,七分管理”,在管理中要注意以下问题:

(1)领导的重视和参与。作为企业的领导者,要有现代管理思想和意识,重视信息技术在企业中的广泛应用,要充分认识信息的采集传递对现代企业适应市场经济发展的重要性。诚然,要领导事事参与也是不现实的,但领导对电子商务工作的关心、支持和鼓励,无疑会增强电子商务工作者的信心和力量,使电子商务建设能够更顺畅地开展。

(2)人员的技术培训。技术培训,无论是对各级领导还是对参与电子商务开发的技术人员以及相关的实施人员都是必不可少的。从实际工作中遇到的情况看,有一些技术人员对系统集成知之不多,相关的辅助人员更是对计算机知识也鲜为了解。因此,无论是在前期的数据调查和分析阶段,还是在系统的设计和实施过程中,对技术人员和相关人员的培训都是不可缺少的。只有做好了培训工作,才能减少电子商务建设和应用过程中的麻烦。

(3)加强团结合作。企业要想顺利实现电子商务的成功实施,必须有一个团结合作、精明能干的领导核心,领导成员之间如果不能统一意见,会使得技术人员无所适从,电子商务的实施将陷入困境。作为领导者,重要的是领导才能,要充分依靠工程技术人员,让技术人员充分发挥其作用。

(4)培养骨干队伍。企业要实施电子商务,必须培养自己的技术骨干队伍。无论是在系统的可行性分析阶段,还是在数据采集、系统设计和实施等各个阶段,自己的技术人员都要参与其中,培养和锻炼一支思想素质高、技术过硬的队伍。电子商务的开发只是系统项目的一部分,系统运行后的维护和二次开发,仍然是一项很重要的工作。随着企业管理模式、管理思想的变化,对系统的要求也会有相应的变化。因此,在电子商务实施过程中造就一支技术过硬的开发队伍对今后系统的维护很重要,这样既能为企业节约资金,又能及时使系统正常运行,保证企业的生产和经营运转正常。

(5)选择优秀的合作伙伴。企业要想顺利、高效地实施电子商务,选择优秀的合作伙伴至关重要。这里的优秀既包括合作伙伴的开发水平,又包含合作伙伴要有高度的敬业精神。合作伙伴要有系统集成方面的丰富经验,这样做起来轻车熟路,效率就高。千万不要做某些开发商的试验品,否则会给企业带来不可估量的损失。

同时,企业要结合实际,根据企业的发展需要,构造适合企业发展的电子商务系统,既不能太超前,更不能落后,否则,既达不到预期目的,又给企业造成经济损失。

3.2 电子商务的人才管理

人是保证创新的决定性因素。企业应当在加快网络经济发展的同时,注重企业网络文化的建设,培育更适合知识经济与网络经营的企业文化与企业精神体系,充分激发网络经济时代企业每个员工的科技创造性和工作热情,从而推进企业网络化与国际化经营更加健康地发展。

3.2.1 电子商务的人才特征

(1)实务性特征。电子商务是从网络和商务实践中发展起来的,而且还在不断的应用和发展之中,现有的电子商务理论还很难对日新月异的电子商务活动进行卓有成效的指导。电子商务人才培养要突出实务性特征,要使电子商务人才能够迅速理解、适应和进入电子商务实务环境,能够熟练操作和运作电子商务活动,具有从实务中学习和进步的能力。

(2)复合型特征。电子商务人才是一种复合型人才,无论其侧重哪一方面,都应该拥有足够的技术和商务两方面的知识,懂得电子商务技术手段,能将商务需求转化为电子商务应用;要熟知一些电子商务环境下的商务运作方式和模式,如供应链管理、虚拟企业、客户关系管理方式,以及网上商店、网上采购、网上银行、网上交易市场等电子商务模式。

当然,电子商务人才知识的复合型特征,决不意味着是一堆现有技术和商务知识的随意组合。电子商务人才的复合型知识应该是一个有机的整体,应该具有一定的前瞻性,要在电子商务这种现代商务模式的基础上将它们整合起来,充分认识到他们掌握的决不只是用于应用或修补的工具,而是一种新的现代商务活动方式。因此,他们应当理解电子商务环境下的商务组织、管理和业务方式及其特点,理解电子商务决不仅是商务手段和方式的更替,而是整个商务运作体系的变革,应该具有完整的电子商务观。

(3)多元化特征。由于电子商务的变革几乎涉及人类经济生活的所有方面、所有层次,而每一个方面、每一个层次都有自身的特殊性,要求电子商务人才具有不同的知识和能力结构,或者说需要不同的电子商务人才。因此,不能将电子商务人才简单地归为一个方面或一个层次;相反,必须充分认识到电子商务人才在多方面和多层次上的特征。

例如,会有侧重技术的电子商务人才和侧重商务的电子商务人才,会有分别侧重支付、物流和信息流的电子商务人才,会有专门从事网络营销的电子商务人才,会有专门从事电子商务管理的人才,会有从事电子商务战略分析的人才,会有从事证券电子商务的人才,会有专门从事网上银行的人才等。

3.2.2 电子商务人才的类型

从应用来看,电子商务人才大致分为以下3种类型。

(1)技术型电子商务人才。这是基础性电子商务人才,其特点是精通电子商务技术,掌握电子商务技术的最新进展,同时具备足够的现代商务知识,善于理解商务需求,懂得“如何做”电子商务,能够以最有效的技术手段予以实施和满足。

(2)商务型电子商务人才。这是电子商务人才的主体,其特点是精通现代商务活动,充分了解和理解商务需求,同时具备足够的电子商务技术知识,懂得电子商务“能做什么”,善于提出满足商务需求的电子商务应用方式。

(3)战略型电子商务人才。这是高层次电子商务人才,其特点是通晓电子商务全局,具有前瞻性思维,懂得“为什么要做”电子商务,熟知至少一个行业或一种模式的电子商务理论与应用,能够从战略上分析和把握其发展特点和趋势。

3.2.3　电子商务人才的技术标准

据统计,我国已经在375所高等学校开设了本科层次电子商务专业,主要课程有经济学、管理学、国际商务、网络企业管理、网络经济学、网络金融学、网络营销、电子商务管理、电子商务概论、网络技术基础、网页设计制作、电子商务模式研究、电子商务英语、网络贸易实务等。从2001年9月开始,教育部的高等教育自学考试增加了电子商务专业。在北京和上海,电子商务已被列入正式的职业序列,相关职业标准已经颁发。根据从业者的职业功能、工作内容、技能要求等,电子商务从业者被分为助理电子商务师、初级电子商务师、中级电子商务师和高级电子商务师4个职业等级。其职业功能包括网络操作、调研、营销等,工作内容则以网页操作、物流配送、电子支付、数据采集处理等为主。其中,电子商务师的职业定义为:“利用现代信息技术及计算机网络,进行商务活动的专业人员。”作为一名合格的电子商务师,要求具备电子商务、计算机、现代经济管理、网络营销等方面的知识,能熟练运用电子商务技术、信息技术与现代管理方法,从事电子商务系统的规划、开发、管理和评价等工作。

我们的目的是培养在电子商务的现在与未来新一代的集管理、计划、分析、编程于一身的复合型人才。这些人才必须懂得工业、商业、流通、外贸、消费等领域的商业贸易的模式,能够在精确的成本效益分析基础上捕捉电子贸易时机;了解构建销售和服务的电子商务系统;知道如何利用电子商务管理稳定的客户群;懂得如何评价各种电子商务工具;知道如何签订支持电子商务的贸易合同;了解如何建立支持电子商务的财务会计构件;做到同时精通企业管理和通晓技术。

4　网络营销

电子商务是利用电子技术和信息技术进行的各种商务活动的总和,网络营销属于电子商务的一部分。

4.1　电子商务的营销理念

4.1.1　网络营销的概念和功能

网络营销是企业以现代营销理论为基础,利用电子技术和信息技术和功能,最大限度地满足客户需求,以达到开拓市场、增加盈利为目标的经营过程。它是营销的最新形式,是由互联网替代了传统媒介,其实质是利用互联网对产品的销前、销中、售后各环节进行跟踪服务,它自始至终贯穿在企业经营的全过程,包括市场调查、客户分析、产品开发、销售策略、反馈信息等方面。简单地说,网络营销就是以互联网作为传播手段,通过对市场的循环营销传播,满足消费者需求和商家需求的过程。

网络营销的最大特点在于以消费者为主导。消费者将拥有比过去更大的选择自由,他们可根据自己的个性特点和需求在全球范围内寻找商品,不受地域和时间的限制。通过进入感兴趣的企业网站或虚拟商店,消费者可获取产品的更多的相关信息,使购物更显个性。网络消

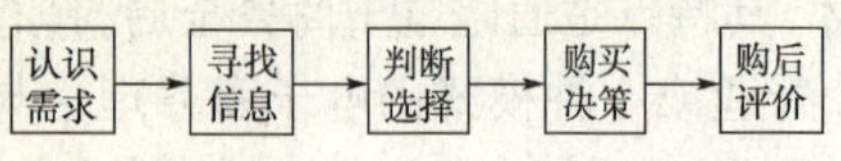

图 2-2　网络消费者的购买过程

费者的购买过程如图 2-2 所示。

个性消费的发展将促使企业重新考虑其营销战略，以消费者的个性需求作为提供产品及服务的出发点。此外，随着计算机辅助设计、人工智能等技术的进步，现代企业将具备以较低成本进行多品种小批量生产的能力，这一能力的增强为个性营销奠定了基础。

网络营销具有极强的互动性，是实现全程营销的理想工具。传统的营销管理强调 4P(产品、价格、渠道和促销)组合，现代营销管理则追求 4C(顾客、成本、方便和沟通)。然而，无论哪一种观念都必须基于一个前提:企业必须实行全程营销，即必须由产品的设计阶段就开始充分考虑消费者的需求和意愿。但传统营销方式属于单向式、间接性、多阶层的方式，从业者们为了传达其产品信息与相关的活动内容，大都是通过媒体、广告等方式以达到与消费者接触的机会，但是很难正确掌握客户的反应和反馈信息，客户也必须通过多层中介媒体才能得知信息，正因为通过中间多层媒体，就不得不花费庞大的营销预算支出。过去由于消费者与企业之间缺乏合适的沟通渠道或沟通成本过高，消费者一般只能针对现有产品提出建议或批评，对尚处于概念阶段的产品则难以涉及。此外，大多数的中小企业也缺乏足够的资本用于了解消费者的各种潜在需求，他们只能凭自身能力或参照市场领导者的策略进行产品开发。

在网络环境下，这一状况将有所改观。网络营销是一种互动、直接、具有即时反馈的模式，从业者们通过网络这项新媒体提供公司产品信息给目标客户，消费者亦可通过网络将其需求和意见直接反馈给厂商，节省了传统上买卖双方交易过程中必须花费的交易成本与搜寻成本，并且厂商与客户的双向沟通可以持续不断地进行，以形成良性的正向反馈。即使是中小企业也可通过电子公告栏、线上讨论和电子邮件等方式，以极低成本在营销的全过程中对消费者进行即时的信息搜集，消费者则有机会对产品从设计到定价和服务等一系列问题发表意见。这种双向互动的沟通方式提高了消费者的参与性和积极性，更重要的是它能使企业的营销决策有的放矢，将特定的营销信息传达给特定的个人，包括通过丰富的资料库来分析、辨识线上消费者的行为模式或其偏好的交易形态，甚至做到一对一营销。

网络营销使顾客与企业间的界面已发生天壤之别，从而导致网络空间市场的顾客忠诚度与传统市场的大相径庭。在网络空间里，企业必须仔细思考自己提供的是什么，如何提供和靠什么来提供，然后必须决定哪种策略最有利于自己目标的实现，也就是要艺术性地把顾客对自己产品的忠诚度转化到网络上来。图 2-3 是网络营销环境下产品与服务的新变化。

传统产品	新型产品
大众产品主导	可选择产品
统一化和批量化	个性化和定制化
相互分割的活动	整合性的感觉和体验
聚焦于单项活动生活	多种活动的有机组合
满足大众性需求	满足个性化精神感受和心理感觉需求

图 2-3　产品与服务的变革

4.1.2　网络营销的理论基础

(1)网络整合营销理论。网络互动的特性使顾客这个角色在整个营销过程中的地位得到提高，使顾客真正参与到整个营销过程中来成为可能，顾客不仅参与的主动性增强，而且选择的主动性也得到加强，因为网络上信息丰富的特征使顾客的选择余地变得很大，在满足个性化消费需求的驱动之下，企业必须严格地执行以消费者需求为出发点，以满足消费者需求为归宿点的现代市场营销思想，否则顾客就会轻而易举地选择其他企业的产品。为此，网络营销首先要求把顾客整合到整个营销过程中来，从他们的需求出发开始整个营销过程。

不仅如此，在整个营销过程中要不断地与顾客交互，每一个营销决策都要从消费者出发，而不是像传统营销理论那样主要从企业自身的角度出发。网络营销需要从顾客需求的角度出发研究市场营销理论，从购买者的观点来看，每一种营销工具都是为了传递顾客利益。也就是说，企业的每一个决策都应该给顾客带来价值，因为顾客在有很多商品可供选择的情况下，不会选择对自己没有价值或价值很小的商品。这应该是网络营销的理论模式，即营销过程的起点是消费者的需求，营销决策是在满足消费者要求的前提下的企业利润最大化；最终实现的是消费者满足和企业利润最大化。而由于消费者个性化需求得到满足，他对企业的产品、服务形成了良好的印象，在他第二次需求该种产品时，会对公司的产品、服务产生偏好，会首先选择该公司的产品和服务；随着第二轮的交互，产品和服务可能更好地满足他的需求。如此重复，一方面，顾客的个性化需求得到越来越好的满足，顾客建立起对公司产品的忠诚意识；另一方面，由于这种满足是针对差异性很强的个性化需求，就使得其他企业的进入壁垒变得很高。这样，企业和顾客之间的关系就变得非常紧密，甚至牢不可破，这就形成了“一对一”的营销关系，一对一营销与传统营销对照如图 2-4 所示。上述这个理论框架称为网络整合营销理论，它始终体现了以顾客为出发点及企业和顾客不断交互的特点，它的决策过程是一个双向的链。

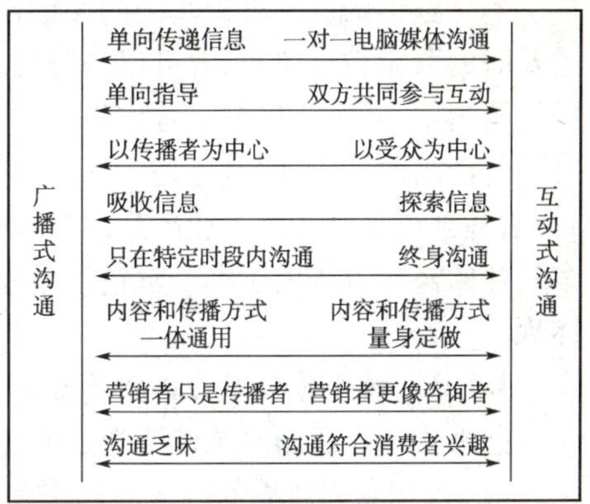

图 2-4 一对一营销与传统营销对照

(2)网络“软营销”理论。网络营销是一种“软营销”。这是网络营销中有关消费者心理学的另一个理论基础。得出这个理论的原因仍然是网络本身的特点和消费者个性化需求的回归。

传统营销中最能体现强势营销特征的是两种促销手段：传统广告和人员推销。传统广告企图以一种信息灌输的方式在消费者心中留下深刻印象，它不考虑你需要不需要这类信息；人员推销也是一样，企业推销人员不事先征求推销对象的允许或请求，而是主动地“敲”开顾客的门。在网络上这种以企业为主动方的强势营销是遭到反感的。网上居民对网上商业行为有一种反感，有不少网上居民反对网络的商业运用。网络的信息共享、交流成本低廉、传递速度快这些特点形成了网上信息自由，但另一方面，如果没有良好的控制机制，又可能造成信息的泛滥。假如网络营销仍然允许类似传统的强势广告，你每天打开 E-mail 信箱时，可能会发现一大堆垃圾广告，或者是你正在进行文字处理的时候，屏幕上突然出现一幅商业广告，你的感觉如何？在网上提供信息必须遵循一定的规则，这就是“网络礼仪”。网络礼仪是网上一切行为都必须遵守的规则，网络营销也不例外，“软”营销的特征主要体现在“既遵守网络礼仪又通过对网络礼仪的巧妙运用而获得一种微妙的营销效果”。

概括地说，软营销和强势营销的一个根本区别就在于：软营销的主动方是消费者而强势营销的主动方是企业。个性化消费需求的回归也使消费者在心理上要求自己成为主动方，而网络的互动特性能使他真正成为主动方。他们不欢迎不请自到的广告，但他们会在某种个性化需求的驱动下自己到网上寻找相关的信息。此时的情况是企业在那儿静静地等待消费者的寻觅,一旦消费者找到你了,这时你就应该活跃起来,使出浑身解数把他留住,更美好的未来是永久的忠诚。

(3)网络直复营销理论。从销售的角度来看,网络营销是一种直复营销。直复营销中的"直"是指不通过中间分销渠道而直接通过媒体连接企业和消费者,网络上销售产品时顾客可通过网络直接向企业下订单付款;直复营销中的"复"是指企业与顾客之间的交互,顾客对这种营销努力有一个明确的回复(买还是不买),企业可统计到这种明确回复的数据,由此可对以往的营销努力做出评价。网上销售最大的特点就是企业和顾客的交互,不仅可以以订单为测试基础,还可获得顾客的其他数据甚至建议。所以,仅从网上销售来看,网络营销是一类典型的直复营销。

网络营销的这个理论基础的关键作用是要说明网络营销是可测试、可度量、可评价的。有了及时的营销效果评价,就可以及时改进以往的营销努力,从而获得更满意的结果。所以,在网络营销中,营销测试是应着重强调的一个核心内容。网络这个媒介既是市场调研的工具,又是销售产品的渠道,同时还是广告和公关的媒体,即使顾客想用电子货币付款也是在网络上进行,它甚至还是某些可下载产品的运货路线。这就使得网络营销是一种很紧凑的全程营销,某个具体的操作方法属于哪个营销策略很难分清楚,这也是网络营销作为直复营销的一个具体体现。

4.1.3 网络营销对企业经营的影响

网络营销已逐渐对于传统企业的经营方式带来了冲击与影响,其主要影响归纳如下:

(1)传统营销风貌的改变。传统营销依赖层层严密的渠道,并以大量人力与宣传投入争夺市场的做法,在网络时代将成为无法负荷的奢侈。电子商务的发展使人员营销、市场调查、广告促销、经销代理等传统营销手法与网络营销相结合,并充分运用网上的各项资源,形成以最低成本投入,获得最大市场价值的新型营销模式。未来的营销方式,将依赖网络作为顾客联系与产品促销的主要渠道,企业的网页成为企业对外的重要联络界面。传统营销的组织与运作方式势必要进行大幅度的转型调整,这也是营销部门未来面临的一大变革。

(2)企业组织的重整。互联网以及企业内联网、外联网带来的效率,使业务人员与直销人员减少、组织层级减少与扁平化、经销代理与分店门市数量减少、渠道缩短,虚拟经销商、虚拟门市、虚拟部门等企业内外部虚拟组织盛行。这些影响与变化,都将促使企业的组织结构再造。内部网络的兴起,改变了企业内部作业方式以及员工学习成长的方式,个人工作者的独立性与专业性将进一步提升。因此个人工作室、弹性工作制、委托外包、分享业务资源等,在未来也将进一步推动企业的内部体制改革。

(3)竞争形态的转变。由于网络的自由开放特性,互联网时代的市场竞争是透明的,人人都能掌握同业与竞争对手的产品信息与营销行为。因此,胜负的关键在于如何适时获取、分析、运用这些从网络上获得的信息,并制订具体的竞争策略。此外,联盟策略也是网络时代的主要竞争形态,如何运用网络来组成合作联盟,并以联盟所形成的规模资源创造竞争优势,是未来企业经营的重要手段。

(4)顾客关系的再造。网络营销的企业竞争是一种以顾客为焦点的竞争,争取顾客、留住顾客、扩大顾客群、密切顾客关系、分析顾客的特性、满足顾客需求,建立顾客对于企业的信任感。这一切与以往会有很大的差异,因此如何跨越地域、文化、时空差距,再造顾客关系,将会需要许多创新的营销作为。

(5)跨国经营的实现。过去企业只需专注本企业与本地市场,国外市场则委托代理商或贸易商经营。但互联网跨越时空连贯全球的功能,已使得全球营销的成本并不见得高于地区营销,因此企业将进入跨国经营的时代,网络时代的企业,不但要熟悉跨国市场顾客的特性、争取信任与满足他们的需求,还要安排跨国生产、运输与服务等。

4.1.4　网上销售对传统商业的影响

(1)对零售业产生直接影响。据有关方面的估计,在电子商务普及后,美国以网上交易为主导的无店铺销售有可能达到40%以上。已有不少厂商表示,现有的零售渠道并不能完全令人满意,今后一旦条件成熟,他们将独立地开展直销业务。可以想见,一旦这种局面出现,意味着厂商可以不通过批发商和零售商向顾客供货,传统流通业将会因此受到极大冲击。另一种观点认为,除几个特殊行业外,多数制造商并不一定建立自己的网上直销系统。因为网上的直接销售和服务要有专门技术,会增加许多负担,并不是每个行业、一般企业所能承受的,所以电子商务会产生一些替代作用,但不会消除零售商。目前有许多厂商虽然都开设了网站,但主要是从事产品的宣传介绍服务,大多数制造商既怕错过网上销售的商机,又不愿意轻意损害与零售商长期培养起来的关系,所以持审慎观望态度。因此,发展的趋势关键还是要看采取何种方式能够为企业带来更多的效益。这在一定程度上也取决于零售业自身的积极应对和策略选择。

(2)商品配送和交割方式产生变化。现行的商品零售一般是在商店里完成,商家在店里集中出售,顾客进店现场选购,在多数情况下商店无需为顾客送货上门。电子商务中的网上零售,实际上已经破除了商家对各种商品批量购进、集中存储、坐店销售的方式,商品可以直接送到消费者家中。这种商品交割方式的变化,说明网上购物使传统的物流配送开始向消费末端延伸,不仅涉及商品配送体系的结构调整及各类有形零售业态如何适应的问题,而且对商业批发集配商品可以提高流通效率、节约社会劳动的理论是一种挑战。传统的批发商、代理商等,在这种冲击面前将有可能萎缩。

(3)配送中介企业兴起。随着电子商务,尤其是网上购物的发展,商品流通基础设施和配套行业的重点将会发生偏转。这个问题目前在美国已初见端倪,各类送货系统、快递运输公司、支付公司、安全、广告、商务软件、信息服务等新型物流和中介机构发展呈加速态势,并且有很大的发展空间。不难看出,由于电子商务的出现和发展,商品流通领域将面临全方位的深刻变革,美国等经济发达国家正在抓紧推进的电子商务革命,将对中国商品流通领域和整个经济发展带来种种影响,确实值得我们认真研究。特别是在全球经济一体化的国际背景下,在我们继续扩大国内流通领域对外开放的同时,深入研究这个问题,审慎制订相应的宏观对策,尤其重要和迫切。

4.1.5　对企业提出新的目标追求

为适应电子商务环境下网络营销的特点,企业经营过程中要做到:

(1)尽可能快的速度。在电子商务市场上从事营销活动,行动速度要快。首先表现在产品的更新换代上。计算机价格的变化是这方面最典型的例子。1997年6月,刚问世的奔腾Ⅱ计算机价格高达1.5万元,时隔3个月价格降到1.3万元,6个月后下降到1万元。到了1999

年初，奔腾Ⅱ的计算机几乎在市场上绝迹，取而代之的是奔腾Ⅲ型的计算机。而到2010年市场的主流已经没有奔腾的身影了，取而代之的是更先进的双核处理器电脑。这样的实例，将会越来越多地出现在未来的电子商务市场上。其次，这种速度表现在网站内容更新的速度上，内容没有更新的网站，很快就会被顾客所抛弃。第三，这种速度表现在信息查询的速度上，查询速度慢的网站，包括主页调出缓慢，检索功能不畅的网站，都不可能受到顾客的青睐。

(2)尽可能好的信用。电子商务是无纸贸易，与传统的营销方式相比，它没有物理介质来保证交易的安全性，它所依赖的是密码、认证和其他保密措施。在这样一个市场中，信用程度的高低是关系到企业生死存亡的大问题。没有信用的企业，很难在网络上长久地把生意做下去。因为网络上的企业和产品太多了，消费者可以从众多的生产厂家中选择质量和服务更好的。另外，一旦消费者发现自己买的是假冒伪劣产品，可以方便地将有关信息在互联网的BBS广告板上发布，从而导致企业信誉的大幅度下降。

(3)尽可能优秀的服务。电子邮件的快捷和准确性为厂商与客户之间的沟通创造了极为有利的条件，能够及时反映客户的意见或给客户回复来满足客户的合理要求。厂商必须树立在电子商务环境下的营销新观念，提供优质的售后服务，努力改善与客户的关系。另外，电子商务对交易过程带来的影响也要求企业在客户浏览和订购商品、发送购货单、订购情况、接收票据和更新数据、接受支付、订购商品的送货和客户的意见反馈等全过程进行跟踪服务，否则将在竞争的环境中失去立足之地。

4.2 网络营销的特点和优势

4.2.1 网络营销的特点

网络营销的特点，体现在以下8个方面：

(1)虚拟市场突破了空间限制。自人类出现商品交换以来，商人们经历了从露天叫卖到进入各种现代化商品交易场所的漫长过程。传统商务的地理分散性造成了低效市场及生产和消费的彼此隔绝，消费者需要了解哪些供应商的产品更好、货源更充足；生产方希望自己的产品有更广泛的销路。当今世界，市场在商品交换过程中所起的作用仍然是最重要的，然而，网络的出现和发展将改变数千年来人们对市场的理解和认识。网络营销跨越了时间和空间上的限制，创造了一个虚拟的市场。以互联网为基础的营销网络的出现缔造了全新的电子时空观，大大淡化了物理意义上的市场作为商品交换场所的原始概念和功能，网络营销方式降低了有形交易市场在商品交换中的作用和地位，取而代之的是更加广泛、频繁、多样化和及时性的商品网络交换，市场变得更加广阔，更加充满诱惑力。

(2)全天候营业促进了商品流通。8小时工作制是世界上大多数国家通行的劳动制度。但地域的扩展带来时差，在全球的市场上，却是24小时连轴运行，因此在互联网上的市场是“7天24小时制”。这将大大增加交易的机会，使流通更发达，消费者购物更方便。消费者通过互联网，可以24小时进行购买，不仅可以节省时间，方便快捷，而且可以省钱、省力。网络上的信息传播以光速运行，这种运行速度将带动整体经济运行速度加快。光速经济最重要的影响是在资本市场上，由于资本市场是信用交易，快速流动的信用交易一旦受阻，将带来很大的风险。

(3)供求平衡最大限度减少浪费。网络营销缩短了生产者和消费者之间的距离，节省了商品在流通中经历的诸多环节,有利于降低流通费用和交易费用。当企业无法对产品的配置和数量加以精确规划时,供应商不清楚客户何时需要他们的产品,不得不建立库存以应付各种局面,库存常有积压,由此导致供应链的臃肿和清理库存造成的损失。网络经济使这种现象逐渐得到改善。

(4)加强沟通的互动性和实时性。供求交流是一个复杂的劳动与信息密集型过程,传统的营销沟通方式有人员沟通和非人员沟通。人员沟通的效果较好,但沟通费用高,覆盖面小。而非人员沟通虽然能够获得大量的观众,但信息的传递是单向的。由于企业对这样的过程实行的是人工处理,效率十分低下。在合适的时间内把合适的信息送达合适的人,想在单一大型组织中做到这一点都十分困难,更不必说在多个企业中协调了。网络营销的成功之处,在于它提供了一种双向的、互动的、多媒体的和实时的全新信息传播模式,构造了一条企业和消费者交互式沟通的通道。在网络环境下,任何在线客户都能通过 Web 页面获取所需的信息,企业也可以通过网络与客户进行面对面的交流。与交互式沟通相对应,网络上信息的传递是实时进行的,企业传递信息的过程同时就是客户接受信息的过程。网络营销带来了一种新型的消费观念,消费者从大众中分离出来,消费者直接参与生产和商品流通循环,逐步成为大范围选择的理性的购买者。

(5)交易费用大大降低。与自给自足经济不同,市场经济中生产者和消费者所处时间和空间都是不对称的。商品在这样的自然空间中要经过多次流通,借助于各种中介组织,才能完成交易过程。由于流通过程的无序以及中介层次多,所以交易费用很高。据香港经济学家张五常估计,香港的国民生产总值中,交易费用达到80%左右。如果交易活动在互联网上进行,就可以在很大程度上避免流通的无序和减少中介层次,降低企业和消费者获取信息的成本,使互联网的时空优势在电子商务中体现出来,经济活动中空间和时间隔离造成的成本将大幅度降低,经济活动的效率提高。对于企业来说,低成本地获得有价值的商业信息是销售活动取得成功的第一步,网络营销活动是以互联网为基础的,网络的特点在于开放性、信息自由流动性和共享性。企业可以通过接入相关网络浏览信息,这种信息与传统的纸面广告、电话、传真相比成本是非常低的,由此降低了经营成本,改善了企业的经营环境。

(6)有利于企业实现低成本扩张。传统的市场是一个受时间和空间限制的市场,对于资金、实力有限的小企业而言,要实现销售的大规模扩张是极其困难的。网络带来的信息传递和资源共享方式突破了原有的时空界限。在这种情况下,企业无论大小,只需较低的成本就可以通过互联网在更大的范围内构建自己的销售网络。网络营销使市场更加多样化、个性化、实时化和市场细分的彻底化,商品流通和交易方式发生了很大变化。

(7)大小不分,胜者通吃。需求决定供给,决定厂商规模。互联网的时空压缩效应,可以使消费者很容易接近名牌、名店,少数名牌厂商将拥有大部分的顾客资源,网络将带来“胜者通吃”。在网络经济中,需求有了新含义:需求是消费者的点击率和忠诚度之积。所谓点击率是商业站点的页面被网络顾客点击的频率,忠诚度是网络顾客的回头率。由于互联网是双向互动,每天都有新站点诞生,顾客存在很多的选择,要保持较高的点击率和忠诚度非常困难,网站的点击率和忠诚度取决于网站是否有独特的内容。不管站点是个人还是机构所建,只要点击率和忠诚度高,它就是一个大商家。

(8)实现以客户为导向的营销目标。网络营销能够真正实现以客户为导向的企业营销目标。在传统营销方式中,由于企业和消费者之间缺少有效的沟通渠道,生产者难以准确地了解消费者的真正需求,造成大规模、标准化的生产模式。互联网的出现将逐渐消除这些障碍,有利于厂商向消费者提供个性化的服务。在产品设计、生产、销售、服务等价值链的各个环节,都可以引入客户参与,真正实现需求导向。营销工作可以从研究开发阶段就开始,并贯穿营销的始终。

由此可见,网络营销和传统营销方式相比,交易的市场范围大大扩展,交易机会明显增加,交易双方获取信息的成本显著降低,同时,在网络营销中,与客户的沟通方式由单向传递转化为双向、互动式的传递,简化了交易双方的信息沟通过程,使企业以客户需求为导向的营销目标更具有可操作性。

4.2.2 传统营销不会消失

应该指出的是,传统营销并不会就此消失,传统意义上的商店仍然有它的特点和生命,不会一下子被取代,其原因是:

(1)我们已经习惯于通过感觉器官来辨别一个产品的好坏,这是一个很难更改的习惯,也是电子商务很难体现的。

(2)在现实中的商店消费有安全感,客户和商家是以现金交易方式进行交易,付钱交货,简单、直接、安全,不用像在网络上那样害怕自己的信用卡号码被盗用。

(3)价格的灵活性,传统交易中的砍价是成交的因素之一,而在网上购物虽然也有折扣,但是在不了解一个商品的价值之前,很难做出选择。

(4)良好的购物环境对于购物者是一种享受,使消费者在"逛"中得到乐趣,这在网上是无法体会的。

(5)人的社会性对交往的要求,交易活动增加了人和人之间进行感情联络的机会,网络营销在提高经济性的同时降低了人的社会性。

4.3 企业营销的流程

企业营销的流程包括:整体策划,建立网站和推广网站,制订营销策略,从事营销活动等。

4.3.1 经营整体策划

网站策划必须从企业特点、产品结构、发展方向、营销策略出发,对网站规模、基本功能和运作方式进行系统规划,并首先要弄清楚以下几个问题:

(1)确定经营的具体目标。主要考虑的是:建站主要目的是为树立企业形象还是为展示产品;是以销售为主还是售后服务为主;是推销新产品还是经营老产品;是品牌为主还是一般产品为主;是收集反映为主还是联络客户为主。当然,企业建立网站可能涉及以上各个方面,但必须有主次、轻重之分。

(2)明确主要目标受众。网站建成后主要是面向什么客户;客户属于哪些群体,客户的年龄分布、职业特征、消费能力、心理特征、需求倾向都要了解。

(3)预期网站特色。网站本身以什么为特色?是以内容为本,设计密集的栏目,还是图设计新潮?是追求登录速度快而少采用图片和动画,还是忽略登录速度注重视觉效果?

(4)网站的经营方式和经营目标。网站由自己经营还是委托专业服务商经营?是自己定期指导设定要求、目标,还是完全委托别人代劳?

4.3.2　建立网站

建立企业网站通常分为这样几个步骤:申请域名,购置服务器等硬件设备或租用虚拟主机,设计制作网页。

(1)申请域名。申请域名就像在网上注册一个"商标"一样,有了域名就有了"网址",这样客户可通过网址查找到该网站。

(2)购置服务器。购置服务器或租用虚拟主机空间,主要是用于存放企业的网页和数据库等。

(3)网页设计。网页设计是将要在网上发布的信息制作成一幅幅网页,并将其存放到服务器或上传至虚拟主机空间。

配置好服务器或将虚拟主机空间指向网站域名,网站就建成了,别人键入网址,就可以看到相应的企业信息了。

网站建成后,网站推广是必不可少的一项工作,可以让虚拟主机提供商协助进行网站的推广,也可以自己进行宣传。其目的就是让尽可能多的目标群体了解企业的网站。

电子商务是网络应用的高级形式,前面的工作可以说都是在为电子商务打基础。当网站具备一定的基础时,企业可以通过网站与全球用户进行产品的在线交易。

4.3.3　网站应具备的基本功能

一个电子商务网站由前台系统和后台系统构成,至少应具备以下基本功能。

1)客户端(前台)

(1)会员注册登记,密码修改。

(2)商品的浏览、查询、选购。

(3)查看已选商品及总金额。

(4)修改已选商品的定购数量或者删除已选商品。

(5)付款方式的选择。

2)服务器端(后台)

(1)数据库的管理维护。

(2)客户、订单、送货、付款的确认。

(3)查询和统计功能,如对库存商品的查询,对已售商品的统计分析,对客户群体的统计分析等。

3)其他可增强的功能

(1)邮件系统。

(2)商品知识库。

(3)售后信息反馈。

(4)数据仓库和数据挖掘等。

4.3.4　扩大网站的访问

网络世界的网站数目多得不计其数,如何让网络使用者进入到你的网站是一大学问,是网络营销的重点工作,具体方法有下列几种:

(1)提高企业知名度。最直接的做法就是营造公司的知名度,而且申请好记的网址,搭配传统的营销媒体来营销网址。例如:新浪、搜狐、网易等,都是以日常生活中经常会出现的名词为公司的名称和网址，这样的好处是当人们需要这家公司的信息时，不用再费一番心思去查，就可以直接输入网址，进到公司的网站来。

(2)登录各大搜索引擎网站。对于大部分的网友来说，门户网站的搜索引擎仍是当大家想要找寻网络上某种信息时，首先考虑到的。因此，主动到这些搜索引擎登录公司网站资料，是一种经济有效的方法。此外，有些网站在提供登录的服务之外，让你的网站排名尽可能靠前，是良好的网络营销方法。

(3)通过广告链接交换。可以设计小型的网站识别图示，然后找门当户对的网站来作为合作伙伴，双方互换广告，无形中提升了网站的访问数量。

4.3.5 营销策略规划

(1)处理好与传统营销的关系。对于已经拥有传统渠道的商家而言，开设网上商店应考虑对传统渠道的影响，并重新拟订整体市场行销策略。网上商店的设立可能引起下游经销商的疑虑，造成传统渠道与新渠道间互相排斥的现象。因此，开设网上商店时应审慎思考，在经营初期，不要孤注一掷，以避免投资的损失。

(2)设计好商品的销售及配送方案。当然，如果商品可以用数字化的方式传送，那么可直接利用网上商店将数字化的产品(如软件、电子书籍、图片)传送给客户；所售商品如果是需要人工递送的实体化商品，网上商店可利用作为商品的展示，考虑使用最经济合理的配送方式。商品的配送应掌握便利与效率的原则。如美国著名的电子零件经销商 Marshall 公司是通过与 UPS 快递公司的合作，将产品的配销网络延伸到全球。而号称全世界最大的书店 Amazon.com，则允许顾客在订购时选择快递、空运、海运等多种不同的配送方法。

(3)设定具体可行的营运目标。如果网上商店是开设的第一家店，而且是唯一的渠道，那么暂时先不要将营运目标定得太高，因为依据业者的统计，上网浏览的客户中，真正的购买者仅占10%以下。营运的初期应以拓展渠道及增加知名度为目标。

(4)经营成本预估。建设网上商店都需要花费一定的成本。直接在互联网上架设自己独立的网上商店，需要申请专用的线路，配置主机、路由器，配备专业人才，一年至少要花费几十万元，普通企业难以承受；采用虚拟主机、服务外包的方式是中小企业最合适的方法，每年的花费可以控制在几万元以内，许多企业建立网上商店都采用这种方法。也可以考虑加入网络大型商场租个专柜，费用还可以进一步降低。

5 电子商务支付系统

支付系统、配送系统和安全系统被认为是电子商务发展的三大瓶颈，其中可靠和安全的支付系统是最为重要的。

5.1 电子支付系统

电子商务的一个基本问题就是如何通过现有的网络技术，如 Internet、Web、数据加密、PKI-CA 系统、防火墙技术、各种交易协议(如 SET)、客户端浏览技术和软件等，使得消费者和商家透明地进行安全交易。其中，可靠和安全的支付系统，是整个电子商务框架的基础和保障。当前的主要支付方法有信用卡支付、电子支票、电子现金、智能卡(Smart Card)，同时衍生出很多类型的支付方案。

5.1.1 电子支付系统的定义

电子支付系统是指用电子技术，主要包括计算机和通信技术，在网络中发出、传递支付指令，通过电子支付工具完成支付结算的支付系统。它包括了支付工具的电子化和支付技术的电子化，统称为电子支付系统。电子支付系统的实现机理与传统支付系统之间存在着内在的联系。

在一般情况下，消费者首先以一定金额的现金或存款从发卡者处兑换得代表相同金额的数据，通过使用某些电子化方法将该数据直接转移给支付对象，从而能够清偿债务。这种方法实施的基础是金融电子化，以商用电子化设备和各类交易卡为媒介，以计算机技术和通信技术为手段，二进制(0,1)为存储形式，通过计算机网络系统进行买卖交易。

5.1.2 电子商务的电子支付发展阶段

(1)银行利用计算机处理银行间的业务，办理结算。

(2)银行计算机与其他机构计算机之间的结算，如代发工资等。

(3)利用网络终端向消费者提供各项银行业务，如消费者在 ATM 上进行取款、存款、转账、密码设置和更改、账户查询等操作。

(4)利用银行销售点终端(POS)向消费者提供自动的扣款服务，此为现阶段电子支付的主要方式。

(5)网上支付，即电子支付可随时随地地通过互联网进行直接转账结算，形成电子商务环境。

5.1.3 电子商务支付系统分类

目前全世界所使用的支付系统不下几十种，根据在线传输数据的种类(加密、分发类型)，大略可以被分为 3 类。

(1)使用“信任的三方(Trusted Third Party)”。消费者和商家的信息，如银行账号、信用卡卡号都被双方信任的第三方托管和维护。当要实施一个交易的时候，网络上只传送订单信息和支付确认、清除信息，而没有任何敏感信息。实际上通过这样的支付系统没有任何实际的货币交易，而都是在线(On-line)实施的。First Virtual 是典型的信任第三方系统。在这种系统中，网络上的传送信息甚至可以不加密，因为真正金融交易是离线实施的。但是不加密信息，同样可以看成是一个系统的缺陷，而且消费者和商家必须到第三方注册才可以交易。由阿里巴巴集团创办的支付宝是国内领先的独立第三方支付平台。

(2)传统银行转账结算的扩充。在利用信用卡和支票交易中，敏感信息被交换。例如，消费者要从商家购买产品，可以通过电话告知信用卡号以及接收确认信息；银行同时也接收同样的信息，并且相应地校对用户和商家的账号。如果这样的信息在线传送，必须经过加密处理。著名的 Cyber Cash 和 VISA/Master card 的 SET 就是基于数字信用卡(Digital Credit Cards)的典型支付系统。这种支付系统，主要应用于 B2C 在线交易，因为现在大部分人更习惯于传统的交易方式。通过合适的加密和认证处理，这种交易形式应该比传统的电话交易更安全可靠，因为电话交易缺少必要的认证和信息加密处理。

(3)各种数字现金(Digital Cash)、电子货币(Electronic Money and Electronic Coins)。和前面的系统不一样，这种支付形式传送的是真正的“价值”和“金钱”本身。前面两种交易中，丢失的往往是信用卡号码,被伪造的也只是信用卡号等。但是,在这种交易中偷窃信息,不仅仅是信息丢失,往往也是财产的真正丢失。

通过支付手段又可以分为电子信用卡支付、智能卡(Smart Card)支付、电子现金支付、电子支票支付等。

5.2 电子支付系统安全

5.2.1 电子支付系统的安全技术

电子商务支付信息流动典型结构如图 2-5 所示。在图 2-5 中,信任第三方是 CA 认证中心。商家和客户都必须从认证中心 CA 得到自己的证书,然后通过 CA 认证。很明显,各个部分信息传递,必须要经过加密处理;信息来源和目的必须经过认证。

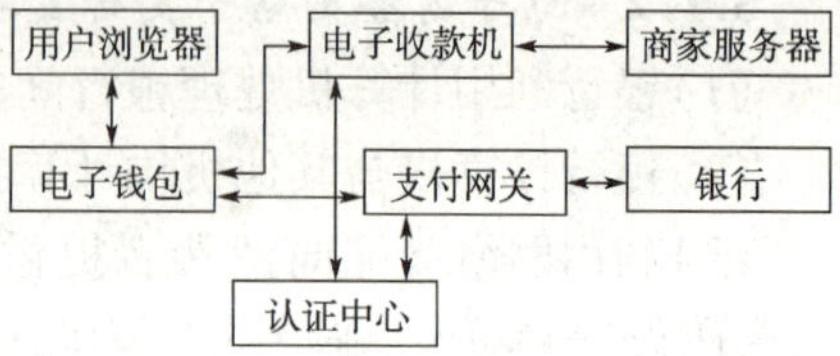

(1)在电子商务支付系统中,消费者和商家面临的威胁有:

①虚假订单:假冒者以客户名义订购商品,而要求客户付款或返还商品。

②付款后收不到商品。

③商家发货后,得不到付款。

④机密性丧失:PIN 或口令在传输过程中丢失,商家的订单确认信息被篡改。

图 2-5 电子商务电子支付框架

⑤电子钱包的丢失:可能是物理破坏,或者被偷窃。这个通常给用户带来不可挽回的损失。

(2)相应的安全技术有:

①网络安全检测设备(SAFT suite)。

②访问设备(安全认证卡)。

③浏览器/服务器软件(支持 SSL)。

④证书(VeriSign)(PKI-CA、公钥秘钥加密算法)。

⑤商业软件(支持电子支付)。

⑥防火墙(RSA 的 BSAFE:支持 RSA,DES,Triple DES,RC2,RC4 等)保护传输线路安全(电磁辐射屏蔽等)。

⑦防入侵措施,IDS,DIDS(入侵检测系统、分布式入侵检测系统)。

⑧数据加密(最基本的安全技术,如链路、节点、端对端加密等)。

⑨访问控制(根据角色访问等控制)。

⑩鉴别机制(报文鉴别、数字签名、终端识别等)。

⑪路由选择机制(阻止不合适的 IP 访问、DOS 攻击防范)。

⑫通信流控制(掩盖通信频度、报文长度、报文形式、报文地址等)。

⑬数据完整性控制(来自正确的发送方、数据传送到正确的接收方)。

⑭端口保护(反端口扫描等)。

⑮病毒木马防范措施。

5.2.2　典型的电子支付系统应用及安全

1）中间介质服务和信任第三方支付系统

（1）First Virtual 支付系统（无敏感信息在网上传送）。First Virtual 系统的特点是：操作简单，不需要加密信息，适合小面额的交易。它的购物过程如图 2-6 所示（数字标号，表示信息流动时间顺序）。

买方、卖方和信任第三方之间的数据流动关系如图 2-7 所示。First Virtual 的缺点是，传送的信息都没有加密，身份认证也仅仅处于表面上的账号验证。客户和商家必须都在第三方上注册。用户容易被别人冒充；第三方发送给用户的账户确认信息，也可以被冒充者伪造；订单和用户账号信息完全暴露，适合的支付范围只是小面额的交易。

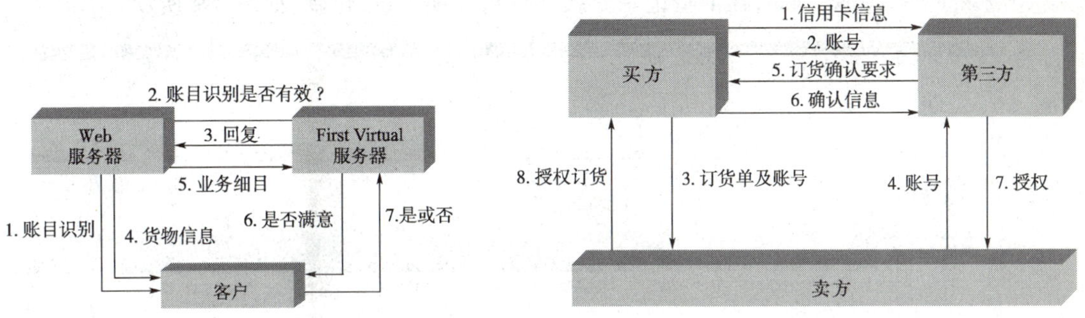

图 2-6　First Virtual 支付系统

图 2-7　买方、买方和信任的第三方之间的数据流动关系

（2）Cyber Cash（敏感信息加密，委托的第三方代理）。使用 Cyber Cash 支付系统，客户端必须先下载 Cyber Cash 软件，即“钱夹”。在建立钱夹过程中，买方将信用卡信息提供给第三方 Cyber Cash；Cyber Cash 指定一个加密的代码代表信用卡号码，传送给买方；当买方向接收 Cyber Cash 的卖方购物时，它只需简单地输入代码；卖方将代码及购买价格传送给 Cyber Cash；Cyber Cash 证实这一事务并将资金及购买商品的授权传送给卖方。

加密技术使用 56 位和 768 ~ 1024 位的 RSA 公开密钥对产生数字签名。整个过程历时 15 ~ 20s，如果网络传输速度慢需要更长时间，客户使用的整个购物和支付过程只需输入一个信用卡号，而后台的第三方和银行，以及商家之间的交换信息需要一系列的加密、授权、认证。交易本身需要的成本比较高，适合大面额的交易，安全度也比较高。特别是交易的各方都要采用数字签名来验证自己的身份，所以抗伪造性和抗业务否定性比较好。需要说明的是，客户和商家双方均必须使用 Cyber Cash 软件。这就是说，要非常信任第三方。由客户和商家注册到第三方，比如 Cyber Cash 服务器上的时候，注册后的签名是不能修改的。如果要修改，就要重新注册。

（3）支付宝（第三方担保）。简言之，它的功能就是为淘宝的交易者以及其他网络交易的双方乃至线下交易者提供“代收代付的中介服务”和“第三方担保”。从支付流程上来说，类似于电子邮件支付模式，业务上的不同之处在于电子邮件支付业务是基于信用卡的支付体系，并且很大程度上受制于信用卡组织规则（在消费者保护方面）和外部政策的影响，另外支付宝虽然不排斥“国际使用者”，但是规定“需具备国内银行账户”。支付宝的设计初衷同样也是为了解决中国国内网上交易资金安全的问题，特别是为了保障在其关联企业淘宝网 C2C 业务中，买家和卖家的货款支付流程能够顺利进行。其早期基本模式是买家在网上把钱付给支付宝公司，支付宝收到货款之后通知卖家发货，买家收到货物之后再通知支付宝，支付宝这时才把钱转到卖家的账户上，交易到此结束。在整个交易过程中，如果出现欺诈行为，支付宝将进行赔付。现在支付宝交易流程如图2-8所示。

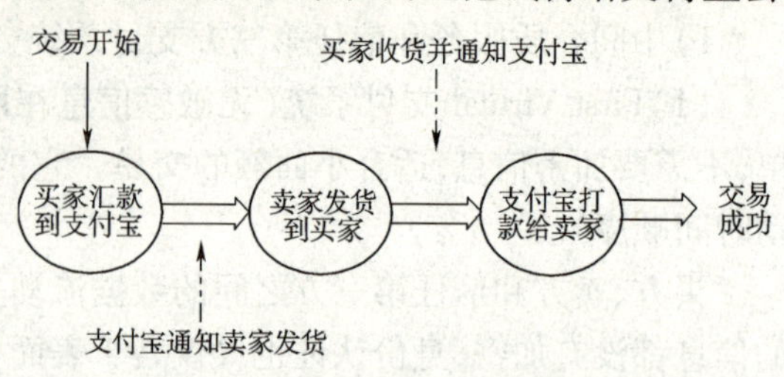

图2-8　支付宝交易流程示意简图

现在网络上被人们使用最多的网络支付系统就是支付宝，它的出现使得电子商务交易的安全性得以提高。

①登录www.alipay.com，在消费记录里找到待付款项，点击付款，如图2-9所示。

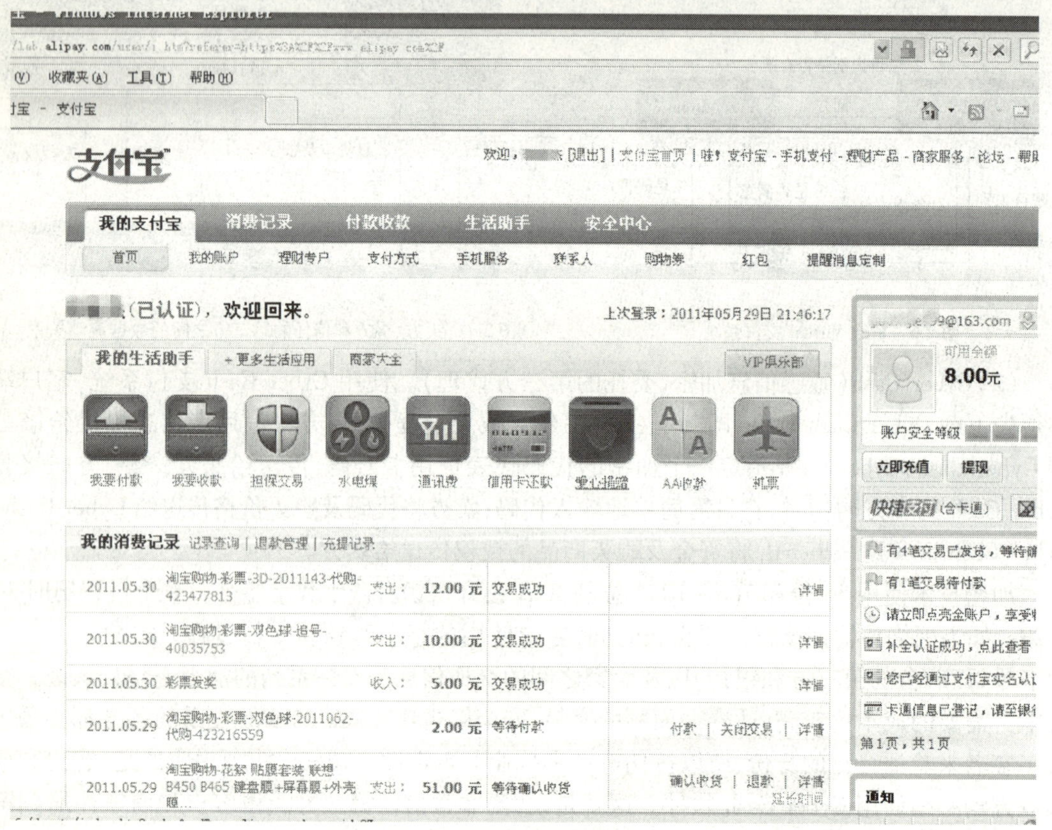

图2-9　付款界面

②进入付款页面，如果你的支付宝账户余额充足，那您可以使用支付宝账户的余额支付交易款，您只要输入支付宝账户的"支付密码"就可以进行支付，如图2-10所示。

③如果您的支付宝账户余额不足，请选择相应的付款银行后点"付款到支付宝"，使用银行卡进行付款如图2-11所示。然后点击"下一步"，如图2-12a)所示，再点击"登陆网上银行付款"（以中国建设银行网上银行客户支付为例），如图2-12b)所示。输入相应内容后点击"下一步"后出现付款界面，如图2-12c)所示。

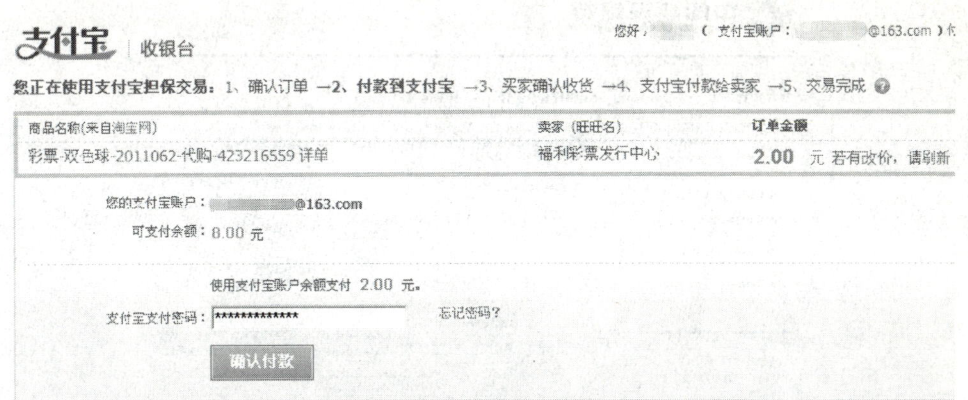

图 2-10　确认付款界面

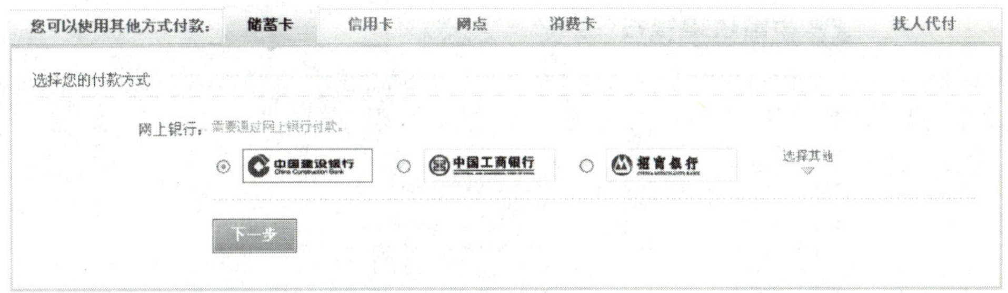

图 2-11　银行卡付款界面

④使用建行网银盾，点击“支付”并输入“银行卡支付密码”最后点“确定”如 2-12d）所示。

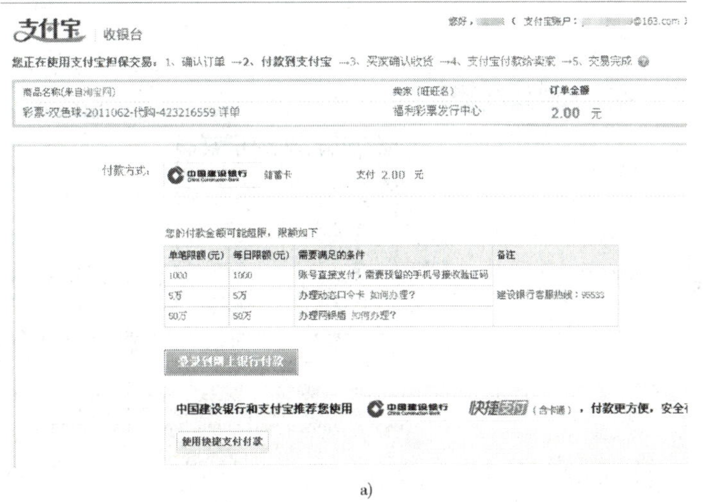

a)

图　2-12

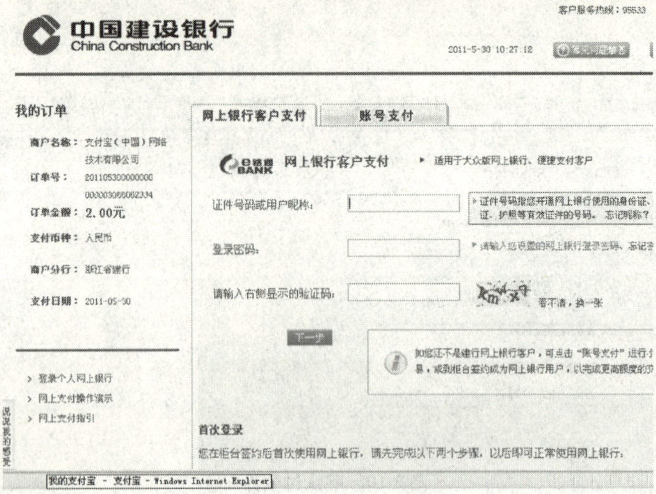

b)

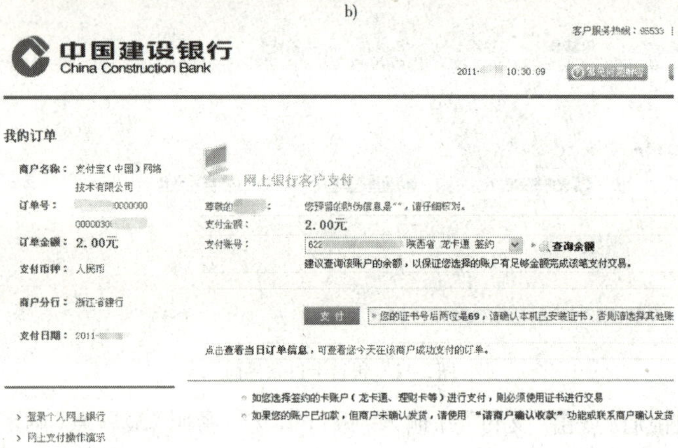

c)

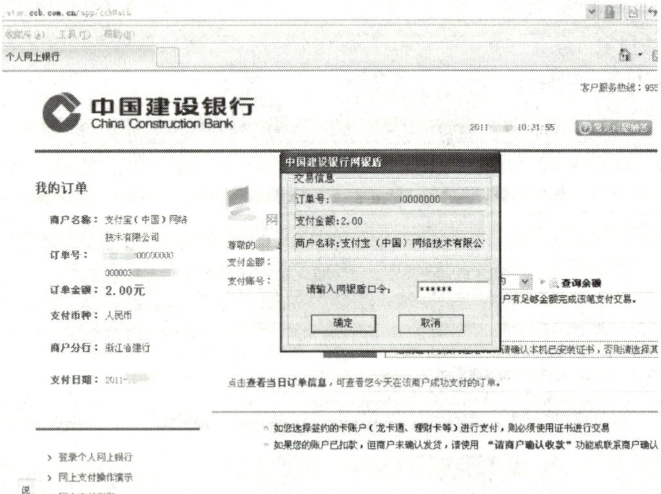

d)

图 2-12　中国建设银行网上银行客户支付界面

2)智能卡系统(Smart Card System)

智能卡(Smart Card IC),即嵌入式微型控制器芯片的IC卡。使用智能卡,必须使用相应的读卡设备和智能卡操作系统。开发商使用智能卡的程序编制器,同时提供智能卡应用程序接口。支付过程是:启动浏览器;通过读卡机登录到开户银行上,将卡上信息告知银行;用户从智能卡上下载现金到商家的账户上,或从银行账号下载现金存入卡中。

CAFE(Conditional Access For Europe)是欧共体ESPRIT计划的一个项目。这个计划主要是关于商店支付,而不是在Internet上的支付。主要的硬件是便携式电子钱包(Pocket-sized Electronic Wallets)。CAFE主要是支持离线交易,允许客户在丢失电子钱包的情况下一样使用。钱包中所有关于钱的数据都是被加密过的格式。CAFE支付设备通过ATM从一个银行账户上获得"货币"。这个就是"提前支付"的概念,本身下载下来只是货币的相关的信息,不是真正流通货币。当用户要购买东西的时候,用户的CAFE设备向商家传送相关价值的"Coins"(硬币)。然后商家就得到了有关这些Coins的价值信息。商家必须存储这些电子的货币价值形式,然后再兑换成真实的货币。这些Coins的流通,是有代号确定的,防止被重用。

CAFE交易模式:用户离线交易模式。由于用户和商家的交易是在离线状态下的,所以需要在一定的时候,在线确认。这样的模式称(－I＋L)。CAFE对于客户而言是原子(Atomic)性质的交易,也就是说,一次只做一次。而对于商家来说,就不是了。商家得到了用户的电子形式的货币,并不能马上兑换成实际的货币。CAFE和其他形式的支付的接口,严重依赖硬件设备协议实现方式。知道设备PIN的用户才是唯一合法的用户。CAFE的硬件设备,完全记录整个的交易,用户可以查询得到自己的花费信息。用户使用CAFE是比较安全的。从交易信息传输开始到结束,整个过程对用户来说都是透明的。而且,CAFE本身有良好的便携性。适合商店使用的CAFE比适合Internet的交易,更富有通用性和挑战性。CAFE本身也适合比较小的面额交易。所有的用户信息,都记录到CAFE本身的终端硬件设备上面,如果硬件设备损坏,将是不可挽回的损失。

Mondex属于磁条卡式电子现金卡。国际三大信用卡组织(VISA、MasterCard和EuroPay)合作开发了EMV系列标准、比较成功的试点产品有Mondex、VISA Cash。

1995年7月Mondex首先试用,最大限额500英镑。2000年Mondex增到300～500万张。使用Mondex电子钱包,只要3～5s就可以完成交易;使用密码锁定方式,安全性比较高,而且支持转账结算和资金划拨功能。

智能卡问题,由于涉及到硬件设备,必须有相应的硬件设备的支持。智能卡的普及非常迅速,尤其在法国。可以肯定的是,使用智能卡交易,安全可靠,但是要防止智能卡的物理丢失。如果不需要物理上的PIN验证,那么,丢失了智能卡,也就丢失了财产。

CEPS:公共电子钱包(资金)规范(Common Electronic Purse Specification)由EuroPay International、SERMEPA、VISA International、ZKA支持开发。

EMV'96:由EuroPay,MasterCard和VISA(EMV)开发的私有规范,用嵌入了集成电路的卡实现支付。EMV'96是采用智能卡技术的信用卡和借记卡应用的全部规范的集合。这些规范提供了信用卡从磁条向芯片技术转移的框架,从而可以减少欺诈并改善信用风险的管理。

Multos:1997年由Maosco协会(发起者为Mondex等工业界领袖)提出的一种更成熟的多

用途智能卡技术，与 EMV 兼容。Mutos 对应用的生命周期提供了一种审核策略，包括安全下载、存储和删除。芯片制造商，东芝、西门子以及摩托罗拉正在生产此类产品，而且 MasterCard 和 American Express 已经采纳了此技术。

6 电子商务安全系统

从事电子商务的人员应当了解电子商务系统所遇到的来自外部和内部的攻击方式，这是有效避免电子商务系统受到攻击的前提。

6.1 电子商务的安全现状

在信息经济的发展过程中，各产业对网络的技术依赖达到空前的程度。军事、经济、社会、文化各方面都越来越依赖于网络。这种高度依赖性使社会变得十分“脆弱”。一旦计算机网络受到攻击，不能正常运作时，整个社会就会陷入深深的危机。因此，网络信息安全日益受到各国的高度重视。

（1）计算机黑客。随着经济信息化进程的加快，计算机网络上黑客的破坏活动也随之猖獗起来。黑客行为已对经济秩序、经济建设、国家信息安全构成严重威胁。“黑客”是 Hacker 的音译，原意是指有造诣的计算机程序设计者，现在则专门指那些利用自己掌握的计算机系统，偷阅、篡改或窃取他人机密数据资料，甚至在计算机网络上进行犯罪活动的人；或者是指利用通信软件，通过网络非法进入他人系统，截获或篡改他人计算机数据，危害信息安全的计算机入侵者或入侵行为者。

“黑客”的袭击在计算机网络发达国家尤为严重。在西方有完全合法的黑客组织、黑客学会，这些黑客经常召开黑客技术交流会。在 Internet 上，黑客组织公开网址、信道，提供免费的黑客工具软件，介绍黑客手法，出版网上黑客杂志和书籍。因此普通人很容易学到网络攻击方式。目前，国际上的黑客针对各国计算机系统中高度敏感保密信息的攻击和窃取正在日益上升。

（2）电子攻击的 3 个层次。电子攻击可分为 3 个层次：低层次威胁是局部的威胁，包括所谓消遣性的黑客、破坏公共财产者；第二个层次是有组织的威胁，包括一些机构“黑客”、有组织犯罪分子、工业间谍；最高层次是国家规模上威胁，包括敌对的外国政府、恐怖主义组织发起的全面信息战。黑客的攻击手段也在不断翻新，最近又出现了可植入计算机系统的黑客程序。一旦计算机被黑客程序感染，它与黑客里应外合，使黑客攻击变得十分容易。威胁来自于多方面，包括建立模仿合法 Web 网址的假网址的欺骗行为，另外还包括模仿和更改截取的电子信息以及非法侵入专用企业数据库等。目前已发现的攻击性黑客程序就有几十类。尽快建立防范黑客程序已成为计算机安全领域的当务之急。

当然，我国的黑客水平也日益提高，有很多良性黑客组织正在组建。在印度尼西亚华人被害的时候，中国的黑客就对印度尼西亚的有关部门给予了狠狠地攻击。不过，黑客犯罪的现象也不时出现，如何规范我国黑客的问题也显露出来。

2009 年美国联邦调查局报道，网上欺诈的受害者总计损失 5.6 亿美元，这个数字是 2008 年的两倍。

2000 年,一伙神秘黑客在三天的时间里相继攻击了因特网上包括雅虎、美国有线新闻在内的 5 个最热门的网站,并且造成了这些网站长达数小时的瘫痪。

(3)网络安全漏洞存在的原因。计算机信息系统在防不胜防的破坏性活动面前,有时显得软弱无力,谁也无法预测将会受到什么样的挑战。安全问题是电子商务中的一个永久性问题,信息安全漏洞难以堵塞,其存在的原因主要是:

①目前世界上还缺乏统一的操作系统。计算机网络系统和数据库管理系统,缺乏统一的信息安全标准、密码算法和协议,在安全与效率之间难以两全。

②大多数管理者对网络安全不甚了解,存在着管理漏洞。

③网络的开放性使其易受攻击。由于在进行 Internet 设计之初就只是考虑到网络的开放性,而没有对安全的总体进行设计与构想,而网络攻击都是跨区域、跨国界的高技术犯罪,要用现有的法律来有效地防范十分困难,现有的科技手段也难以侦察到计算机恐怖分子的行踪,罪犯只需要一台计算机、一条电话线、一个调解器就能远距离作案。

④内部安全隐患。从统计表明,对网络的攻击有 75% 来自于内部人员,其中信用卡和商业诈骗行为中内部人员所占比例更大。

⑤非人为的、自然力所造成的数据丢失、设备失效、线路阻断。

⑥非有意,但属于操作人员失误所造成的数据丢失。

(4)金融系统的安全状况。同传统的金融管理方式相比,金融电子化使资金流动在计算机网络里实现流通。因此,金融计算机系统已经成为犯罪活动的新目标。

我国金融系统发生的计算机犯罪也呈上升趋势。近年来最大一起犯罪案件造成的经济损失高达人民币 2100 万元。我国每年发生数千起利用计算机网络进行金融犯罪的案件。对我国金融系统计算机网络现状,专家们有一些形象的比喻:使用不加锁的储柜存放资金(网络缺乏安全防护),使用“公共汽车”运送钞票(网络缺乏安全保障),使用“邮寄托寄”的方式传送资金(转账支付缺乏安全渠道),使用“商店柜台”方式存取资金(授权缺乏安全措施),使用“平信”邮寄机密信息(敏感信息缺乏保密措施)。在银行计算机犯罪案件中,具破坏性的犯罪类型是篡改数据。各银行对计算机数据的保护、操作密码保护和储户密码保护都缺乏有力的措施。证券市场也屡屡受到黑客的攻击。1998 年 6 月 24 日,上海发生一起黑客非法闯入证券营业部计算机系统,盗买了价值 2.6 亿元的股票。据有关部门对国内证券行业的 1564 个营业部的 23 万台计算机进行抽查,基本上都存在安全漏洞。

(5)发展中国家的安全问题。与发达国家相比,发展中国家的信息安全状况更显得十分脆弱。其原因是多方面的。发展中国家的许多部门只看重信息的应用带来的巨大财富,没有意识到信息安全的漏洞,忽视计算机系统的安全技术防范,给基础安全带来隐患。与此同时,信息安全保卫工作严重滞后。不少单位还停滞在传统的“看家护院”的工作模式,没有从管理制度、人员和技术上建立相应的电子化业务安全防范机制,缺乏行之有效的安全检查保护措施。此外,发达国家限制和封锁信息安全方面的高密度产品的出口,也对许多发展中国家的信息网络安全造成不利影响。

其实,并不是只有电子商务用户和 ISP 才需要解决电子商务安全问题,各企业在向在线商务转换时就要考虑外部和内部的网络安全问题。对于正在寻找将其 Intranet 对外开放的好处的公司来说,必须保护其易损的内部信息。无论是对订单敏感的设计方案,还是对公司内部记录提供保护,安全性都是正在考虑利用 Internet 进行联系的公司应优先考虑的问题。

6.2 电子商务的安全威胁

从安全和信任的角度来看,传统的买卖双方是面对面的,因此很容易保证交易过程的安全性和建立起信任关系。但在电子商务过程中,买卖双方是通过网络来联系,由于距离的限制,因而建立交易双方的安全和信任关系相当困难。电子商务交易双方(销售者和消费者)都面临安全威胁。

6.2.1 卖方面临的安全威胁

卖方(销售者)面临的安全威胁主要有:

(1)系统中心安全性被破坏。入侵者假冒成合法用户来改变用户数据(如商品送达地址)、解除用户订单或生成虚假订单。

(2)竞争者的威胁。恶意竞争者以他人的名义来订购商品,从而了解有关商品的递送状况和货物的库存情况。

(3)商业机密的安全。客户资料被竞争者获悉。

(4)假冒的威胁。不诚实的人建立与销售者服务器名字相同的另一个 WWW 服务器来假冒销售者;虚假订单;获取他人的机密数据。比如,某人想要了解另一人在销售商处的信誉时,他以另一人的名字向销售商订购昂贵的商品,然后观察销售商的行动,假如销售商认可该订单,则说明被观察者的信誉高,否则说明被观察者的信誉不高。

(5)信用的威胁。买方提交订单后不付款。

6.2.2 买方面临的安全威胁

买方(消费者)面临的安全威胁主要有:

(1)虚假订单。一个假冒者可能会以客户的名字来订购商品,而且有可能收到商品,而此时客户却被要求付款或返还商品。

(2)付款后不能收到商品。在要求客户付款后,销售商中的内部人员不将订单和钱转发给执行部门,因而使客户不能收到商品。

(3)机密性丧失。客户有可能将秘密的个人数据或自己的身份数据(如 PIN,口令等)发送给冒充销售商的机构,这些信息也可能会在传递过程中被窃听。

(4)拒绝服务。攻击者可能向销售商的服务器发送大量的虚假订单来挤占它的资源,从而使合法用户不能得到正常的服务。

6.2.3 黑客攻击电子商务系统的手段

卖方和买方从事网上交易时所面临的安全风险,常常成为黑客攻击的目标。从买卖双方的情况分析,黑客们攻击电子商务系统的手段可以大致归纳为以下 4 种:

(1)中断。攻击系统的可用性。通过破坏系统中的硬件、软件系统等,使系统不能正常工作。

(2)窃听。攻击系统的机密性。通过搭线与电磁泄漏等手段造成泄密,或对业务流量进行分析,获取有用情报。

(3)篡改。攻击系统的完整性。通过篡改系统中数据内容,修正信息次序、时间(延时和重放)。

(4)伪造。攻击系统的真实性。将伪造的假消息注入系统,假冒合法人介入系统,重放截获的合法消息实现非法目的,否认消息的接收和发送等。

6.3　电子商务的安全要素

电子商务的安全问题涉及范围较广。首先,它是一个复杂的管理问题。管理公司内部的网络环境已很复杂,当把企业网与 Internet 相连时,性能、安全、可管理性等方面就面临挑战。其次,它是一个技术安全问题。电子商务应由合法的系统进行确认和支持。文件上的数字签名在法庭上与书面签字具有同等效力。电子商务是通过信息网络传输商务信息和进行贸易的,与传统的有纸贸易相比减少了直接的票据传递和确认等商业活动,因此要求电子商务比有纸贸易更安全、更可靠。这首先需要技术上的保证,如电子签名、电子识别等技术手段的采用。实际上每一次货物、资金或文件的交换都涉及保密信息的安全问题。任何泄密事件都会造成十分严重的后果。一些 IT 技术公司正致力于解决这些问题,但还存在一些障碍。如 Open view 是 HP 公司电子商务解决方案的拳头产品,但由于防火墙的阻碍,它不能透过防火墙取得某些所需信息。因此,HP 公司还与其他公司通力合作,以提供真正的端到端的安全解决方案。再次,它是一个法律问题,电子商务安全问题的真正解决需要通过法律的完善来加以保证。

电子商务的安全要素主要包括:

(1)有效性、真实性。也就是说,要对信息实体的有效性、真实性进行鉴别。电子商务以电子形式取代了纸张,那么如何保证这种电子形式的贸易信息的有效性则是开展电子商务的前提。EC 作为贸易的一种形式,其信息的有效性将直接关系到个人、企业或国家的经济利益和声誉。因此,要对网络故障、操作错误、应用程序错误、硬件故障、系统软件错误及计算机病毒所产生的潜在威胁加以控制和预防,以保证贸易数据在确定的时刻、确定的地点是有效的。

(2)机密性。机密性要求即是能保证信息不被泄露给非授权的人或实体。电子商务中的交易必须保证发送者和接收者之间交换信息的保密性。电子商务作为贸易的一种手段,其信息直接代表着个人、企业或国家的商业机密。传统的纸面贸易都是通过邮寄封装的信件或通过可靠的通信渠道发送商业报文来达到保守机密的目的。EC 是建立在一个较为开放的网络环境上的(尤其 Internet 是更为开放的网络),维护商业机密是 EC 全面推广应用的重要保障。因此,要预防非法的信息存取和信息在传输过程中被非法窃取。

(3)完整性。完整性要求即是能保证数据的一致性,防止数据被非法授权建立、修改和破坏。电子商务简化了贸易过程,减少了人为的干预,同时也带来维护贸易各方商业信息的完整、统一的问题。由于数据输入时的意外差错或欺诈行为,可能导致贸易各方信息的差异。此外,数据传输过程中信息的丢失、信息重复或信息传送的次序差异也会导致贸易各方信息的不同。贸易各方信息的完整性将影响到贸易各方的交易和经营策略。保持贸易各方信息的完整性是 EC 应用的基础。因此,要预防对信息的随意生成、修改和删除,同时要防止数据传送过程中信息的丢失和重复并保证信息传送次序的统一。电子商务系统应当充分保证数据传输、存储及电子商务完整性检查的正确性和可靠性。

(4)可靠性、不可否认性和可控性。可靠性要求即是能保证合法用户对信息和资源的使用不会被不正当地拒绝;不可否认性要求即是能建立有效的责任机制,防止实体否认其行为;可控性要求即是能控制使用资源的人或实体的使用方式。

电子商务可能直接关系到贸易双方的商业交易。如何确定将要进行交易的贸易方就是所期望的贸易方这一问题则是保证 EC 顺利进行的关键。在传统的纸面贸易中,贸易双方通过在交易合同、契约或贸易单据等书面文件上手写签名或印章来鉴别贸易伙伴,确定合同、契约、单据的可靠性并预防抵赖行为的发生。这也就是人们常说的"白纸黑字"。在无纸化的 EC 方式下,通过手写签名和印章进行贸易方的鉴别已是不可能的。因此,要在交易信息的传输过程中为参与交易的个人、企业或国家提供可靠的标志。

(5)审查能力。为了进行交易,双方必须能够鉴别另一方的身份。一旦一方签订交易合同后,这项交易就应当受到保护以防止被篡改或伪造。交易的完整性在其价格、期限及数量作为协议的一部分只有指定的接收方才能接收,以防止身份假冒。根据机密性和完整性的要求,应对数据审查的结果进行记录。

6.4 电子商务的安全结构体系

由于 Internet 覆盖全球,信息内容广泛,用户结构复杂,因此不可能进行集中统一管理。电子商务的大量问题(控制通信路由选择、追踪和监控通信过程、控制和封闭信息流通、保证通信的可靠性和敏感信息的安全、提供源和目标的认证、实施法律意义上的公证和仲裁等)都涉及安全问题。要对安全问题进行认真研究,做出解决方案,除了加强制度、法规等管理措施外,还要强化信息系统本身的安全能力。

6.4.1 内联网络的安全

很多电子商务安全专家都是从内联网出发来考虑电子商务的安全问题。内联网将 Internet 技术用于政府部门和企业专用网。它在原有专用网的基础上增加了服务器、服务器软件、Web 内容制作工具和浏览器,并与 Internet 连通。在内联网中,面对控制通信路由选择、追踪和监控通信过程、控制和封闭信息流通、保证通信的可靠性和敏感信息的安全、提供源和目标的认证、实施法律意义上的公证和仲裁等如此严峻现实,必须花大力气对安全问题进行认真研究,除了加强制度、法规等管理措施外,还要强化信息系统的安全能力。

内联网中存有大量的内部敏感信息,具有很高的商业、政治和军事价值。内联网是一种半封闭的集中式可控网。既要保证内联网不被非法入侵和破坏,网中的敏感信息不被非法窃取和篡改,同时还要保证网内用户和网外用户之间正常联通,并提供应有的服务。要保证 Internet 基础上建立的电子商务安全性,最根本的是要发展各商家、各部门的内联网并保证它们的安全性。

当前的主流思路是从内联网出发来考虑以 Internet 为基础的电子商务安全问题。内联网将 Internet 技术用于政府部门和企业专用网,它在原有专用网的基础上增加了服务器、服务器软件,Web 内容制作工具和浏览器,并与 Internet 连通。

由于电子商务系统把服务商、客户和银行三方通过 Internet 连接起来,并实现具体的业务操作,因此电子商务安全系统可由 3 个安全代理服务器及 CA 认证系统构成。它们遵循相同的协议协调工作,实现整个电子商务交易数据的完整性、保密性、不可否认性等安全功能。

(1)银行方。银行方主要包括银行端的安全代理、数据库管理系统、审计信息管理系统业务系统等几部分,它与服务商或客户进行通信,实现对服务商或者客户的身份认证机制,认证客户和服务商的身份及账号的合法性,保证业务的安全进行。

(2)服务商方。服务商方主要包括服务商的服务器端的安全代理、数据库管理系统、审计信息管理系统、Web 服务器系统等几部分。在进行电子商务活动时,服务商的服务器与客户和银行进行双方通信。

(3)客户方。电子商务的用户通过自己的计算机与 Internet 相连,在客户计算机中除了 WWW 浏览器软件外,还装有电子商务系统的客户安全代理软件。客户端的安全代理的主要任务是负责对客户敏感信息(如交易信息等)进行加密、解密和数字签名,以密文的形式与服务商或银行进行通信,并通过 CA 和服务器端安全代理或银行端安全代理一起实现用户身份认证。

6.4.2 电子商务系统的安全体系结构

电子商务系统的安全体系结构主要包括:

(1)服务层。服务层包括密码服务、通信、归档、用户接口和访问控制等模块,它提供了实现安全服务的安全通信服务。

(2)传输层。传输层发送、接收、组织商业活动所需的数据信息,实现客户和服务器之间根据规定的安全角色来传递数据信息。数据信息的基本类型为:签名文本、证书、收据、已签名的陈述、信息、数字化的商品、访问某种服务所需的信息、获得物理商品所需的信息。传输层包括付款模块、文档服务模块和证书服务模块。

(3)交换层。交换层提供封装数据的公平交换服务,所谓公平是指甲方和乙方同意进行交换,则甲方收到乙方的封装数据条的充要条件是乙方收到甲方的封装数据条。

(4)商务层。商务层提供了商业方案(如邮购零售、在线销售信息等)。

7 电子商务系统实践

学习本单元的目的是了解电子商务系统的建设方法与运行环境,了解电子商务各个系统的内容、特征以及发展方向。这些都是为了能够在企业进行电子商务系统规划和建设时,学习者可以从企业电子商务发展管理者或是规划者的角度对电子商务系统的规划及建设提出合理的意见,并且有能力在规划和建设的过程中对系统进行有效的管理和控制;在企业进行电子商务运用时,知道各系统之间的关系,各系统对整个电子商务系统的影响和作用,从而更好地运用电子商务系统为企业的商务活动服务。所以,在实践环节,学习者要重点锻炼上述两种能力。

7.1 电子商务系统的建立

7.1.1 电子商务应用系统的构成

(1)请在下列横线处写出构成电子商务应用系统的要素:

完成企业内部的业务处理和向企业外部用户提供服务:______________________________

____

安全的电子支付系统：

你认为还有哪些重要的元素？

(2)电子商务系统建设中,有哪些设备或设施是要经过认真比较后,做出选择的？

7.1.2 电子商务的功能子系统

(1)你认为一个完善的电子商务系统应该包含哪些功能子系统(如物流系统)？

(2)你认为电子商务各个功能子系统之间的关系是什么样的？

(3)假如现在有一家上海达中汽车公司想建立电子商务系统,请试着写出一份电子商务系统建设实施计划(要求结构要完整,内容应该包括:网站域名的设计、主页的构思与策划、建设网站的工具选择、网站的宣传与推广、应用系统的构成、功能子系统的完善等。实施的各个步骤简单写出即可,注意各个步骤的顺序)：

7.2　电子商务各功能子系统的认知

(1)在互联网上任意找一个电子商务网站,它的网址是:

看看你能从上面获得多少信息,记录在下面的横线上:

其中你感兴趣的信息有多少?

你认为这个网站还应该提供哪些信息?

(2)进入某一公司的商务网站,网址是:

你是如何获得这个网址的?

你觉得这个网站能给你提供什么样的服务,可信吗,为什么?

网站提供有跟管理者沟通的渠道吗?如果有,去做一下,把结果和感受写出来:

如果有可能，请试着在这个网站上订购一样商品，订购的过程中你的感受如何（比如服务的质量、价格、交货期、支付等问题）？

____

____

____

你的支付有没有出现问题？____________________

交货期和承诺一致吗？____________________

遇到其他什么问题了吗？____________________

你还会再次使用电子商务吗，为什么？____________________

____

____

____

____

在电子商务的过程中，你担心交易的安全问题吗？____________________

主要担心什么问题？____________________

____

结果怎么样，令你满意吗？____________________

____

对这个电子商务网站你还有什么要说的？____________________

____

____

____

（3）请尽可能多地写出你所知道的电子商务网站的名称和网址，并试着总结一下它们的特点（至少5个）：

____

____

____

____

____

____

____

____

____

____

____

____

____

____

思考与练习

一、思考题

1. 为什么企业信息化建设是开展电子商务的基础和前提?

2. 为什么网络营销理论会对企业经营产生巨大的影响?

3. 为什么企业网站的建设是企业网络营销活动的重要组成部分;网站建设得好与坏,如何来评价?

4. 为什么现在的物流系统不能满足电子商务发展的需要?

5. 为什么要学习电子商务系统的建设和相关内容?它对我们运用电子商务有哪些帮助?

二、练习题

1. 电子商务的主要部件及关键技术有哪些?

2. 选择 ISP 时应该注意哪些问题?

3. 企业信息化的内容有哪些?

4. 网络营销理论的基础是什么?

5. 网络营销会给企业带来什么样的变化?

6. 电子商务支付系统有哪几类?

7. 为什么电子商务环境下要大力发展第三方物流?

8. 电子商务环境下物流系统要具备什么样的特点?

9. 电子商务的安全威胁来自哪些方面?

10. 电子商务的安全要素是什么?

单元三　汽车整车制造及配套企业电子商务应用

学习目标

知识目标

1. 简述生产企业的生产经营管理过程;
2. 简述生产企业在配套产品与售后服务的改进与提高方式;
3. 正确描述配套产品的网上采购过程、采购的优势与意义。

能力目标

1. 会分析有效的信息进行内部管理,产品的开发,合理安排生产,控制生产过程;
2. 会运用电子商务进行配套产品的选择与交易;
3. 利用现代化手段对客户进行跟踪和服务并寻找有效的营销方法。

1　汽车企业电子商务应用系统的构成

目前在汽车业中电子商务已广泛应用于多个层次:一是企业建立专门的网站,向客户提供企业的信息,以树立良好的企业形象;二是进行网上市场调研,并实行有效的客户关系管理;三是实现零部件的网上采购,达到零部件采购的电子化;四是企业建立起与分销渠道网络的联系模式,实现网络化分销;五是实现供应链网上集成,使汽车产、供、销业务实现一体化运作;六是实现网上直接销售,向客户提供定制化的产品和服务。

汽车业电子商务的实施,使得汽车产业链的相关组成部分,包括原材料供应商、零部件制造商、整车制造商、汽车分销商和最终客户通过网络形成了电子化的联系,使信息流、资金流和物流实现了有机的集成,从而使汽车产业的发展在成本、效率、质量和服务方面产生重大的飞跃。

从总体上看,汽车企业的电子商务系统可描述为图3-1所示的结构模式。

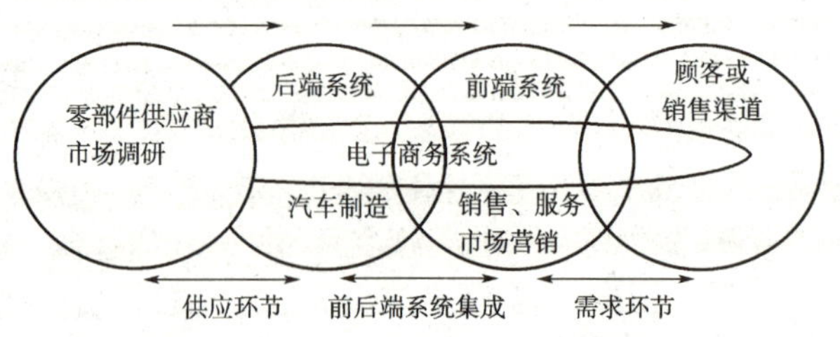

图3-1　汽车企业电子商务系统结构模式

1.1　企业内部管理

汽车企业的内部管理极为复杂,业务运作涉及总部、分销中心、仓储配送中心、连锁店、加盟店、养护中心、维修厂、快修中心等众多机构和部门,企业内部实行的管理信息系统,包括汽配的进销存管理系统、汽修业务管理系统、办公自动化系统等。内部网络化管理可以起到强化内部管理、规范经营管理模式等作用,可促进组织体系各个组成部分实施规范化、科学化管理。在财务管理方面,电子商务可以使企业动态地掌握企业各个环节的销售、库存等情况,分析优化资金流,减少呆账、坏账的发生,缩短资金周转的时间,提高资金管理的效率和效益;在库存管理方面,电子化手段的应用,可以在汽车制造上、下游厂商之间形成高效的供应链管理,以便逐步实现原材料无库存、产品无库存的JIT准时化生产,不但可以有效降低生产经营成本,而且可以降低高库存带来的经营风险。所以,汽车企业内部的网络化管理是汽车业电子商务的重要组成部分,对汽车企业更好地参与市场竞争有着不可低估的作用。图3-2所示为企业内部管理示意图。

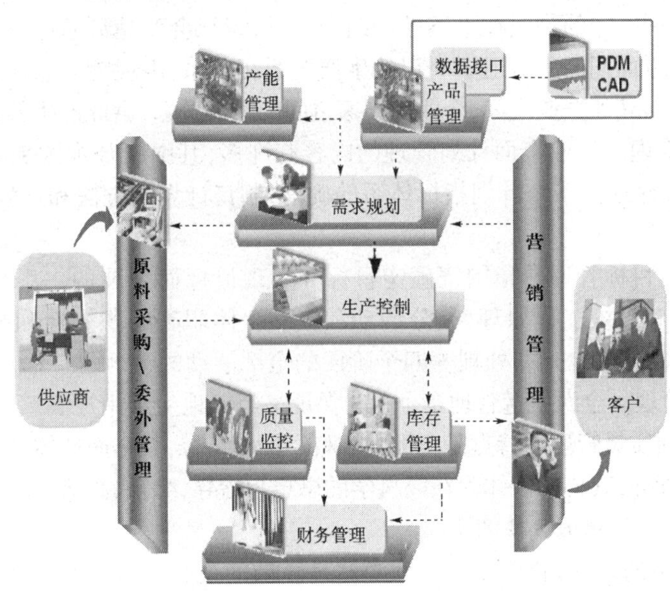

图3-2　汽车企业内部管理示意图

1.1.1　企业内部管理基本概念

企业内部管理基本概念包括以下6个方面的内容:

(1)企业。企业是以营利为目的,综合运用资本、技术、人才、信息和知识等各种资源,专门从事商品或服务的生产和流通等经济活动,依法自主经营、自负盈亏,并具有独立法人资格的经济组织。

(2)管理。管理组织为了实现预期的目标,对群体的行为进行有意识协调的过程。管理的目的是为了实现组织预期的目标;管理的本质是协调;协调的对象是组织内部成员群体的行为;协调是有目的地进行的。

(3)信息管理。信息管理是指信息社会实践活动过程的管理,是运用计划、组织、指挥、协调、控制等基本管理手段,对信息进行收集、检索、研究、报道、交流和提供服务的过程,是一种有效地运用人力、物力、财力等基本要素,以期实现总体目标的社会活动。

(4)企业内部业务管理信息化。企业内部业务管理信息化是在企业管理内部环节中，充分利用现代信息技术，建立信息网络系统，实现对企业信息流、资金流、物流、工作流的集成和综合，促进企业管理资源的优化配置，由此提高企业管理效率和水平的过程。

(5)企业管理现代化。企业管理现代化是根据企业的实际情况和客观需要，把现代自然科学、社会科学和管理科学的一系列成果综合应用于企业管理，使企业管理能符合现代化大生产的客观要求，适应现代科学技术发展水平的需要。

(6)汽车业电子商务。汽车业电子商务是涵盖汽车产业链全过程的电子化技术的应用，也就是说从汽车原材料供应、汽车零部件加工、汽车零部件配套、整车装配到汽车分销以及售后服务，各个环节充分应用以互联网为核心的现代信息技术，从而达到提高经营效率和经济效益，改善客户服务的目的。

1.1.2 企业内部管理基本原理

(1)企业内部管理的二重性。所谓二重性，就是指企业的经营管理，一方面同流通生产力相联系，表现为劳动者同一定的物质技术条件相结合，为组织社会商品流通进行共同劳动，由此产生的自然属性；另一方面同商品流通中一定的生产关系相联系，表现为企业内部人与人之间、部门与部门之间、企业与其他企业之间，企业与国家之间的经济关系，由此产生的社会属性。

(2)全面计划管理。企业全面计划管理的内容有许多，其中最基本的是商品供求调查，产需预测与经营决策，计划体系与计划指标体系的确立，制订计划的方法和计划管理的基础工作等五大方面。

(3)目标管理。目标管理是指围绕确定目标和实现目标而开展的一系列管理活动，是企业运用“激励理论”和系统工程原理，充分调动和依靠全体职工的积极性和智慧，对确定和实现企业目标的计划、实施、检查和处理等四个阶段的全部活动的管理。

(4)全面质量管理。全面质量管理是企业为保证最经济地生产用户满意的产品所做的全部组织管理工作。全面质量管理的特点是全面性和科学性相结合，其全面性体现在对全面质量、全过程和全员参加的管理，其科学性体现在以科学的思想为指导，综合、灵活运用了科学方法。

1.1.3 企业内部管理的主要内容

企业是一个复杂的系统，企业内部管理必然是复杂的系统工程。企业内部管理主要包括进销存管理、财务管理、人事管理等。

(1)在传统企业中，采购、销售、库存管理是一系列分散的独立活动，它们分属于不同的职能部门，彼此之间缺乏协调。各部门各自制订政策，采取措施以求优化本部门的目标，但相互之间却往往会存在一些消极影响，从而导致企业的整体利益受损。实际上这三者是相互关联，相互支持的。企业要实现利润最大化，就必须设法达到 4 个目标——向客户提供最好的服务，耗费最低的生产成本，占用最少的库存，使用最少的分销费用。要实现这些经营管理的目标，达到企业总体目标最优，就必须将采购、销售、库存管理有机地集成在一个系统中，这就产生了进销存管理业务。

(2)财务管理就是组织财务活动和处理财务活动中所发生的财务关系的经济管理活动，是企业管理的一个重要组成部分。在生产经营中，企业必须用各种方式，通过不同的渠道，以最低的代价，筹集一定数量的资金，用于各项必要的投资和生产经营的各个方面，谋求最大限度的资金运用效果，并对实现的利润进行合理的分配，以保证资金积累和股东的合法收益。所以,资金筹集、资金投资和收益分配是企业财务管理的主要内容。

(3)人力资源管理是指涉及到人或人事方面业务的管理活动,主要包括:工作分析(确定每一位雇员所承担的工作的性质);制订人力需求计划并开展人员招募工作;对求职者进行甄选;引导并培训新雇员;工资及薪金管理(如何给雇员支付报酬);奖金和福利的提供;工作绩效评价;沟通(面谈、建议与训导);培训与开发;培养雇员的献身精神等。

1.2　企业电子商务的交易形势

企业与企业之间的电子商务应该是电子商务的主流,因为交易各方企业具有共同的目标,即让最终消费者满意,为顾客创造价值。在交易过程中,各方都遵循着时间、质量、成本、服务和环境的原则。企业间的电子商务会给交易各方带来时间的节约、成本的降低、快速反应的可能,以及新的经济增长机会。

2008 年中国电子商务 B2C 市场交易额是 1776 亿元,同比增长 51.4%,B2C 市场占中国整体电子商务市场的 7.4%。近年来,中国 B2C 市场发展迅速,企业自建与第三方平台大量涌现,投资者关注度显著提高,预计 2011 年末中国电子商务 B2C 市场规模有望达到 4982 亿元,见图 3-3。

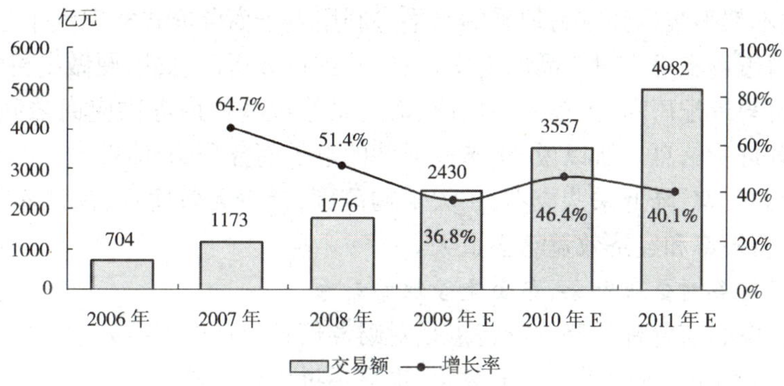

图 3-3　2006 ~ 2011 年中国电子商务 B2C 市场交易额及增长

1.3　电子商务与企业内部管理

电子商务不仅是企业提高效率、降低成本的有力手段,更重要的是能够帮助企业突破发展中的管理瓶颈。在汽车市场,能否合理应用电子商务模式,是解决我国汽车市场中企业规模扩张和有效管理之间矛盾的关键。例如,上海通用汽车有限公司(简称“上海通用”)共有冲压、车身、油漆、总装和动力总成五大车间,各车间均采用模块化设计、柔性化生产,可以实现多个车型共线生产,以满足市场多元化的需要。

电子商务对现代企业管理的影响是极为深远的,也是不可逆转的,在以下几个方面表现得尤为明显。

1.3.1　电子商务对企业组织机构的影响

电子商务改变着世界,纵横交错的计算机网络改革了信息传递方式,使其由阶层型变为水平型。最重要的改变和发展将体现在企业经营和管理方式上,由原来从上至下的垂直结构,正向水平型的开放结构转变;与信息传递方式相依的管理组织结构,也从金字塔型变成矩阵型。原来起上传下达重要作用的中层组织逐渐消失,而由实施电子商务的企业信息网络承担。缩短了相互作用和影响的时间滞差,加快了经济主体对市场的反应能力。分工细化的管理组织已不能适应电子商务发展的需要,把相互关联的管理组织加以整合已成为大势所趋。

1.3.2 电子商务对企业营销活动的影响

传统营销体系的成功依赖于严密的营销渠道建设,并以大量人力与广告投入占领市场,而这些在网络时代将成为过去。网络的特征决定了网上营销特征,并彻底改变了传统营销模式。市场调查、广告促销、经销代理等传统营销方法都将与网络结合。随着网络技术迅速向宽带化、智能化、个人化方向发展,用户可以在更广阔的领域内实现多媒体信息共享和人机交互功能,使得传统营销方式发生了革命性的变化。网上营销的企业竞争是一个以顾客为焦点的竞争形态,争取顾客、留住顾客、扩大顾客群体、建立亲密顾客关系、分析顾客需求、创造顾客需求等,都是营销的关键。

1.3.3 电子商务对企业采购管理的影响

汽车生产涉及的零部件数量十分可观,零部件采购一直是许多汽车制造企业投入大量人力、物力的环节。在传统采购方式下,由于采购的对象数量有限,又受到地域限制,所以采购的效率和采购的成本都很难达到较为理想的水平。利用电子商务方式实现汽车零部件的网上采购,可以及时获得市场和用户对产品的需求信息,并进行分析汇总,以便做出科学的采购决策。在此基础上,还可与汽配厂商、汽车用品厂商、汽车维修设备厂商等供应商之间用电子化的手段交付订单、处理订货信息。所以说,实施零部件的电子商务采购,能够大大缩短采购周期,提高采购的准确性和效率,降低采购成本,扩大采购范围,减少无效库存,保证库存的合理性,对提高汽车业的经营效率和经济效益意义重大。

1.3.4 电子商务对企业财务、资金流管理的影响

传统的财务、资金流管理最基本的特点是对财务信息处理的事后处理,并且财务信息的处理方式是单机的、封闭的,即使是会计电算化,也只不过用计算机代替了手工处理而已,并没有改变信息处理的方式。而实施电子商务平台的财务系统,通过电子商务手段处理连锁经营体系的财务往来业务,及时了解连锁经营体系中各个环节的销售、库存等情况,分析优化资金流,减少呆账、坏账,缩短账期,增加整个经营体系的资金周转率。

1.3.5 电子商务对企业人力资源管理的影响

通过电子商务方式进行人才招聘已被越来越多的汽车企业所认识,与此相应的人才测评、人才流动的方式也正在网上迅速发展着。与传统的人才招聘、录用方式相比,改用电子商务方式进行招聘具有十分明显的优势。

(1)可以改变过去集中时间单独招聘或通过人才市场招聘的做法,通过汽车生产或配件企业网站可全天候发布用人信息,随时恭候合适人选应聘。

(2)将大大降低人才招聘的开支,提高招聘的效率。

(3)人才的招聘范围将不再受地域的限制,可扩展到全国,甚至全球范围。

(4)人才的网上测评可采用灵活多样的方法,提高测评的科学性和准确性。

(5)人才通过网上流动可以长期地进行,既节省费用,又有更多的机会。

与此同时,在汽车企业内部、员工之间的直接交流和沟通比过去更加方便,信息、知识资源共享以后,员工之间相互信任、相互学习、相互交流的气氛会不断增加。实施电子化人力资源

管理后，汽车企业将成为员工学习知识、发展自我、实现人生价值的地方，而不应成为不容差错和失误、束缚个人自由发展的流水生产线。

1.3.6　电子商务对企业研究和开发管理的影响

汽车企业生产所需要的技术，总是部分来源于企业自身的研究与开发，部分来源于企业外部。两个来源的比例，对于不同的汽车生产企业而言，可以相差很大，但不可能完全没有外部的技术来源。从外部来源看，电子商务改变着技术交易的形态，大大拓宽了汽车企业搜索所需技术的视野，也拓宽了企业委托开发的范围，改变了汽车企业从外部获取所需技术的管理方式；从内部来源看，由于研究开发可以做到资源共享，大大提高了研发的效率，降低了研发的开支。另外，汽车企业自身的研究与开发由于有“需求信息”的输入，必然会改变汽车企业研究与开发的组织形态。例如，消费者可以通过网络设计出自己喜爱的轿车车型，生产厂家在网上与消费者协商好价格之后，就必须在足够短的时间内完成设计、生产、送货的工作。企业研究与开发的管理必须与此相适应，即对知识、人员和技术资源实现有效配置。

1.3.7　电子商务对企业内部管理的影响

汽车企业内部管理理念发生了变化，未来的汽车企业将为管理信息而存在，为管理信息而发展。虽然汽车企业管理以生产销售为重要内容的实质不变，但由于信息资源、技术资源逐渐成为企业未来发展的主导资源，信息管理将成为汽车企业管理的重点和根本所在。电子商务时代，汽车售后连锁系统内各组成部分包括总部、分销中心、仓储配送中心、连锁店、加盟店、养护中心、维修厂、快修中心实行内部的信息管理系统，包括汽配的进销存管理系统、汽修业务管理系统、办公自动化系统等。通过实施内部的信息管理系统，起到强化内部管理、规范经营管理模式等作用，促进连锁组织体系各个组成部分实施规范化管理。

2　产品设计与开发

汽车业的激烈竞争使得依靠传统的降价策略来维持生存已经变得越来越困难，新产品的开发能力和速度直接影响企业的竞争地位。利用互联网丰富的信息渠道寻求技术支持，合作开发项目，解决技术难题，协同开发出适应市场需求、灵活多变的汽车新产品，已成为众多汽车制造企业提高新产品开发能力的重要思路。国际上已有不少汽车制造企业利用互联网，以公开招标的形式面向全世界选择合适的合作伙伴，并在网上进行远程合作开发。汽车新产品协同设计可使汽车设计师、汽车工程师、供货商、制造商代表和客户通过互联网形成紧密的联系，既可节约高额的通信费用和交通费用，又可显著缩短汽车开发设计时间，对提高汽车新产品开发设计的水平、质量和效率，有着很重要的意义。

电子商务不仅给消费者和企业提供了更多的选择消费与开拓销售市场的机会，而且也提供了更加密切的信息交流场所，从而提高了企业把握市场和消费者了解市场的能力。电子商务促进了企业开发新产品和提供新型服务的能力。电子商务使企业可以迅速了解到消费者的偏好和购买习惯，同时可以将消费者的需求及时反映到决策层，从而促进了企业针对消费者需求而进行的设计与开发活动。

2.1 产品设计与开发的概念

汽车产品设计是指采用新原理、新技术或新材料来改变其结构或性能生产出来的汽车；产品开发概念就十分广阔了，对于生产厂家来说，它所生产的汽车，在实质结构、形式结构和延伸结构，即在汽车的功能、造型、品牌、商标、定位和售前、售中、售后服务等任何一个方面的创新，都可以称之为新产品开发。但是，从狭义的角度理解，排除汽车在造型、品牌、商标、定位和销售服务等形式结构和延伸结构方面的创新，仅从汽车的实质结构，即汽车的功能创新方面去理解，也包括全新新产品、换代新产品、改造新产品和仿制新产品等4个方面。

换代新产品是指在原有产品的基础上派生出来的，采用新技术或新原料生产，并在功能上有显著提升的汽车；改造新产品是指在原有产品的基础上派生出来，对汽车的功能进行了改进，从而更符合消费者需求的汽车；仿制新产品是指通过对市场上已有产品的模仿而生产出来的，其功能与市场上其他产品非常相似，但在造型、品牌、商标、定位等方面却又是完全不同的汽车。

2.2 汽车设计与开发的意义及原则

汽车设计与开发既是企业生存的需要，也是企业发展的需要。对于社会来说，汽车设计与开发还是推动生产力发展和科学技术进步的动力之一。

2.2.1 汽车设计与开发的意义

(1)汽车设计与开发是企业生存的需要。随着生产力的发展和科学技术的进步，人类的消费需求和生活方式也在不断变化。前拉后推，加快了新产品对旧产品的淘汰进程。美国学者塔弗勒引述的一份资料表明，1920年以前，产品的生命周期约为30年，到1939年就已经缩短为10年，到了1959年以后则分别缩短为5年、3年和1年。有人甚至认为，到2050年，将有3/4的产品面临被淘汰的命运。显然，如果我们不能进行产品的自我淘汰，那么，市场也会无情地淘汰我们。

(2)汽车设计与开发是企业发展的需要。通过产品设计与开发来寻求和保持企业优势的观点已经被企业广泛接受，并进一步掀起了产品开发热潮。纵观世界汽车行业，无论是外国还是中国，凡是生机盎然、青春永驻的企业，无不具有未雨绸缪、乘风而上、孜孜以求的特点。在世界汽车市场上，菲亚特汽车公司是最为著名的、以研发新产品打天下的典型。

2.2.2 汽车设计与开发的原则

(1)概念领先原则。所谓概念领先，是指在产品设计与开发过程中，首先应当形成汽车概念。所谓汽车概念，即在开发和设计人员头脑中形成的“汽车蓝图”。

(2)技术创新原则。汽车设计与开发的灵魂是创新，这种创新的特点既可以表现在汽车的内在功能上，也可以表现在汽车的外在形式上。

(3)目标市场原则。现代市场营销学认为，“消费者的需求即产品”，企业的产品开发当然也离不开消费者的需求。

(4)面向未来原则。所谓面向未来，是指汽车开发和技术创新，应当从长远和未来的角度去考虑问题。

(5)确定模式原则。汽车设计与开发的模式主要包括自主设计与开发和联合设计与开发两个方面,而联合设计与开发又可分为政企联手、企企联手、校企联手和协同商务 4 种类型。

2.3　电子商务与产品设计开发

2.3.1　计算机辅助设计 CAD

CAD(Computer Aided Design)是指利用计算机作为辅助手段,进行产品的总体方案设计和计算、结构设计和计算、零件设计、绘制产品装配图和零件图,并生成各种技术文档(包括设计计算说明书,安装维修说明书,用户手册等)的一种技术。

在产品的设计过程中,有创造性的思维劳动,也有复杂的分析计算和精确的绘图等,其工作量往往是很大的。采用 CAD 技术后,就可以将计算机精确的计算能力、大容量的数据存储能力、高速的数据处理能力与设计者的综合分析、逻辑判断能力以及创造性思维结合起来,从而大大地加快设计进程,提高设计的质量。

CAD 系统一般由硬件和软件两大部分组成。常用的硬件主要包括计算机主机和输入/输出设备,主要有:主机、显示器、键盘、鼠标、数字化仪表、扫描仪、打印机、绘图仪、电源。硬件平台又分为工作站平台和微机平台,工作站平台投入大,而且计算机硬件发展速度又很快。所以,大多数企业可以选择微机平台。总的来说,在选择硬件时应该结合企业具体情况选择,如主机内存尽可能大,CPU 的档次应尽可能高,以提高运算速度;硬盘尽可能大,以提高存储量及运算速度;总线结构应与应用软件相匹配。CAD 软件应具有完成输入/输出图形处理、人机交互、实体建模、数据交换、分析计算等一系列功能,因此要求硬件的性能在图形处理速度、计算速度、内存容量、外存容量、显示器的分辨率、网络功能等方面远远高于其他系统。

2.3.2　计算机辅助工程分析 CAE

CAE(Computer Aided Engineering)主要指用计算机对工程和产品进行性能与安全可靠性分析,模拟其未来的工作状态和运行行为,以及早发现设计缺损,并证实未来工程、产品功能和性能的可用性与可靠性的一种分析技术。

CAE 主要接受来自 CAD 系统的输入,并将分析结果随时反馈给 CAD。CAE 涉及的工程分析包括强度分析、刚度分析、运动仿真、动态特性仿真、产品运行仿真、物体特性(如物体的表面积、体积、质量、质心等)计算、碰撞分析、热变形分析等。CAE 采用的基本分析方法是有限元法,其基本思想是首先将物体划分成有限个单元,这些单元之间通过有限个结点相互连接,单元被看作是不可变形的刚体,单元之间的力通过节点传递,然后利用能量原理建立各单元矩阵,在输入材料特性、荷载和约束等边界条件后,利用计算机进行物体变形、应力和温度场等力学特性的计算,最后对计算结果进行分析,显示变形后物体的形状及应力分布图。

2.3.3　计算机辅助工艺规程设计 CAPP

CAPP(Computer Aided Process Planning)实现的基本原理是基于人工设计的过程及需要解决的问题而设计的。例如,对于生产的零件品种变化不大且相似度较高的企业,采用的是简单实用的 CAPP 系统。首先将各类零件的特征信息输入计算机(由于种类较少,无需考虑编码分类等问题),再将零件的各个工艺规程输入计算机,建立数据库。在需要编制新零件的工艺规程时,将基本特征相似的零件的工艺规程调出并进行修改即可。

2.4 汽车设计与开发的实施

汽车制造企业运用电子商务的目的很明确，就是要通过网络技术的应用，提高企业的生产能力和经营效率，降低经营成本，增强企业市场适应能力和竞争实力。为此，汽车设计与开发从以下3个方面入手促进电子商务的快速发展：

(1)开展网上数据收集。按设计对象和设计内容，收集有关数据。例如，打算降低产品成本，则应收集产品成本因素、产品成本构成等方面的数据；打算提高某一产品的性能，则应收集该产品各局部功能、各局部成本等数据。网上数据可以帮助企业更好地进行选择和决策，可以在一定程度上弥补传统设计的不足，而且网站在提供客户需求方面可以起到十分重要的作用。电子商务可以更快、更准确地捕捉顾客光临网站的各项数据信息，以此来了解顾客的偏好，预期新产品概念和广告效果，最终使顾客参与到产品的设计中来，电子商务使得高质量的、个性化量身定做的产品不再是富人的专利。例如，福特公司积极与门户网站雅虎、微软汽车专业网站(http://autos.msn.com)以及teletech.com、bolt.com等社区网站合作，深入了解并准确把握互联网用户的需求及在线购物模式，实现更有针对性的市场营销，并根据客户需求，提供一定程度的个性化的设计与开发。

(2)进行零部件设计计划编制。对收集来的数据资料进行整理，按要求进行汇总与计算，利用计算机对所要设计零部件的外形尺寸与汽车零件的性能进行描述。

(3)进行生产开发计划编制。根据订单或生产总体安排及生产能力安排本月或下月各种产品生产开发计划。计划是企业赖以实现管理目标的重要基础和保障，它是"推动"的动力，生产开发计划提供了物料供需动态平衡分析、交货计划编制、产品资料完整性检查等解决方案。生产开发计划是交货计划的细化计划和执行计划，它的编订是为了达成交货计划的"宏观"目标，生产计划的时间可具体到日、时，编制生产计划安排进程时，可通过系统提供的"动态平衡"分析而准确地确定时间、数量和优先级。在交货计划资料中，我们可以清楚看到目前已排生产计划的有多少，未排生产计划的数量是多少，生产已投入是多少，产出有多少。这样就可很方便、准确地排入有效、合理的生产与开发。生产投产管理即根据生产计划安排具体生产部门进行各种产品的生产开发活动，自动生成备料单转给仓库部门为生产开发部门备料。

3 产品的配套与采购

对汽车整车制造商而言，零部件的配套与采购的成本在汽车整车成本中占到很大的比重。一般认为，产品的配套与采购是指单位与或个人基于生产、销售、消费等目的，购买产品或劳务的交易行为。简单地说，产品的配套与采购就是企业根据需求提出采购计划、审核计划，选好供应商，经过商务谈判确定价格、交货及相关条件，最终签订合同并按要求收货付款的全过程。

3.1 汽车零部件及配套产品网上采购的意义

汽车生产涉及的零部件数量十分可观，零部件采购一直是许多汽车制造企业投入大量人力、物力的环节。在传统采购方式下，由于采购的对象数量有限，又受到地域限制，所以采购的效率和成本都很难达到较为理想的水平。利用电子商务方式从网上实现汽车零部件的采购，可以及时获得市场、用户对产品的需求信息，并进行分析汇总，以便做出科学的采购决策。在此基础上，还可与汽配厂商、汽车用品厂商、汽车维修设备厂商等供应商之间用电子化的手段交付订单、处理订货信息。所以说，实施零部件的电子商务采购，能够大大缩短采购周期，提高采购的准确性和效率，降低采购成本，扩大采购范围，减少无效库存，保证库存的合理性，对提高汽车业的经营效率和经济效益意义重大。

目前，国际上主要的汽车制造商基本都实现了“全球零部件采购”的目标，而电子商务是实现这一目标的根本方式。对汽车制造商而言，零部件的电子商务采购可使企业的采购、营销成本大大降低，库存也显著减少，而且销售渠道也能得到进一步的拓宽；对汽车维修企业来说，零部件业实现电子商务后，可通过互联网迅速找到质优价廉的汽配产品，最终实现零库存，最大限度地降低成本；对零部件生产企业而言，通过互联网的集约化供应可以降低其流通成本，及时得到最终用户的反馈，以便调整生产计划，减少库存积压，使企业拥有更多资金投入技术创新和产品的售后服务。与此同时，由于网上商品价格、品牌的展示，再加上多媒体技术的产品演示等，为交易带来了很高的透明度和公平性，对规范经营、打击假冒伪劣也有着十分重要的作用；而商业银行对网上交易的参与，将使交易更规范，可以减少产生三角债或者货款损失的可能，在一定程度上增加了网上交易的安全性。鉴于汽车零部件在汽车业发展中的特殊地位，积极推进零部件的电子商务发展进程具有十分重要的意义。

3.2　汽车零部件及配套产品网上采购的优势

3.2.1　显著降低采购成本

(1)采购企业可以通过网络进行全方位的选择，改变过去人工采购时供应商数量的局限性，可以在更大范围内进行比较选择，从中选择报价和服务最优的供应商。

(2)采购过程基本可在办公室通过网络进行，采购商与供应商大部分面对面的接触将被信息传输所代替，可大大节省采购人员的差旅费开支，一些不规则采购行为也失去了市场。

(3)采购过程的无纸化，不但节省了大量纸面单证的制作、印刷、保存的成本，而且可以减少单证处理人员的工作量，节省相应开支。

(4)由于电子化采购使得供求双方直接接触，减少了中间环节的参与，进一步降低采购成本。

3.2.2　有效提高采购效率

(1)在电子化采购中，采购商与供应商以及采购公司内部繁琐的手续都将得到简化，信息的传递会更快捷、更方便，物流配送可由专门的第三方物流提供方来完成等，这些都将有效提高采购的效率。

(2)在传统的采购过程中，由于大量的人工数据传输，往往会出现一些人为错误，如装运日期、不同规格物资的数量等往往会出现差错，常会给采购工作带来不利影响，甚至造成采购工作的失败，产生不必要的经济损失。电子化采购实现了采购信息的数字化、电子化，减少了重复录入的工作量，也使人工失误的可能性降到了最低限度。

(3)采购过程的自动化，在减少管理人员数量的同时，可有效提高采购管理的效率。如美国 Aberdeen 集团对传统采购和电子化采购在成本和效率方面作了比较，如图 3-4、图3-5所示。

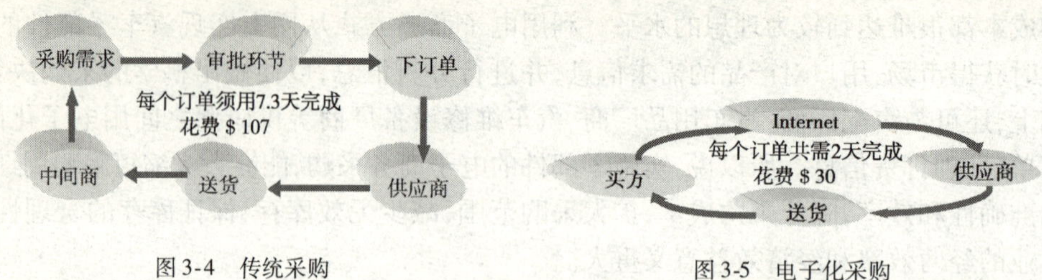

图 3-4　传统采购　　　　图 3-5　电子化采购

3.2.3　获得采购主动权

(1)电子化采购中,企业充分考虑了自身的实际需求,再通过网络动态地向供应商公布采购要求,这样可减少采购的盲目性,要求供应商按需提供采购物资。

(2)采购价格是竞价的结果,采购商将自己所需的产品信息在网上公布出来,供应商之间展开价格与质量的竞争,胜者负责将质优价廉的采购物资交付给采购商。

(3)采购商可以与供应商随时进行沟通,获得即时的售后服务。

3.2.4　优化采购管理

(1)便于对采购业务进行集中管理。电子化采购使企业的采购职能通过网络实现,便于企业把分散于不同部门、不同地点、不同人员的采购行为集中在网上实现,这样既可使企业通过集中采购降低采购价格,又可使采购活动统一决策、协调运作。

(2)提高企业存货管理水平。电子化采购是一种"即时性"采购,提出采购需求到采购物资的到位可以做到各个环节的紧密衔接,不会产生大的延误,这样可使存货管理达到最优化的水平。电子化采购可以逐渐使企业从高库存生产向低库存生产、微库存生产过渡,直至实现零库存生产。

3.2.5　保证采购质量

电子化采购中采购商可以在很大范围内选择供应商,尽可能找到质量和价格最为理想的合作伙伴。如对对方的供货信息有疑问,还可进行实地考察,防止质量事故的发生。对原来通过中间商采购的企业来说,可以直接通过网络与生产商联系,防止假货的骚扰。应该说,电子化采购的不断普及,对保证产品质量、打击假冒伪劣能起到很好的促进作用。

3.2.6　增加交易的透明度

(1)电子化采购可提高供应商的透明度。供应商为了被更多的采购商选中,尽可能在网上提供详尽的信息,并会想方设法在服务、价格等多方面体现出自己的竞争优势,这样就便于采购商选择比较,找到理想的合作伙伴。

(2)提高采购商品的透明度。无论是原材料、零部件,还是企业外购的各种服务,电子化采购可为采购商提供数量众多的可选品种,不同品种的采购商品的数据均可详细得到,采购商品的透明度显著提高。与此同时,借助网络还可得到其他可替代产品或服务的信息,更有利于企业做出选择。

(3)提高采购价格的透明度。网络上众多供应商"同台竞技",那些虚报价格、爱在价格上玩花样的供应商必然会遭到采购商的抛弃。所以,网络使采购价格完全透明,只有货真价实的商品才能真正受采购商欢迎。

3.2.7　加强供求双方之间的业务联系

电子化采购将大量买方和卖方聚集在一起,形成公平的市场交易价,供求双方必须在公平价格的基础上，加强双方的业务联系，以保证双方共同的利益。

为了降低生产成本，采购商会邀请供应商共同设计改造生产流程，开展多种形式的技术合作，帮助企业提高原材料和零部件的利用率，同时还会要求供应商在合适的时间、合适的地点，向采购商提供合适数量和质量的物资，使采购商做到零库存生产；而供应商会更多地从采购商的深层次需求出发，帮助企业设计、生产出价格更低、质量更好的原材料或零部件。电子化采购使供求双方更好地成为利益共同体。

3.2.8 适应电子商务发展大潮

电子商务的快速发展，要求企业必须充分把握网上商机，借助网络实现电子化采购是适应电子商务发展大潮的必然选择。

3.3 配套产品采购资源网系统组成

采购资源网一般由以下7个子系统构成：

(1)产品管理子系统。产品管理子系统主要完成对信息网内的最基础数据——协作产品的管理和维护工作。

(2)供应商子系统。供应商子系统包括对供应商信息的添加、维护、认证，供应商产品信息的维护和认证等，是对供应商进行监督、管理、调控的重要子系统。

(3)选厂子系统。选厂子系统是通过发布招标公告的方式，以产品质量为重要参考指标，选择、净化信息网内的供应商资源，达到保证信息网内供应商产品质量最优的目标。

(4)定价子系统。定价子系统是通过标准的招投标方式来对协作产品采购信息网的协作产品进行采购，以达到协作产品采购价格最低的目标。

(5)订货子系统。订货子系统是根据采购部、子公司各产品的需求信息、产品的供货比例信息及与供应商签订的价格协议，建立协作产品的年度订货合同(订货单)，采购部、子公司据此进行产品采购。

(6)综合查询子系统。综合查询子系统分别以产品、供应商、需方为主线，综合查询三方面的详细信息。

(7)系统维护子系统。系统维护子系统主要为保证协作产品采购网的正常运行，对系统的一些基础信息进行维护，以保证系统稳定、可靠地运行。

3.4 配套产品网上采购的程序

(1)填写订购单。采购部门的员工或采购申请部门通过软件提供的界面提出要求并填写订购单。

(2)审核订购单。一般通过管理软件自动进行审核，当订单要求超过限额或一些特殊的订单要提交企业主管进行审核。

(3)联系供应商。订单批准后，就通过网络联系供应商，供应商根据企业的采购要求，通过网络提供相应的商品或服务的信息。

(4)选择供应商。采购企业根据供应商提供的各种资料信息进行比较选择，择优选定一家或数家供应商。

(5)采购结算。通过相应软件进行采购货款的结算，借助银行的参与实现货款的支付转移。

由此可见,在电子化采购的整个流程中,人工参与因素越来越少,信息的传递基本依赖网络进行,从而保证了采购过程的公正、高效,对克服采购过程中的“黑箱操作”十分有效。

3.5 配套产品网上采购的实施过程

采购资源网的实施过程可分为教育培训、数据整理、供应商优化和业务流程重组等几个环节:

(1)教育培训。在采购资源网的建设过程中,认识到系统实施是一项艰巨复杂的工作,工作量大,涉及面广,实施周期长,加上很多员工对计算机知识懂得很少,因而对系统产生一定的畏惧感,针对这一实际问题,必须把教育培训放在首位。为此,应制订详细的培训计划,保证系统实施的顺利进行。

(2)数据整理。数据整理是系统实施过程中的“重中之重”,因为它是反映企业基础工作水平的重要指标,也是决定系统能否达到预期水平的关键因素。数据的准确和不准确、规范与不规范、实时与过时直接影响到企业的竞争力。

(3)供应商优化。在采购资源网的推进过程中,企业把对供应商的优化与整合作为一项重要的内容。企业把供应商的采购能力作为评审、考核的重要标准之一,变原来的多家供货、分散供货为捆绑采购,从而净化了资源。专业部门还根据供应商的生产情况,对所有供应商进行初步筛选,并在此基础上进行综合能力的调查、评审,按照考核内容打分、排队,再由主管部长组织职能部门及专业部门进行逐个研究,分别确认为“合格供应商”、“捆绑供应商”、“临时供应商”和“潜在供应商”。将符合条件的供应商列为采购资源网络成员,而不符合条件的,则提出具体措施,制订整改计划,对在规定的时间内达不到标准要求的,将不再发生新的业务往来。

(4)业务流程重组。业务流程重组无疑是采购资源网发展与应用过程中的一个重要环节,它的目的是要通过对企业业务流程进行重新设计和优化,确保企业有一个科学、规范的业务流程和管理基础,并在此基础上对企业组织机构进行相应的调整,实现高效、精简、扁平化管理。

3.6 配套产品的采购实施方案

下面,我们通过一个具体的例子来说明网上采购资源网的实施方案,图 3-6 所示为一个采购资源网的实施方案。

该方案的优势主要体现在以下 5 个方面:

(1)利用三层体系结构(即客户端、Web 服务器、数据库服务器),采用纯 Web 方式进行操作,无需安装客户端程序,降低了系统维护和升级的成本。

(2)采用东方新宏公司开发的具有自主版权的产品 Easy Web 作为系统的主要开发工具,加快开发速度,降低了系统维护、升级的难度。

(3)允许供应商通过拨号或互联网的方式远程访问系统,使供应商最大地参与系统的运行,在降低业务人员工作量的同时,也进一步通过互联网扩大了公司的影响。

(4)系统针对实际业务进行设计,具有良好的业务数据接口,有利于管理工作的进行。

(5)对采购过程中的各个环节都能进行详细地管理、跟踪和记录,业务领导既可以通过系统来控制部门内的工作,又可以通过各种相关的信息记载来管理和考评业务人员的工作绩效。

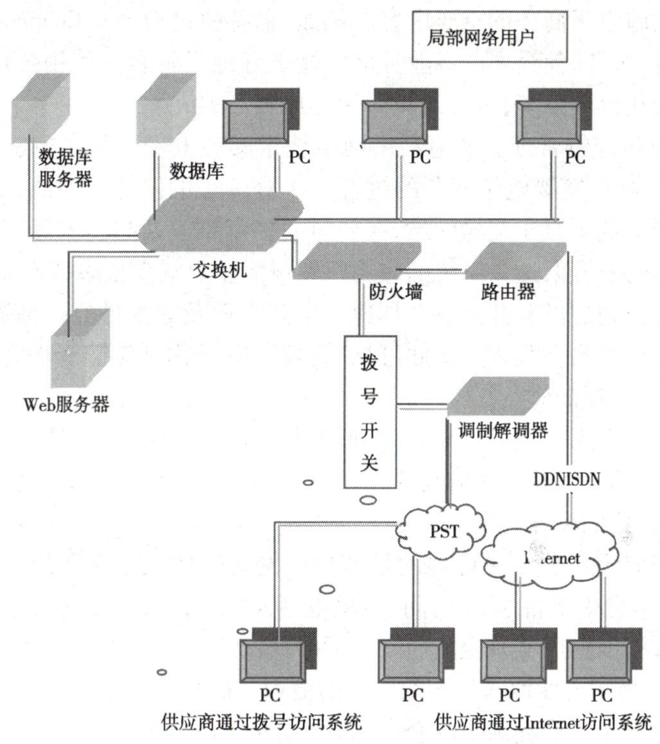

图 3-6 实施方案示意图

4 配套产品的改进与服务

目前,我国注册的生产和经营汽车零部件的中小企业数以万计,在我国汽车产业的快速发展中起着不可或缺的作用。由于这些企业在规模、资金和管理方面的实力相对较弱,适应市场的能力也较为低下,而且受地域和自身条件的限制,一般只能为数量有限的客户服务。而电子商务则可以帮助这些企业全面提升开拓市场的能力,因为互联网为汽车零部件制造企业提供了开发新市场、赢得新客户的有效手段,这些企业可以直接参与到与大企业的竞争中去,拥有更为广阔的市场空间。可以说,网络使汽车零部件的生产和流通减少了许多中间环节,提高了流通的效率,降低了流通的成本,使汽车零部件产业的发展进入了一个全新的阶段。

4.1 配套产品的改进与服务的实现措施

(1)开展网上零售业务。汽车的网上零售虽不像书籍、唱片等商品容易在网上成交,但开通网上零售业务可以帮助客户更好地进行购买选择和决策,可以在一定程度上弥补传统销售方式的不足,使客户能够方便地在线提交订单、跟踪处理流程,并申请汽车消费贷款等相应金融服务,在最大限度地减少产品库存积压的基础上,减少公司运营资本,而且网站在提供汽车产品的信息方面可以起到十分重要的作用。

(2)提供在线客户服务支持。利用互联网为客户提供全方位、全天候的服务,是汽车零部件生产、销售企业实施电子商务的重要内容。例如,福特通过 Owner Connection 网站向福特汽车客户提供在线支持服务,使公司的各业务部门能更好地了解客户使用公司产品过程中存在的问题,并借助自动化处理系统,有效地降低为客户服务的成本。

(3)实现电子化供应链管理。如何利用网络技术实现电子化的供应链管理,自然是汽车零部件生产、销售企业在发展电子商务的过程中十分关心的问题。为此,很多汽车零部件生产、销售企业专门建立起了汽车交易网站,在公司的多家供应商与多家经销商之间,实现信息共享及在线采购等业务处理,这一系统的应用每年可为企业减少很多的零配件、原材料采购及供应等方面的交易及折扣开销,并能够在加速与生产企业及零配件经销商数据信息交流的同时,为企业创造更多的交易费收入。由此可见,有效的电子化供应链管理为汽车零部件生产、销售企业带来了极为可观的效益。

(4)提供个性化的设计与生产。汽车零部件生产企业积极与多家网站合作,深入了解并准确把握互联网用户的需求及在线购物模式,实现更有针对性的市场营销,并根据客户需求,提供一定程度的个性化的设计与生产。

(5)推出数字化产品。为了更好地满足客户在网络时代汽车消费的需要,汽车零部件生产企业就应该在新车型中配备 Web 访问、卫星电话及电子邮件收发等数字化服务功能,使企业产品带有鲜明的时代特征,实现企业向互联网时代汽车零部件的转型。

(6)融资服务。为了方便汽车生产商资金的流通,通过互联网开展融资业务,实现真正的在线融资服务,使汽车生产商在减少配套产品开销的同时,也争取到了更多的客户,进一步带动汽车零部件主要业务的发展。

4.2 配套产品生产、销售企业与汽车生产商的经销合作

在电子商务发展的今天,汽车零部件生产、销售商开始与多家汽车生产公司通过网络进行全面的经销合作,在不损害汽车生产商利益的前提下,利用网络更有效地销售配件。因为该措施能最大限度地保护汽车生产商的利益,所以汽车生产商大力支持配件生产、销售企业,并让它们在零部件上打上自己品牌的字样,这样大大提高了零部件的销售渠道。两家企业同样意识到网络在销售产品过程中所起的作用,它们投入大量的人力、物力进行网站的策划和创意,以便更好地发挥网站的作用。例如,www. ford. com 网站开通后,消费者登录该网站想查询购买一辆带真皮内饰、四轮驱动和侧充气气囊的福特探索者的话,www. ford. com 就会列出距离该消费者最近的特许经销商的名单,并附有各种配套产品的经销说明与服务。如果该消费者用鼠标选中了某个经销商,那么网站就会向该经销商发出请求,该经销商就可以通过电子邮件就各种选件与消费者进行洽商,然后安排售车、售件事宜。消费者可以在网站上完成购车、购件的全过程,而在某些地方,经销商甚至可以帮客户把所买的车开到家门口。图 3-7 所示为福特汽车公司的网站。

值得指出的是,Ford Direct. com 网站还可以为客户正在寻找的某种特定车型生成有关车饰选件和颜色等极有价值的预订信息,然后经销商便可将这些信息发送给福特公司,福特公司就能够按照客户的要求来生产,从而更好地满足客户的个性化需求。当然,这种方式离戴尔计

算机公司的数字化定制生产还有一定的距离，但作为规模化生产程度极高的汽车制造业来说，这是一种革命性的进步，因为它很好地缓和了经销商与福特之间的紧张关系，同时也为客户创造了更多的价值。福特的目标是在全美 50 个州都开设本地化的 Ford Direct. com，并逐步向国外推行，这一目标的实现，无疑将会大大提高福特在汽车业的竞争力。

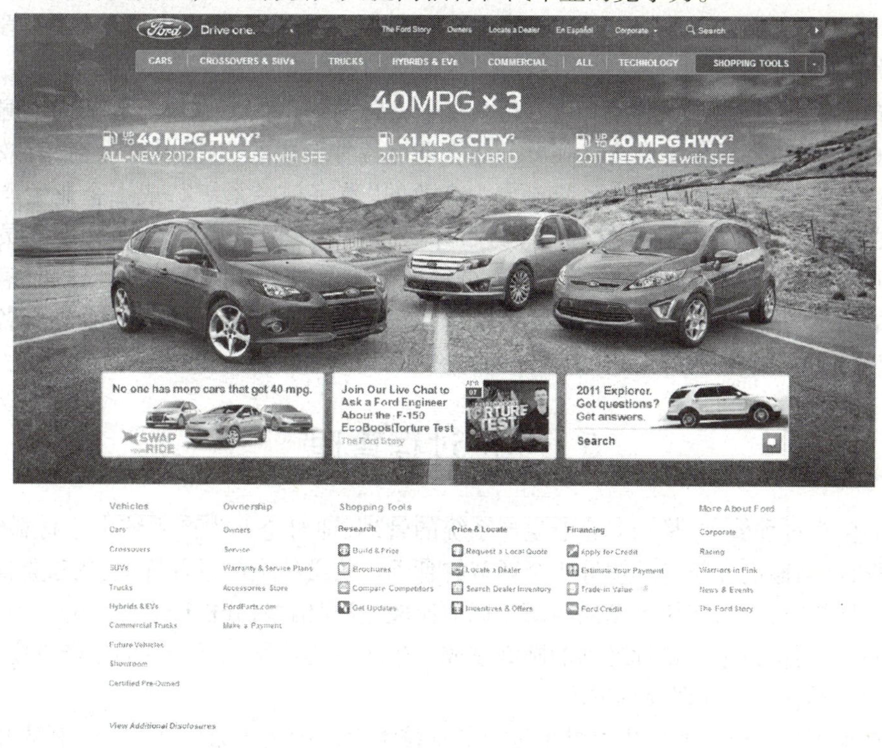

图 3-7　Ford Direct. com 网站主页

4.3　配套产品的资源整合

在实施电子商务前，许多汽车零部件生产、销售企业都存在着管理不善的情况。以企业的内部信息管理为例，大型的零部件生产企业维持着上百个分立的数据和通信系统，有很多系统实际上还庇护着数十个子系统。这些系统各自使用着不同的硬件（主机、客户机服务器，或者 PC 等）和不同的软件，而且其中很多软、硬件都已使用了 10 年以上，有的离实际情况已经是大相径庭，但企业有 70% ~80% 的数据存储在这类系统中，各种数据库储存的信息格式各不相同，而且这些数据一般都是一天或者一周集中处理一次，很少有实时的信息。企业的职员有时甚至需要从一个数据库打印出数据后，再用手工重新输入另一个数据库。毫不夸张地说，企业数据库的利用率大约只有 10%。在客户管理方面，企业存在的问题同样非同小可。多年来，企业一直都是把配件发送给经销商，由推销员销售出去，然后只剩下一张张油渍斑斑的资料卡片，记录一下是什么人买走了什么配件，至于后续的客户关系管理则无从谈起，更不用提交叉销售和客户资源的后续开发了。因为数据管理的分散和低水平，难怪大型企业从来都说不清自己的客户到底是些什么人了。

为了改变这种管理混乱、效率低下的状况，很多企业实施了电子商务提高企业内部的管理水平。在企业内部建立起了自己的客户知识系统,以便能够为每一位购买配件的客户建立一个档案。这个系统可以从企业的网站、经销商网络以及其他资源中采集每个客户的数据,然后将所有信息组织进一个中央数据库。当买主需要购买新货时,企业就有了获取相关信息的方法而且将其组织成一个"数据集市",然后企业的市场营销经理、设计人员、财务经理以及公司的 CEO 都可以从企业的任何办公地点访问这个系统,显著提高了企业的决策效率、管理水平和客户服务能力。

为了充分整合公司的内部资源,企业建立起了完备的内部网络系统。有了这个遍布公司各个角落的内部网,公司各级机构及其员工都能进行各种形式的交流,从而及时、有效地解决各种问题。目前,企业的内部网络系统已成为企业的"数字神经系统",成了企业生产经管理活动的核心载体。企业的网络主管部门千方百计提高和改进网络状况,力争让所有员工都能得到优质的网上服务。内部网的信息管理人员每天都要及时更新网上信息,对过时信息则迅速进行归纳整理,并分门别类予以存档。可以说,内联网的开通运行在帮助企业整合各种内部资源的同时,也改变了企业的文化,为企业的发展注入了新的活力。

5 生产过程管理

广义的生产过程管理,是指对企业生产系统的管理,即对企业生产系统中原材料输入、生产转换过程、产品输出和信息反馈等 4 个环节的管理。狭义的生产过程管理,就是监督和检查生产过程计划执行情况,将执行结果与既定标准比较,发现偏差,分析产生偏差的原因,采取措施纠正偏差,从而保证生产过程计划的圆满完成。生产过程控制包括产品的生产进度管理、产品的产出管理和在制品管理等具体内容。

生产过程管理的电子商务主要是指运用信息技术手段优化产品设计、工艺、制造和质量管理,通过先进的计算机技术与科学的管理思想、方法的完美结合来提高生产管理的水平。实现生产过程管理的电子商务是制造型企业推行信息化工程的重要内容。图 3-8 为现代汽车制造企业生产管理流程图。

5.1 生产过程管理的内容

5.1.1 生产进度管理

产品的生产过程管理,是生产过程控制的最重要内容,它贯穿在从产品投产指令下达后直至产品制成的全部生产过程。物料的品种、数量和供应期是否符合生产过程计划的要求,是影响生产进度的先决条件。对于物料消耗量很大的企业,还要考虑厂外和厂内的运输准备工作,所需物料能否按时按量送至生产现场。所以,对包括物料的订购、库存、运输在内的全部工作都要加强管理和控制,以保证顺利投产。

(1)生产进度管理的内容。生产进度管理的内容包括事务进度管理、采购进度管理、进货检验进度管理和生产进度管理等四方面的内容。

①事务进度管理:从接到客户订单后,进行销货计划的协调、生产计划的编排、物料的分析、物料的请购、物料的订购等事务进度管理。

②采购进度管理:接到物料控制部门人员的请购单后,进行供应商选择、比价、议价、采购、

跟催等采购进度管理(包括外发加工的进度控制)。

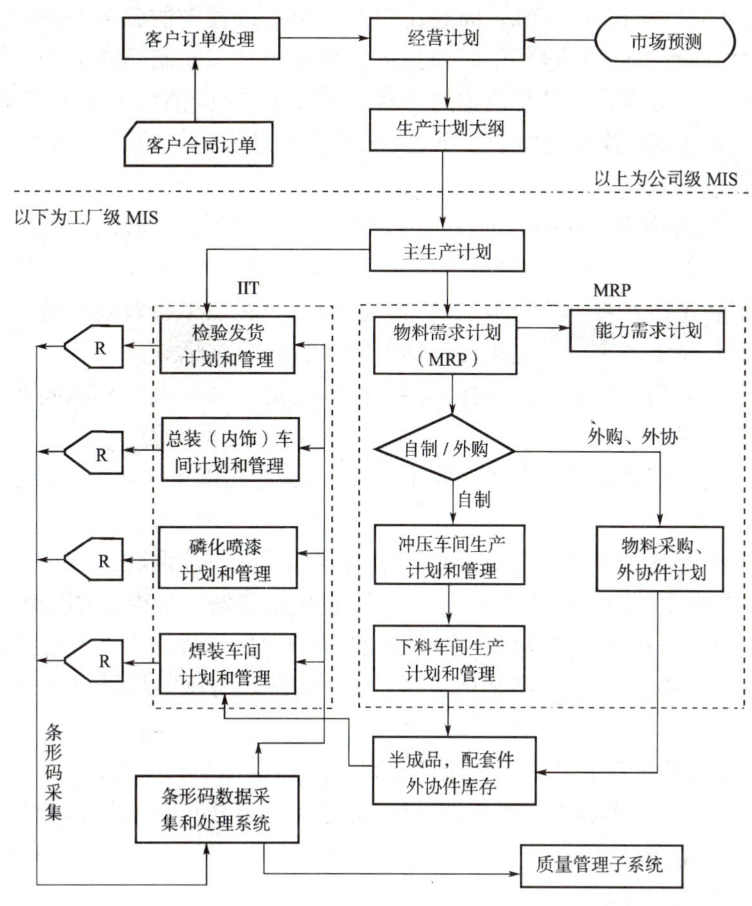

图 3-8 现代汽车制造企业生产管理流程图

③进货检验进度管理:物料进厂后进行检验与试验,若没有异常情况,需在限定的时间内完成。

④生产进度管理:生产时的进度,由制造部门管理人员不时反馈给计划部门人员,用以适当调整进度。

(2)生产进度管理常用的进度控制工具。生产进度管理常用的进度控制工具包括各种图表、报表、进度管理箱和计算机应用系统等。

①各种图表:采购方面的物料进度、生产上的进度、出货的进度等可绘制折线图、柱状图等图表在看板上,可随时掌握各方面的进度,加以管理。

②各类报表:如利用生产日报表、周报表、月报表可对日、周、月的生产进度进行掌握,以便更好地加以管理;利用采购进度管理表对采购进度加以管理,以控制好物料的进度。

③各种进度管理箱:如采购跟催箱,按日期分成 31 格,将当天要跟催的事务放入当天的格中,按日跟催,生产进度管理同样也可使用这种方法。

④计算机应用系统:如有的公司建立起 MRP 或 ERP 计算机应用系统,能自动生产各类进度管理的表格和图表,如采购进度表、生产进度表等,对于进度管理就更为方便。

5.1.2 在制品的管理

在制品是指从原材料投入生产后，尚处在加工或制造过程中的各种制品。它是为保证生产过程连续性和周期性，在生产过程中必须具备的物流要素。在制品作为企业生产物料的重要组成部分，其费用一般要占产品总成本的20% ~60%，其时间消耗50% ~95%是处于运输、等待之中。在一定的生产技术组织条件下，为保证生产过程正常地进行，必须规定科学合理的、必需满足的在制品数量。

(1)在制品的管理内容。在制品的管理内容包括工艺占用量、运输占用量、流动占用量和保险占用量等内容。

①工艺占用量，是指在各个工作地(包括检验站)上正在加工(或检验)的在制品数量。

②运输占用量，是指各工序之间正在运输中的在制品数。

③流动占用量，是指在间断生产条件下由于前后两道工序的生产率不同而形成的在制品数量，又称周转占用量。

④保险储备量，是指为防备某个工序发生偶然事故时，用以保证连续生产正常进行而储备的在制品数量。

(2)在制品的管理表现形式。在制品的管理表现形式有下列两种。

①管理在制品变化情况。在生产过程中，不可避免地要发生报废、回用、返修等现象，这将引起在制品数量的增减和质量的变化。在设备出现故障时，也将使在制品加工进度与计划脱节。为了保证生产有节奏地进行，必须把在制品变化情况及时反馈，以便采取措施保证生产过程按计划进行。

②管理在制品占用量和储备量。为保证车间连续均衡地生产，必须建立在制品占用量定额和储备定额。为了既不影响生产的正常进行，又避免不必要的资金占用，就要对在制品占用数量和储备数量进行控制。

5.1.3 产品的产出管理

如果说产品的投入管理和生产进度管理是生产前期管理和生产过程管理的话，则产品的产出管理就是生产反馈管理。其目的在于保证生产成果符合既定的计划和标准。

产出管理主要包括以下两方面内容：

(1)成品入库管理。成品入库管理就是要做到成品按时入库和均衡入库。不能出现月初、月中没有产品入库，而到月末产品又大量入库的情况。因此，可按成品按时入库和均衡入库的要求，对投入情况和生产进度情况进行核查，凡不满足成品入库时间和均衡数量要求的，就应采取相应措施解决。

(2)供货合同完成情况管理。供货合同完成情况管理，就是要严格履行合同，按合同规定，按质、按量、按期交货。为做到这一点，除了取决于成品入库管理工作的状况外，还需要做好产品的发运、销售、结算及销售服务工作。通常用供货合同完成率指标对供货合同完成情况进行管理。

5.1.4 产品质量管理与成本管理

质量管理是确定质量方针、目标和职责，并在质量体系中通过诸如质量策划、质量控制、质量保证改进其实施的全部管理职能的所有管理活动。

质量管理大致经历了4个阶段，即传统质量管理阶段，统计质量管理阶段(又称统计质量控制阶段)，全面质量管理阶段(TQC 阶段)，综合质量管理阶段(TQM 阶段)。

质量管理信息化是对质量管理思想的技术实现，通过将信息技术运用于质量管理过程，以系统分析代替手工操作，从而使管理人员能够迅速获得连续、综合而且及时准确的多种信息。质量管理信息化不仅有助于改进产品质量，而且还有助于降低消耗，提高生产率和经济效益。实施质量管理信息化能使管理者和操作人员更早地发现问题，从而更合理地安排生产及决策，如图 3-9 所示。简单地说，质量管理信息化要解决的问题是怎样利用信息系统对企业系统的性能进行实时的监控和分析，以便在适当的时间、以适当的形式为适当的人员准确提供有关信息。监控和分析的项目包括企业生产经营全过程中的故障率、效率，销售、生产过程的稳定性、工序能力，决定产品或服务质量特性或水平的各种重要因素的状态及变化形态等。

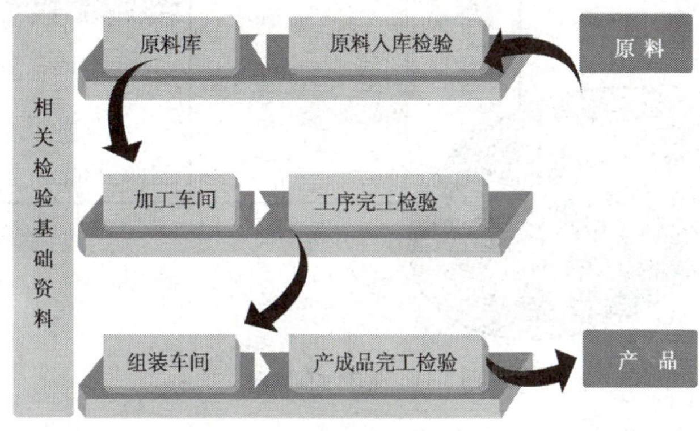

图 3-9　质量管理

成本管理是实施生产的重要目标之一，为此在生产过程管理中，进行全面成本管理的工具和手段，帮助汽车制造企业从原来的事后成本核算，提高到事前、事中和事后的三层成本管理体系。这种多角度成本管理方案，从新产品销售前的成本、报价模拟，老产品的标准成本管理，到生产过程的制造成本现场采集、核算及成本分析，帮助企业扭转手工状态下无法掌握真实成本的局面，从而为企业决策层的成本管理控制提供了反映各个生产环节和时间点的完整实时的成本信息，制定和采取相应的决策降低生产成本，达到精益生产的目标，如图 3-10 所示。

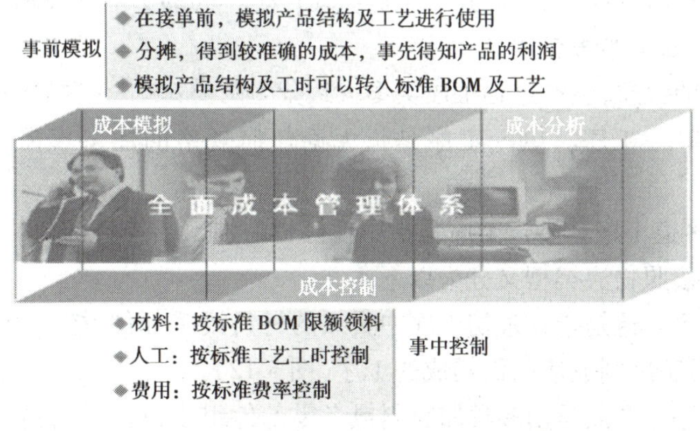

图 3-10　成本管理体系

5.2 生产过程管理的程序

制订期量标准生产过程管理从制订期量标准开始，所制订的标准要保持先进与合理的水平，随着生产条件的变化，标准要定期和不定期地进行修订。

制订生产计划，依据生产计划制订相应的物流计划，并保持生产系统能够正常运转。物流信息的收集、传送、处理，如图3-11所示。

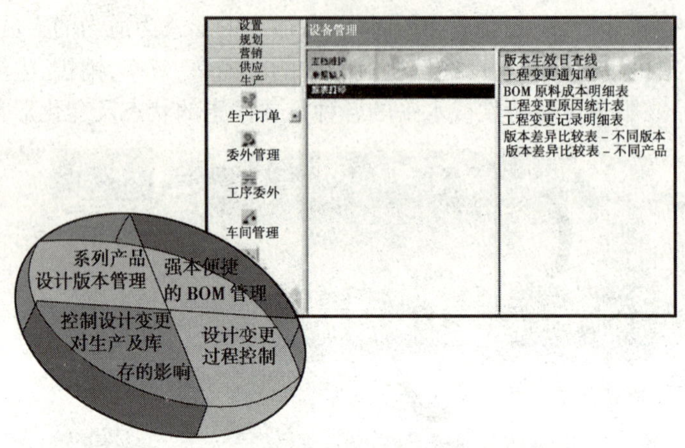

图 3-11　生产过程管理

5.3 生产过程管理的类型与方式

5.3.1 生产过程管理类型的概念

企业的生产类型是生产的产品产量、品种和专业化程度在企业技术、组织和经济上的综合反映和表现。它在很大程度上决定了企业和车间的生产结构、工艺流程和工艺装备的特点，生产过程的组织形式及生产管理方法，同时也决定了与之匹配的生产物流类型。通常情况下，企业生产的产品产量越大，产品的品种则越少，生产专业化程度也越高，而物流过程的稳定性和重复性也就越大。反之，企业生产的产品产量越小，产品的品种则越多，生产的专业化程度越低，而物流过程的稳定性和重复性亦越小。可见，物流类型与决定生产类型的产品产量、产品品种和专业化程度有着内在的联系，并对生产组织产生不同的影响和要求。

5.3.2 生产过程工序类型

根据加工技术的性质，生产过程工序类型大致分为两类：单一工序、多道工序。

(1)生产过程单一工序。单一工序是指无论任何规格的加工仅需一道就可以完成的工序。

(2)生产过程多道工序。多道工序是指一项订货的加工须经过两道或两道以上才能完成的工序。多道工序按照物流类型又分为以下 4 类：

①多道连续工序。这是指在最初工序中投入的材料或零部件，按直线型安排的工序依次前进和加工，在最后工序制成成品而构成的工序(图 3-12)。

②多道合流工序。产品是由多种原材料或者零部件组成，这些原材料或零部件分别在平行安排的单一或者多道连续的工序上边加工边流动，在适当的阶段一个接一个地进行合成或

者多道装配而制成最终成品(图 3-13)。

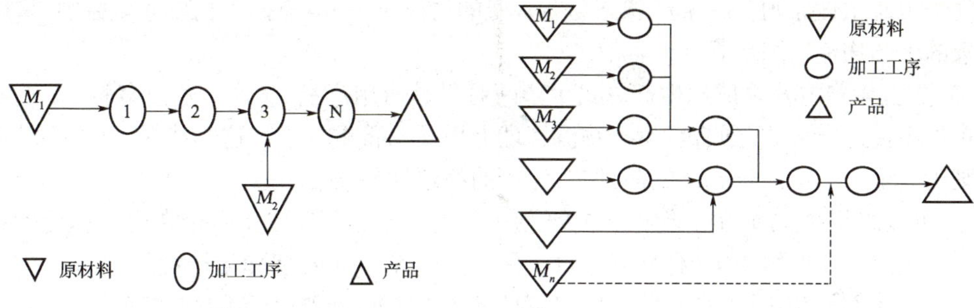

图 3-12　多道连续工序　　　　图 3-13　多道合流工序

③多道分支工序。一种或多种原材料在第一道工序加工结束后,制成多种产品或者中间产品,这些中间产品分别在后续工序中又成为多种产品或者中间制品,随着工序的进行分为许多工序而制成多种产品(图 3-14)。

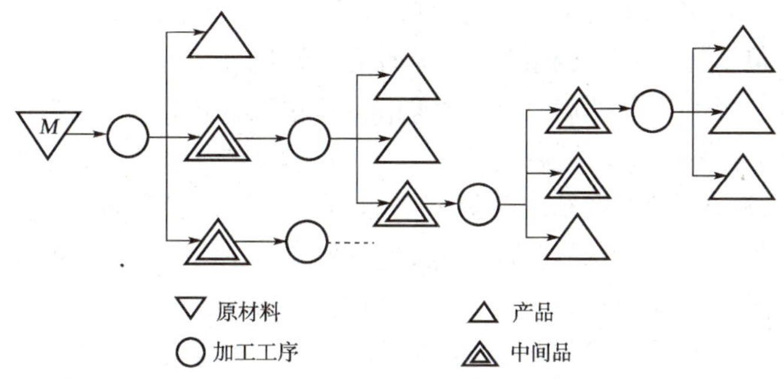

图 3-14　多道分支工序

④多道复合工序。从加工开始到成品为止经过许多道工序,但其间同时存在合流式和分支式的工序(图 3-15)。

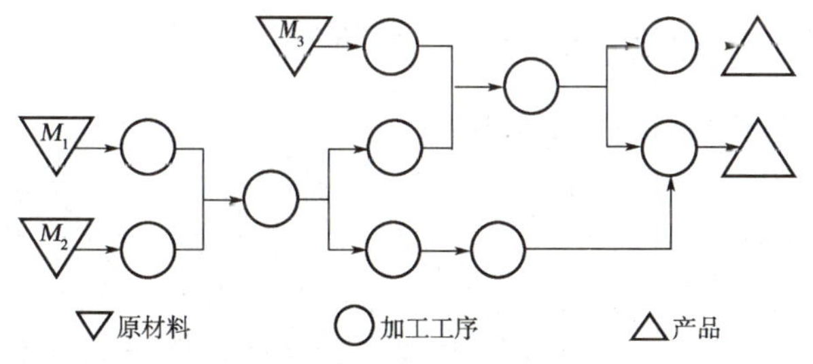

图 3-15　多道复合工序

5.3.3　生产过程的各种方式

物流的稳定性和重复性可以把各类生产过程分为大量生产、单件小批生产和成批生产三种基本的生产方式。

(1)大量生产方式。大量生产方式的特点是生产的品种少,每一种产品的批量大,稳定地、不断重复地进行生产。一般这类产品在一定时期内具有相对稳定的需求。

(2)单件小批生产方式。单件小批生产方式的特点是,产品对象基本上是一次性需求的专用产品,一般不重复生产。因此,生产中品种繁多,生产对象不断在变化,生产设备和物流装备必须采用通用性原则。在生产状态复杂多变的情况下,一般应按工艺专业化原则,采用机群式布置的生产物流组织形式。

(3)成批生产方式。成批生产方式生产的对象是通用产品,生产具有重复性,介于大量生产和单件小批生产方式之间,在生产物流管理上根据轮番重复生产这一特征,可以按对象专业化原则组织生产。但由于生产的品种多,生产的稳定性差,建立正规的生产线和流水线的难度较大,但可以组织多品种的对象生产单元,使工件的生产过程基本上可以在生产单元内封闭地完成。在生产物流的组织上,合理安排每一种产品的轮番间隔期和生产批量,既要减小批量,保证生产的比例性和压缩在制品,又要避免批量频繁变换,影响设备的利用率。

6 销售与服务

传统的营销可概括为 4 个要素,即产品(Product)、价格(Price)、分销(Place)和促销(Promotion)。这 4 个方面的要素是企业营销活动的主要手段。而汽车作为一种特殊的产品,它的市场营销活动除了包括上述 4 个因素外,同优质的销售服务也是分不开的。

随着汽车消费水平的不断提高,汽车售后市场正逐渐浮出水面,成为汽车业发展中的一个新的亮点。实际上,整车销售只是启动了汽车消费链的第一个环节,围绕汽车售后的汽车维修、配件、汽车维护、汽车用品、汽车服务等需求的市场容量,在发达国家早已超过了整车销售的市场容量。而在我国,这一市场还没有引起足够的重视,但其蕴藏的市场潜力十分可观。电子商务是开发这一潜在市场的有效手段,通过网络向汽车客户提供各种备品、备件,并为他们提供各种形式的服务,既可取得极为可观的经济效益,又可大大提高客户的满意度。加入 WTO 后,外在的形势也要求我国汽车市场与世界接轨,而汽车电子商务则是一个重要途径。进入汽车电子商务领域,中小型企业和大型企业拥有了同等参与竞争的机会。从这一意义上讲,大力发展汽车电子商务,开展网上营销,对于我国汽车产业来说将起到事半功倍的作用。

6.1 汽车产品网络销售与服务的概念与作用

6.1.1 汽车产品网络销售与服务的概念

销售是指企业将产品所有权从生产者手中转移到消费者手中的活动。

很多人认为,服务是指产品的售后服务,也就是为了不使顾客产生不满或者为了消除顾客不满的活动,它包括对用户所购商品的安装、调试、维修等内容。这是对服务含义狭义的理解。随着服务在市场竞争中地位的上升、作用的增强,对服务的理解也在不断地发生新的变化。美国市场营销协会认为,服务是用于出售或者是同产品连在一起进行出售的活动、利益或满足感。营销大师菲利普·科特勒认为,服务是一方能够向另一方提供的任何一项活动或利益,它本质上是无形的,并且不产生对任何东西的所有权问题,它的生产可能与某种有形产品密切联系在一起,也可能毫无联系。《高超的客户服务》一书的作者罗恩·卡尔认为,真正的服务是企业根据客户本人的喜好使他满意——而最终使客户感到自己受到了重视,并把与企业的交往铭记在心,而且能够不断地与公司进行交往。从经济学角度讲,服务等同于"劳务",它是指以劳务形式而不以实物形式为他人提供某种使用价值的经济过程。

综上所述，服务是一种满足感，是一系列行为的集合，是一种尊重，是一种沟通。

网络销售和客户服务，是通过建立互联网销售平台，鼓励客户直接从网上订购汽车配件、养护用品、工具、设备，依托整个连锁体系来开展对客户的直接销售和配送，并通过互联网延伸客户服务。

6.1.2　汽车产品网络销售与服务的作用

企业竞争，市场为先。面向市场的汽车企业首先关心的是市场，并深深地体会到市场是企业最后决胜的关键。其实，这里的市场包括销售成绩和售后服务。面向市场，汽车企业建立了一定规模的分销网络。通过广泛的分销网络扩大了销售量，网络应用在汽车销售中的作用可分为两方面：

(1)对经销商而言，信息技术的广泛应用和电子商务的发展可以为汽车企业降低采购、营销成本，减少库存、拓展销售渠道、提高服务效率提供可能，是汽车企业增强实力、融入经济全球化格局的必由之路。经销商在网上介绍产品、提供技术支持、查询订单处理信息，不仅可以大大减轻客户服务人员的工作量，让他们有更多的时间与客户进行进一步的接触，开发更多的新用户，有效改善企业与客户的关系，而且因为网络独有的实时交互性，使客户在任何时间、任何地点均可调阅企业最新的资料，实现网上订购服务后，企业可及时调整货源配置，也使顾客收货时间得以大大缩短，使客户的满意度得到很大提高。

(2)对消费者而言，他们中的大多数对汽车并不真正了解，因为汽车作为高档商品，消费者不可能仅凭感性认识就做出购车决定，他们必须通过网络这个窗口，了解汽车行情、市场变化情况及时尚车型、款式及价格等；通过网络销售，消费者可对车型、颜色、内饰等进行单独订货，可最大限度地满足个性化消费的需要，还可以直接在网上订购汽车配件、养护用品、工具、设备，依托整个连锁体系来开展对客户的直接销售和配送，并通过互联网延伸客户服务。

据美国汽车经销商协会 NADA 调查，83% 的经销商有自己的网站。在有网站的经销商中，62% 已进入了网上售车。通过电子商务，汽车销售渠道大大缩短，成本和库存得以降低，与用户的交流反馈将更加直接、有效，图 3-16 所示为全程销售订单跟踪系统。

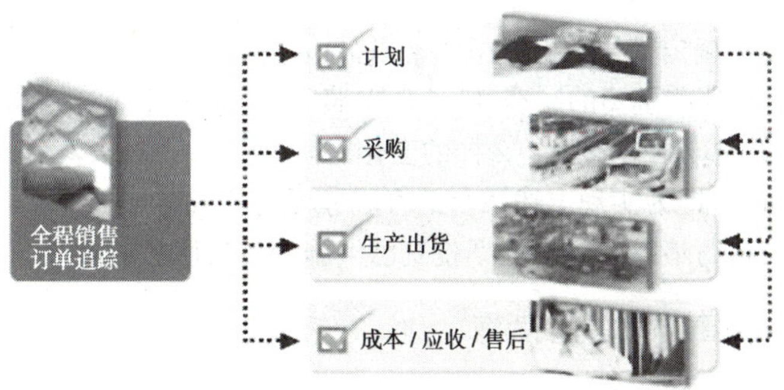

图 3-16　全程销售订单追踪系统

6.2　汽车产品网络销售与服务的实施

一般来说，经常访问汽车网站的客户可分成三类：第一类客户已经有买车打算，希望通过网站了解最新的产品信息，以帮助自己做出正确的购车决策；第二类客户已经买车，想进一步了解有关汽车各方面的知识;第三类则是那些还没有购车,而且短时间内也不准备购车的访问者,但他们对汽车知识有浓厚的兴趣。因此,利用网站向不同类型客户提供专业化的知识服务都有重要意义。

(1)对第一类访问者,可向他们提供选车购车的相关常识、购车程序及材料手续等相关知识,通过专业、系统的知识、服务吸引他们的注意力,尽可能让他们选购本公司的产品。

(2)对第二类访问者,可向他们提供汽车保险、出险后索赔理赔、养车修车、安全驾驶、质量纠纷处理程序、租车、救援及二手车交易等知识和信息,通过细致入微的服务,增进他们使用本公司产品的感情,提高他们的满意度,并通过他们开发更多的潜在客户。

(3)对第三类客户,比如在校大学生,尽管目前尚不具备购车实力,但他们是未来汽车消费的主力军,向他们提供丰富的汽车文化、与汽车相关的趣闻轶事以及汽车业的最新发展知识,培养他们对本公司产品和品牌的认知度,这对企业的发展具有重要的意义。

6.3 保证具有竞争优势的销售服务水平

(1)弄清都有哪些服务项目。

(2)通过问卷调查、专访和座谈,收集有关物流服务的信息。了解顾客提出的服务要素是否重要,他们是否满意,与竞争对手相比是否具有优势等。

(3)根据顾客不同的需求,归纳成为不同的类型。由于顾客特点不同,需要也不同,进行分类时以什么样的特点作基准,十分重要。因此,首先要找出那些影响核心服务的特点,并要考虑能否做得到,而且还必须考虑对本公司效益的贡献程度,以及顾客的潜在能力等企业经济原则。

(4)分析销售服务的满意程度。分析对各个不同的服务项目是否满意。

(5)分析与相互竞争的其他公司相比本公司的情况如何。了解本公司和竞争对手在服务需要上的满意程度,一般称为基准点分析。所谓基准点分析,就是把本公司产品、服务以及这些产品和服务在市场上的供给活动与最强的竞争对手或一流公司的活动与成绩连续地进行比较评估。

(6)按顾客的类型确定销售服务形式。首先应依据顾客的不同类型,制订基本方针。在制订方针时,首先要对那些重要的顾客,给予重点照顾,同时要作盈亏分析。还不要忘记分析在销售服务水平变更时成本会发生什么样的变化。

(7)建立物流机制,即为实现上述整套销售服务项目的机制。

(8)对销售机制进行追踪调查。定期检查已实施的销售服务的效果。

6.4 提高服务增加销售的措施

服务是决定销售量的关键因素,企业管理者应予以高度重视。从大的方面看,可以采取以下措施来改进服务,提高客户满意水平。图 3-17 所示为交付保证系统与顾客满意度的关系。

6.4.1 加强员工培训,重视向员工授权

客户服务水平很大程度上取决于提供客户服务的员工的素质,而高素质的员工必须依靠系统、全面的培训,并通过必要的授权才能慢慢培养起来。

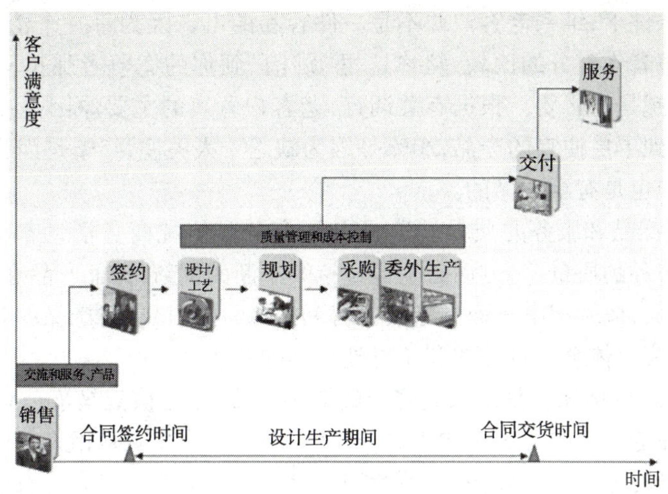

图 3-17　交付保证系统和顾客满意度

对适合从事客户服务的员工进行有计划、有步骤的培训是众多国外企业提高服务水平的主要手段。培训的内容包括多个方面，主要有：

(1)有关本企业产品和服务的基本知识。

(2)与客户打交道的各种技巧，包括如何处理粗鲁无礼的、难以应付的、愤怒的客户的各种方法和态度。

(3)处理网上问询的各种方法。例如，如何正确快速地回复电子邮件、如何处理客户的商业信息。

(4)如何处理客户投诉以及倾听客户意见。

(5)如何培养团队精神等。

培训的内容应不断调整、完善，以适应企业业务发展的需要。企业应把培训作为一种制度，使其成为提高员工素质的一种有效手段。

授权是与培训紧密相关的，因为没有适当的授权，培训就无法产生应有的效果。授权对提高员工的客户服务水平至关重要，但又是较难正确把握的一项工作。因为授权会影响到管理层的权力，必然会遇到一定的阻力。但是，作为一个直接面对客户的服务人员，如果大事小事都必须跟领导请示，势必会失去客户的信任，同时也会影响客户服务人员的工作积极性和责任性。所以，正确的授权是十分必要的，关键是要在坚持"最大限度地让客户满意"的原则下，规定员工具体的工作权限和相应的责任，保证权力的正确运用。

6.4.2　想方设法留住老客户

老客户对企业的作用十分重要，因为老客户的重复购买可以缩短购买周期，减少企业各种不确定因素，降低营销费用，扩大宣传面，为企业提供真实的产品信息等。研究表明，老客户的再次购买率提高 5%，利润就可增加 25% 以上。如微软公司所获得的利润有 80% 来自老客户购买的各种产品的升级换代、维修、咨询等服务。相反，如果老客户因为这样、那样的原因弃你而去，据美国市场营销学会的统计，他至少会向 11 个人诉说对你的不满，这将给开发新客户带来极大的负面影响。所以，维系老客户是客户服务的重要内容。

在电子商务条件下,维系老客户并不是一件容易的事。因为每一个消费者都可轻而易举地把你和你的竞争者作充分的比较,从你这里“跳槽”到你的竞争者那里只是动动鼠标而已。但越是难维系,就越是有必要。根据有关调查,老客户背离的主要原因是:25%是寻找到更好的产品,10%是找到了更便宜的产品,20%是因为缺乏个人关注,45%是因为缺少帮助。因此,更好地维系老客户也是有章可循的。

(1)不断提高产品和服务的质量。这是电子商务和传统商务活动都必须坚持的根本原则。提高产品和服务的质量,一方面必须通过持续不断的创新,保证产品和服务具有较强的市场竞争力;另一方面,应利用电子商务形成的有利条件,让客户参与产品的开发和设计,充分尊重客户的意愿,让客户体会到自己的利益得到足够的关注。

(2)价格优惠。价格优惠是维系老客户的惯用手段,也是被亚马逊公司实践证明了的、行之有效的措施。在老客户的每一次购买之前,企业都必须让其明确相应的优惠标准,保证其随着购买次数和数量的上升,优惠的幅度不断提高,使其“舍不得”放弃现有的“购买业绩”去投奔你的竞争者。当然价格优惠还包括提供灵活的付款方式等。

(3)感情投资。这是一种“投资少、见效快”的维系老客户的方式,却往往被许多企业所忽视。感情投资可采用答谢、祝贺和参与等形式。比如定期向一些购买次数和数量较多的客户寄送礼品予以答谢;对客户的重要日子如生日、结婚纪念日、厂庆日等要予以特别关注,最常用的是采用电子贺卡的形式予以祝贺;定期走访客户,了解客户在产品使用过程中出现的各种问题、新的需求等。

(4)优质服务。因为普通老百姓对通过电子商务购买的商品的质量、售后服务以及物流配送等问题往往心存疑虑,这将影响电子商务的发展。作为一个致力于利用电子商务开展业务的企业,必须想客户所想,通过自己扎扎实实的服务赢得客户长期的信任。

6.4.3 正确对待客户的投诉

在向客户提供服务过程中,难免会产生让客户不满的情况,但只有极少数的客户会向企业投诉,其他绝大多数客户要么马上离开,要么忍气吞声,要么等待合适的时机离开。正确对待少数客户的投诉对企业发现服务中存在的问题,防止客户流失具有重要意义。

正确对待客户的投诉应注意以下5个问题:

(1)应把客户的投诉看作争取留住更多客户的机会,因为投诉者代表着很多客户的利益,如处理不当,会导致大量客户流失。

(2)虚心倾听客户的抱怨,发现问题的症结所在,及时给出满意的处理办法。

(3)在处理投诉的过程中,应真诚地向客户道歉,请求客户的谅解,及时化解客户的抱怨可使其成为更为真诚的客户。

(4)牢记“客户不一定是正确的,但你最好认为他们是正确的”,对客户的错误不应横加指责,而应坚持“有则改之,无则加勉”的原则,改正自己的不足之处,保留自己正确的做法。

(5)不要随意责怪员工,要分析造成投诉的原因,帮助员工改进、提高。

正确地处理投诉的结果,应该是让心存不满的顾客成为忠诚的顾客;让存在不足的员工及时发现不足之处,并加以改进;让那些准备离开公司的员工打消离开的念头;让公司的客户服务水平上升一个新台阶。

6.4.4 营建客户服务文化

服务文化是企业文化的重要组成部分，它反映了公司对待客户的基本理念，以及公司员工共同遵循的价值观和信念。它根植于员工心中，并通过自身的言行表现出来，反映了一个公司对待客户的精神风貌和基本态度。

健康、有益的客户服务文化应树立起这样一些思想：

(1)满意的客户是企业生命力的源泉，竭尽全力为客户提供满意的服务是公司努力的目标。

(2)满意的利润来自于满意的客户，如果客户不满意，那么再高的利润也是短视行为。

(3)要真心诚意成为客户的朋友，了解他们的深层次需求，明确他们的真实想法。

(4)员工是公司的内部客户，公司如何对待自己的员工，员工就会如何对待公司的客户，员工需要尊重、激励和学习。

(5)要培养员工的团队精神，提倡相互信任、相互合作、互帮互助互学。

(6)不要过分去关注竞争，关注客户更为重要。

(7)电子商务的成功更需要服务，要与顾客分享成本降低、速度提高带来的好处，要与客户“双赢”。

(8)企业成功的关键并不是销售商品，而是通过出色的服务赢得客户的信赖，建立起牢固的感情。

企业现在都以客户满意为经营基础，而网络时代，则是那些让顾客觉得自己做主的企业，才会有服务顾客、完成交易的机会。所以，企业经营者要从协助顾客方便的角度，站在顾客立场审视企业所提供的产品或服务，并致力于建立全员协助顾客成功的共识，视客户为主人，不轻易拒绝客户的要求，并运用信息科技强大的资料整理、计算及互动功能，协助顾客不必多费力气便能得到服务，这是许多企业成功的诀窍，同时也要注意网上顾客与企业互动时的新鲜感、方便性、速度、价格及服务。

7 典型案例分析——长丰汽车实施电子商务

长丰汽车公司是一家汽车制造企业。随着互联网在商业上的应用逐渐普及，长丰汽车公司为了吸引网上用户来购买该公司产品，花重金将公司网页设计得非常精美，其产品的图片清晰度高，可以360°旋转，以便于浏览。为了给公司的网站赋予创造价值的能力，公司应用了最新的电子商务系统，以便顾客直接从网上购买长丰汽车。但是到目前为止的状况是，虽然网站吸引了大批参观者，但通过网站购买汽车的人却寥寥无几。由于电子商务实施后的优势无法体现，负责电子商务的副总经理为此非常苦恼。摆在面前的问题是：网站的定位是不是有问题？进一步扩大电子商务的投入是否有必要？为解决这些问题，他再一次调查和分析迄今网站的运行情况。他发现，虽然公司的网页里有产品外观和内部设施的详细说明和图片，大多数网上浏览者也有购买汽车的愿望，但他们并不愿意在网上直接购买，而是宁愿亲身体会，直接接触要购买的车。再比较一些同行的网站，他发现几乎所有的汽车销售网站都大同小异，靠精美的图片展示吸引人气，网站外观华丽，而较少顾及可操作性、方便性。以长丰公司的网站为例，该公司在各地的代理商的资料在长丰公司网站上都不甚详细；有的代理商已经有自己的网页,但长丰公司的网页上却没有链接。他还发现很多浏览者倾向于先在网上查找当地代理商的网页资料,挑选两到三款自己中意的产品,然后去现场试车,最后再确定要购买的款式。

最后,该副总经理发现公司购买的在线交易方式很简单,没有提供各种车型的比较和财务贷款等内容丰富的辅助服务,从而让浏览者无法即时做出决策。当然在传统店面或代理商那里,消费者可以很满意地得到这些服务。经过这些调查,他对如何改进网站大体有了一些意见,但对网站在整体市场营销战略中的定位仍然有些迷惑。

7.1 长丰汽车电子商务应用问题分析

长丰汽车公司面临的问题主要是电子商务网站的定位问题,而定位不明确是因为对实施电子商务(B2C)的环境认识不足。那么中国目前的 B2C 的电子商务环境的状况到底怎样?

作为一家传统企业,长丰汽车公司的网站应如何重新定位在整体市场营销战略中的地位?长丰汽车公司面向消费者的网站(B2C)目前所处的环境,既有非常有利的一面,也有很多局限的因素。其有利的一面是:据最近 CNNIC 的调查结果显示,截至 2009 年 12 月 31 日,中国网民为 2.3 亿人,比 2008 年同期增长 29.8%,说明开展电子商务的基本条件即拥有尽可能多和有一定消费能力的用户在快速好转。认清实施环境的现状对长丰汽车公司来说非常关键,目前限制电子商务发展的因素有很多,比如:

(1)传统的消费习惯的影响。由于社会公众信用体系不健全,长期以来,中国人的传统的消费交易观念特别浓厚,耳听为虚、眼见为实,一手交钱、一手交货等交易观念已经在广大消费者的意识里根深蒂固。

(2)现阶段网民的平均收入偏低。根据最新的调查结果显示,我国网民的数量又有增长,但不可回避的事实是,中国大部分网民的收入目前还偏低,个人月收入集中在 2000 ~ 3000 元。

(3)中国金融支撑体系的乏力。社会信用体系的不健全,网络安全和保密性缺乏保障,导致人们对网络营销这种虚拟交易的形式缺乏基本的信任和安全感,网民不愿轻易尝试网络购物。

(4)物流配送。这是电子商务实施的生命线。中国目前物流配送体系不够完善,成本奇高,缺乏实力雄厚、专业的第三方物流服务提供商等。

7.2 如何利用网站创新电子商务

类似长丰汽车公司销售模式的传统企业,要提高电子商务的经营效益,重要的是要创新整合经营。网络整合经营,简单地说就是绕过中间批发商,运用网络商务并根据顾客需求,突出技术创新和定制产品,并直接向顾客销售。同时,注重产品供应、技术创新、服务与信誉的整合效率,使消费者群体快速扩大,市场快速裂变与发展。网络整合经营的成功秘诀,关键在于与顾客建立直接关系为基础,在市场与顾客需求、零部件配套厂商等方面整合与创新。同时,运用网络快速进行市场开拓与设计、组合,以追求市场效益、合作分工的最佳化。比如,美国福特公司在电子商务整合经营中,通过公司电子数据交换系统,直接与汽车制造部件供应商沟通;运用因特网加快与销售商交流,实行了全球商务电子化,运用因特网商务建立拉动销售新模式。

长丰汽车公司目前的网站只定位在 B2C 上,在整体市场营销体系中应向福特公司那样起到创新销售模式的作用。明确了这样的战略地位,还有一个重要问题:在新的方案中,是应该以提高利润为先呢,还是以降低成本为先?据 Gartner 的报告显示,正确的选择是以一个完全不同的重点为中心的，那就是创造更大的客户价值。也就是说，较为成功的方案应该是解决的这样的问题，即“我们怎样才能利用电子商务为客户创造最持久的价值”。这里的客户不单指消费者和用户，还包括所有与企业打交道的供应商、服务商等。了解这一核心问题对明确网站整体市场营销战略中的定位以及实施战略至关重要。比方说，长丰汽车公司可以利用网站通过下列一些机会改善客户服务过程：

(1)利用电子邮件及时地向分销商和客户提供关于合同履行状态的最新信息。

(2)允许分销商和客户在线访问产品的可用性信息、订单输入系统和订单状态，这样他们就能在自己方便时随时开展工作。

(3)为分销商和客户提供在线产品支持信息，便于他们更快地解决问题。

在线客户访问不仅能提高客户的满意程度，而且能降低企业内部的客户支持成本。提高长丰汽车公司和分销商的透明度，有助于制造商合理地调配生产，减少断货情况的发生，增加销售额。但是，更重要的在于这些方案不仅基于企业内部的利润或成本重点，而且基于怎样做才能最大限度提高客户价值。完善平台的建设和应用价值开发同样重要。电子商务则是未来重要的贸易形式之一。

长丰汽车公司应用了最新的电子商务系统，以便顾客直接从网上购买长丰汽车。然而，虽然网站吸引了大批参观者，但通过网站购买汽车的人却寥寥无几。由于电子商务实施后的优势无法体现，除了有对实施环境了解不透、定位不清、资源整合力度不够以及未来扩充发展方向迷失等问题，初期过于重视技术投资，忽略了电子商务平台的合理搭建和搭建后提高该平台应用价值和可操作性。

据报道，有的中国制造企业现已成功地建立了电子商务平台，并取得了构架后的商务营销成功。具体情况是：首先，企业利用广泛的销售网络作为其搭建电子商务平台的坚实基础。其次，电子商务平台为汽车厂和销售商提供了一个在线交易和交流的平台，大大节约了销售成本。这个平台取代了一些电话、传真等传统通信手段，直接可以在网上进行贸易和交流(这就是 B2B 的具体应用)。第三，是 B2C，也就是网上购物。客户可以通过汽车网站进行在线订购，且现阶段运营良好。这也说明，汽车企业的 B2C 也是很有市场潜力的。

汽车整车制造及配套企业电子商务平台实现了以下功能：

(1)前台购物顾客登记。顾客可以登记个人信息，将其存入网上的数据库中，用于鉴定其身份，对符合条件的顾客给予适当的优惠。登记只需一次，在以后的购买过程中，系统会根据顾客的登记信息自动识别，方便顾客购物。

(2)在线商品查询。商品查询包括模糊查询和分类查询。所有的查询条件可以自定义，由数据库自动生成，并可根据多种组合条件查询，顾客只要输入几个关键字就可以查询到感兴趣的商品信息。

(3)在线商品浏览。让顾客根据商品的价格、规格、产地、厂家、外观等特性进行选购。显示的商品记录由顾客输入或选择的查询条件生成，可以分页显示商品记录。

(4)用户登录。不同的代理商有不同的代理号码，同一个代理商也可以有不同的用户名和用户密码。这一功能也可对网站的浏览者进行很好的控制，没有权限的用户将无法浏览。

(5)信息发布。这是一个在线交流系统，可分为两部分：重要信息，既共同信息，所有的代理商都能够看到；代理商信息，不同的代理商看到的内容不同。因此，信息发布具有针对性。

(6)财务查询。不同的代理商可以看到自己的财务账单,可以按时间、金额、月份等查询。

(7)产品目录。所有的代理商都可以看到企业的产品概况,包括价格、外观、技术参数等信息。

(8)强大的后台管理编辑。

(9)购物车。以上所有的功能都以现流行软件 ASP 加数据库(SQL SEVER) 的形式开发。

结合长丰汽车的案例,传统企业在实施电子商务时,还有以下几个问题值得注意和商榷:

(1)网站是摆设或“花瓶”?中国国家经贸委对 300 家重点企业调查后发现,虽然有 70% 的企业已接通互联网,但多数仅在网上开设了主页和电子邮件地址,很多网站内容长期不更新,更谈不上利用网络资源开展商务活动。

(2)网络营销与传统渠道的冲突。渠道冲突是电子商务时代的最大挑战之一。由于厂商与潜在顾客的虚拟面对面交易,使得一些传统渠道中的中间商的利益受到威胁。中间商散布于各领域、各行业,有自己的仓库店面、销售队伍、人际关系网络,是企业长期以来所倚重的市场营销中坚力量。而企业实施电子商务战略,使得一些传统渠道分销商的利益减少,部分中间商甚至即将面临被企业从销售方程式中抹去的潜在威胁。中间商的灵活性将会使他们很快转投企业的竞争对手。在现阶段的市场条件下,网络营销与传统渠道如何有效结合、共生共长是企业要认真对待的问题。

(3)个性化与互动。目前许多传统企业实施电子商务,特别是 B2C 电子商务系统,基本上是照搬国外模式,很少结合中国国情进行创新,从而缺乏企业自身的特色和迎合目标市场潜在中国顾客需求的个性化设置,未能为顾客提供个性化服务,以强化顾客交易体验满意度。电子商务最重要的元素是互动。众所周知,网络的起源并非因商务而起,最早仅仅运用于情报与外交,之后逐渐普及而被作为信息沟通和娱乐的工具。因为其超速的传播效率、可供检索的大级别的信息存量、大面积的受众面和较传统商业模式低成本的运作投入而得到全球商家的青睐,而互动则是承载这一全新商务运作手段的平台。在互动原则的指导下,网络为企业的顾客提供具有亲和力的界面和个性化的增值服务,使顾客得到高满意度的消费体验。

思考与练习

一、思考题

1. 名词解释:

(1)企业;

(2)信息管理;

(3)企业内部业务管理信息化;

(4)汽车产品设计;

(5)销售。

2. 解答题:

(1)企业内部管理的基本原理是什么?

(2)汽车设计与开发的意义是什么?

(3)配套产品的改进与服务的实施措施有哪些?

(4)汽车设计与开发的原则有哪些?

二、练习题

1. 名词解释:

(1)管理;

(2)生产过程管理;

(3)服务;

(4)汽车业电子商务。

2. 解答题:

(1)企业内部管理的主要内容有哪些?

(2)运用电子商务对企业人力资源进行管理有何优势?

(3)电子商务对企业内部管理有何影响?

(4)汽车配件网上采购的意义是什么?

(5)生产进度管理的内容是什么?

(6)提高服务增加销售的措施有哪些?

3. 填空题:

(1)配套产品的网上采购程序为填写订货单________、________、________和采购结算。

(2)生产过程控制包括产品的________、________和________等具体内容。

(3)在制品的管理表现在____________和____________两个方面。

(4)根据加工技术的性质,生产过程工序类型大致分为两类,其分别为________和________。

(5)多道工序按照物流类型又分为四类,其分别是________、________、________和________。

4. 论述题:

(1)汽车设计与开发的实施过程是什么?

(2)配套产品网上采购的优势有哪些?

学习资源

* 企业资源计划(ERP)

ERP作为企业全面资源计划管理系统的杰出代表,是企业信息化发展的重要方向,它构成了现代企业信息化的核心内容。EPR起源于20世纪60年代初,是由美国加特纳公司(Gartner Group Inc.)最早提出的一种管理理念。ERP是一种科学管理思想的计算机实现,它强调对产品研发与设计、作业控制、生产计划、投入品采购、市场营销、销售、库存(投入品、半成品、成品)、财务和人事等方面进行集成优化的管理,并包括相应的模块组成部分。由于企业的管理主要涉及物流、信息流和资金流,一般的管理模块主要包括三方面的内容:生产控制(计划、制造)、物流管理(分销、采购、库存管理)和财务管理(会计核算、财务管理)。ERP并非机械地适应于企业现有流程,而是对企业流程不合理部分提出改进和优化建议,并可能导致组织机构的重新设计和业务流程的重组。

单元四　汽车流通企业的电子商务应用

学习目标

知识目标

1. 简述汽车销售业务的发展及走电子商务之路的必然性；汽车销售业务中电子商务的应用；

2. 汽车维修是汽车售后服务的重要环节，简述如何应用电子商务提高维修业的服务水平；

3. 零配件销售企业工作特点繁杂，如何应用电子商务提高配件的流通效率；

4. 简述如何在客户及产品管理中，应用电子商务建立长期高效的服务体系。

能力目标

1. 会了解汽车流通企业的发展及其特点；

2. 会表述电子商务在汽车流通各环节的应用及其特点；

3. 会分析汽车流通企业电子商务应用的基本格式及流程。

1　汽车销售业务中的电子商务

随着经济的高速发展，汽车业面对的主要问题已不是汽车生产，而是汽车商贸。不善于销售，汽车业就不能持久地发展。汽车销售服务网络，是汽车销售企业成功地打入市场、扩大销售、实现企业经营目标的重要手段。现在汽车行业的竞争已经进入以客户为中心的时代，如何接近客户、抓住客户、服务客户是一个关键问题。销售网络恰恰能覆盖市场、接近终端客户，便于展开客户销售、车辆销售和客户服务。电子商务这一新兴应用技术的出现，使数据处理和信息传递突破了时间和地域的限制，不仅提高了服务质量和效率，也大大降低了经营成本。因此，电子商务的应用，是我们实现汽车销售服务现代化经营管理的强大推动力。

1.1　汽车销售业务及其发展

1.1.1　汽车销售

汽车销售是指汽车销售企业将商品车与客户进行价值交换的一种社会活动及其商务过程。汽车销售企业为了更好、更大限度地满足市场需要，达到企业经营目标，所进行的一系列商务活动过程，便构成了我们的汽车市场。

1.1.2　中国汽车销售的发展

中国汽车销售的发展大体可划分为 3 个阶段：第一阶段(1953 ~ 1978 年)计划分配阶段。

1953 年 7 月 15 日，第一汽车厂在长春兴建，标志着中国汽车工业起步。在此阶段，初步形成以中型载货汽车为主的汽车工业和关联产业的生产体系。这一阶段国有企业占绝对主导地位。计划经济体制下，汽车由物资部门进行统一分配。第二阶段（1979～1993 年）计划经济向市场经济转变阶段。1987 年，国务院确定加快发展汽车工业战略，确定“三大”、“三小”轿车生产基地。汽车工业开展对外交流合作，大力引进技术，着力开展外贸。中国汽车生产规模扩大，产量增长较快，产品结构明显改善。汽车销售由计划分配向销售方式转变。第三阶段（1994 年至今）买方市场阶段。1994 年 7 月国务院正式颁布《汽车工业产业政策》，对指导、规范中国汽车工业发展具有重要意义。实施分期付款购车的消费信贷制度，刺激了汽车消费的快速发展。推行品牌专营代理商制度，使售后服务蔚然成风。随着电子商务的出现，汽车销售从传统模式与电子商务相结合逐步向汽车电子商务过渡。

1.1.3　汽车营销企业在商务活动中面临的主要问题

（1）同行业间、跨行业间的弱肉强食。

（2）渠道间的冲突。

（3）资本市场的不公正待遇。

（4）人才、技术的流失。

（5）当前分销体系的投资通常不能适应市场变化和网络模式；与客户关系僵硬，不能以互动方式管理客户关系。

（6）难以逾越的商业壁垒和难以进入的门槛。

1.1.4　汽车行业走电子商务之路的必然性

汽车电子商务具有以下优势：

（1）提高客户服务水平。

（2）增加企业收入。

（3）降低内部成本。

（4）提高内部效率。

（5）增加市场份额。

（6）发掘新的市场。

（7）提高订单管理效率。

（8）加速现金流动。

（9）提高供应链管理水平。

汽车厂商利用电子商务所获得的效益突出表现在两个方面：一是提高对客户的服务水平，二是降低企业的经营成本。实施电子商务中供应链管理的第一步，就是实现供应商与零售商、企业内各部门之间的信息沟通与共享，这样就可以将客户的需求信息迅速地传递到制造商手中，使供应链上的各个环节都能对客户的需求变化迅速做出反应，从而最大限度地满足客户需求。由于信息沟通方式的变化，导致了交易方式及交易流程的变化，从而大大缩短了交易周期，同时降低了供应链上每个环节的库存，减少了浪费，降低了企业经营成本。

虽然汽车电子商务的概念对所有的汽车企业来说都是相同的，但每个企业都将以不同的方法来实现各自的供应链管理；这种变化的多样性是由于买卖双方根据市场及顾客需求的供求关系所决定的。

1.2 汽车销售中的电子商务

信息时代的到来,为汽车销售的发展提供了难得的机遇。我国的汽车销售尚处于有纸化、面洽式的格局,伴随着计算机和网络技术的发展和普及,电子商务在汽车销售中的广泛应用,可使我国尚处于落后的销售方式一步跟上甚至超越先进国家现有水平,达到领先地位。

1.2.1 汽车销售电子商务的概念及特点

汽车销售电子商务是指利用电子设备、互联网和中介服务站来实现贸易活动过程的一种方便、实用、有效、快捷、安全的汽车销售方式。目前,电子商务已经发展到通过网络交易和结算,在此基础上发展起来的网上销售已成为现代汽车销售不可缺少的重要手段。

近两个世纪公认的商业公式是“价格 = 成本 + 利润”,由这个公式可知利润是事前预期的。20世纪 80 年代提出新公式“利润 = 价格 - 成本”,意思是说:“谁能把成本降到最低,谁就具有竞争力或获得比别人多的利润”。恰恰电子商务可以最大限度地降低成本,获得最大利润。

汽车销售电子商务的特点:

(1)书写电子化、传递数据化(这发生在企业与企业之间,以及企业内部)。

(2)减少店面租金成本。

(3)减少商品库存压力。

(4)降低行销成本。

(5)经营规模不受场地限制。

(6)支付手段高度电子化。

(7)便于收集客户信息。

(8)提高供应链管理水平。

走电子商务之路可以提高企业的供应能力,订单的管理和处理能力,最大化地利用人力资源,从而增强商务的基础建设;增加业务收入市场份额,搜寻新的市场空间,增强区域和全球的合作伙伴关系;保持和取悦用户,提高客户服务能力和水平,交叉和相关销售;降低内部成本,加速现金流动,消减中间环节,降低通信成本,保持竞争地位,满足业务伙伴的需求;保护市场份额,利用网络刺激市场。

1.2.2 汽车销售电子商务的核心问题

汽车销售电子商务核心问题有以下 4 个方面:

(1)信息流。这是电子商务最大的优势,它摒弃了传统商务花费大量人力、物力的信息沟通,降低交易成本;特别是像汽车这样一种复杂而昂贵的商品,消费者需要大量而翔实的信息帮助他们做出判断、做出选择,因为它不仅仅是款式、耐用性等存在差异,更涉及人身安全以及环境保护等社会问题。而生产商也需要随时了解市场需要,把握消费者心态,不断改进,不断推陈出新,生产出符合市场需要的车型。对于这样的商品,互联网成了一个很好的,超大容量的,而且是互动式的信息交流平台,最重要的是直接对话式的信息更为真实和有作用。

(2)资金流。这也是电子商务最大的挑战,必须很好地解决电子货币或是网上银行的问题,否则一切只能是“雾里看花,水中望月”;对于汽车这样的商品,仅有安全、方便的支付方式是不够的,还必须解决网上贷款的问题。

(3)物流。对于有形的产品,电子商务固然可以越过传统的中间流通渠道,直接面对最终用户。但是这种行为的成本以及压力将大大超乎想像,周转环节固然少了,但是千斤重担却要企业一人来挑了。很难想像一家汽车生产商摒弃所有的中间商,直接承担所有的市场动作。如何优化物流系统、降低成本是电子商务真正的问题。如果未能形成优化而低成本的物流系统,电子商务的其他优点将被抵消,反而不如传统商务的迂回经济。

(4)安全性。不见面的交易如何获得保障——特别是汽车这样的“大买卖”?其中需要解决的问题有:

①社会身份的确认,信用系统的建立及完善。

②电子货币的安全性。

当一宗买卖在网际间发生,厂家会担心消费者的身份是否真实,银行户头是否真实有效,买卖会不会中途变卦,消费者会担心账号是否会被盗用,商品是否能如期交货。这些问题都需要一整套保障体系来确认。

1.2.3　汽车销售电子商务的基本功能

汽车行业的电子商务解决方案,除了具备企业形象及产品信息的宣传功能外,还必须实现以下基本功能:

(1)灵活的商品目录管理功能。作为零售商,在商品目录管理系统上,能够创建包括任何厂商、任何商品类别、任意数量的自建商品目录,在这些目录里的商品信息的任何更改,都可以实时反映在这些目录中。而对于供应商来说,不仅可以通过建立包含了任意商品类别的公开商品目录,向零售商发布产品信息,也可以创建只供指定零售商查看的商品目录。在这些目录中,甚至可以提供特殊的优惠而不用担心被其他供应商或者未被指定的零售商浏览到。

(2)网上洽谈功能。当零售商发现一个感兴趣的商品,或者供应商寻找到零售商发布的采购目录后,网上洽谈功能可以帮助零售商与供应商进行实时交流,而且所有的洽谈记录都将存放到数据库中,以备查询。

(3)订单管理功能。根据用户的实际需要,自动将发生在一对供应商与零售商之间的订单草稿以及洽谈形成的采购意向集合在一起,并且可以组合成一个订单发送给供应商。另外,对于经常交易的双方来说,由于相互之间比较信任,也可以不经过任何洽谈就直接发送订单。这样就极大地提高了采购/供应的效率。

(4)基于角色的权限和个性化界面。规定各种角色之间的权限和安全的继承性,如:一个系统管理员的账号可以创建和管理销售/采购经理的账号,而销售/采购经理账号可以创建许多属于他领导的业务员,这些业务员的权限又不相同。同时,这些用户可以定制适合自己的个性化功能。对于不同角色,其操作页面是不一样的,同一个角色不同账号之间的页面内容也可以完全不一样。

汽车销售电子商务中供应链管理的导入,是现代经营理念对传统经营理念的一个重大挑战。

商品供应链是由商品从制造商到顾客手中整个流动过程中的各个环节组成的,其中包括制造商和各级批发商、零售商。在过去的商业运作模式中,制造商把他们的产品推销给批发商,批发商又推销给零售商,零售商又推销给顾客。我们把这种商品的供应方式称为“推运式”的供应方式。在这种方式中,制造商、批发商和零售商只是注重于他们之间讨价还价。如果他们推出的商品顾客不接受,那么他们之间的任何交易都不会给他们带来效益。鉴于此,现在制造商、批发商和零售商逐渐把原来的“推动式”供应方式转变为“拉动式”供应方式,以顾客为中心,为了满足顾客不断变化的需求,建造一个灵活、有效的供应链体系。这种体系,就是当今电子商务解决方案的重要内容,其实就是前面提到过的合理设置物流系统的问题。

由此可见,电子商务解决方案的实质,就是通过网络来优化供应链管理,从而提高产品由供应商向消费者传递的效率。供应链管理主要体现在确定每种商品库存的最佳数量和存放地点、商品订购存储以及配送优化过程等方面。因此,在整个供应链上,不仅需要每个环节能有效地完成自己的本职工作,更需要每个环节能有效地协同工作。

因此,对于汽车行业来说,一个好的电子商务解决方案,应该具备以下特点:

(1)收集并分析顾客需求信息。

(2)自动完成采购预测。

(3)零售商与供应商间的实时信息交流。

(4)物流的跟踪与库存控制,合理设置。

(5)自动补货监测。

1.2.4 汽车销售电子商务的基本模式及流程

与整个中国经济一样,汽车工业尤其是汽车市场销售,在21世纪,面对WTO,也存在着跟上和追赶世界先进水平的问题。既然信息社会我们可以用网络来进行买卖,促成交易,那么网络也随即成为了销售的一种载体,或者说是一种方式。网络销售(online marketing、cyber marketing)是一种基于互联网的通过对市场的循环销售传播,达到满足消费者需求和商家诉求的过程。

1)汽车销售的电子商务模式

网络销售已经成为不可回避的商业命题,它不仅仅是一种新的技术或手段,更是一种影响企业未来生存及长远目标的选择。网络销售是以互联网为销售环境,传递销售信息,沟通与消费者需求的信息化销售过程。根据企业对互联网的作用的认识及应用能力的划分,网络销售可以划分为五个层次,即企业上网、网上市场调研、网络联系、网上直接销售,网络销售集成。

(1)企业上网。这是网络销售最基本的方式。互联网让企业既拥有属于自己又面向广大上网者的媒体,而且这一媒体的形成是高效率、低成本、超越传统媒体的。企业网络信息由企业自己定制,没有传统媒体的时间、版面等限制,也可伴随企业的进步发展实时更新;企业网站可应用虚拟市场、虚拟供求等多种手段吸引观众并与访问者双向交流,及时有效地传递并获取有关信息。企业上网是网络销售的起步和基础,也是目前大部分跨国企业网站的基本目标。

(2)网上市场调研。调研市场信息,从中发现消费者需求动向,从而为企业细分市场提供依据,是企业开展市场销售的重要内容。网络首先是一个信息平台,为企业开展网上市场调研提供了极大的方便。

①借助ISP或专业网络市场研究公司的网站进行调研。对于名气不大的企业,或者小企业来说,这是一种有效的选择。企业制定内容及调研方式,将调研信息放入选定的网站,就可以实时在委托商的网站获取调研数据及进展信息,而不仅仅是获得最终调研报告。

②企业在自己的网站进行市场调研。对知名企业网站的常客多是一些对该企业有兴趣或

与企业业务有一定关系的上网者,他们对企业有一定了解,会提供更准确、有效的信息,这为调研过程及时双向交流提供了便利。

(3)网络分销联系。电子商务的实质是变传统的迂回经济为直接经济,但是让企业独自去面对消费者,处理销售、服务的一切过程,这种工作量是企业无法承担的。所以,合理地设置物流系统,分配分销模式,是网络销售的重点。

企业通过互联网构筑虚拟专用网络,将分销渠道的内部网融入其中,可以及时了解分销过程的商品流程和最终销售状况,这将为企业及时调整产品结构、补充脱销产品,达到分析市场特征,实时调整市场策略等提供帮助,从而为企业降低库存,采用实时生产方式创造了条件。而对于商业分销渠道而言,网络分销也开辟了及时获取畅销商品信息、处理滞销商品的巨大空间。

(4)网上直接销售。网上直接销售合并了全部中间销售环节,并提供更为详细的商品信息,买主能更快、更容易地比较商品特性及价格,从而在消费选择上居于主动地位,而且与众多销售商的联系更为便利。这种模式几乎不需销售成本,而且能及时完成交易,其好处是显而易见的。

但从目前看,国内的市场环境对网上直接销售有较大制约,主要表现为:企业信用水平和个人信用水平能力较低;市场机制不健全,市场体系不完善;产品和服务质量难以保证;网络建设有待提高,配套的网络销售法规、银行、运输服务体系尚未确立;消费观念也有差距;企业应用互联网的能力有待提高。

从网上直接销售的低成本优势看, 由于大多数国内消费者对价格十分敏感,因此一般能够接受这一消费方式;但其发展的前提是应尽快完善上述环节和克服众多制约因素。

(5)网络销售集成。互联网是一种新的市场环境,这一环境不只是针对企业的某一环节和过程,还将在企业组织、运作及管理观念上产生重大影响。一些企业已经迅速融入这一环境,依靠网络与制造商、消费者建立联系,并通过网络收集传递信息,把消费需求用于指导制造及销售服务的全过程。应用这一模式的代表有 Cisco、Dell 等公司。其中,Dell 公司的直销模式已经受到整个汽车行业的重视,因为汽车与电脑一样,也是一种复杂而昂贵的零件整装产品。这种模式也称为“按用户订单装配汽车”。

网络销售集成是对互联网络的综合运用,是互联网络对传统商业势力关系的整合,它使企业真正确立了市场销售的核心地位。企业的使命不是制造产品,而是根据消费者的需求,组合现有的外部资源,高效地输出一种满足这种需求的品牌产品,并提供服务保障。

2)汽车销售电子商务的基本流程

汽车销售电子商务的基本流程如下:

(1)信息的收集。通过网络收集汽车销售相关的商业信息。

(2)信息发布及客户支持服务。企业上网是这一环节的关键。企业通过网络及时发布产品信息,有利于消费者对产品的了解和认可,拉近了企业和消费者之间的距离。

(3)宣传和推广。树立起公司良好的商业形象是电子交易的基础。

(4)签订合同。

(5)在线交易。其中,最重要的是电子银行的参与,怎样进行流通和转换是网络销售的关键。

(6)商品运输与售后服务。完善的物流配送系统是保证网络销售得以实现的关键。通过网络，特别是通过基于网络的 CRM 系统及时了解顾客用车情况，并提供迅速、及时、周到的售后服务，这是汽车销售电子商务的又一重要内容。

下面介绍两种汽车销售电子商务的流程：

1) 直销流程

①消费者进入 Internet，查看汽车企业和经销商的网页，在这样的网页上，消费者通过购物对话框填写购货信息，包括：个人信息、所购汽车的款式、颜色、数量、规格、价格等。

②消费者选择支付方式，如信用卡、电子货币、电子支票、借记卡等，或者办理有关贷款服务。

③汽车生产企业或经销商的客户服务器检查支付方服务器，确认汇款额是否认可。

④汽车生产企业或经销商的客户服务器确认消费者付款后，通知销售部门送货上门。

⑤消费者的开户银行将支付款项传递到消费者的信用卡公司，信用卡公司负责发给消费者收费单。图 4-1 为直销流程图。

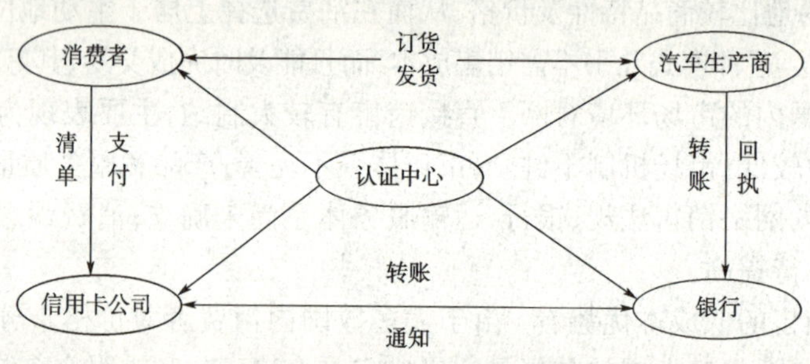

图 4-1　直销流程图

这种交易方式不仅有利于减少交易环节，大幅度降低交易成本，从而降低商品的最终价格，而且可以减少售后服务的技术支持费用以及为消费者提供更快更方便的服务。但也存在不足：一是购买者只能从网络广告上判断汽车的型号、性能、样式和质量，对事物没有直接的接触，更没有了“试车”的可能，也容易产生虚假广告；二是购买者利用信用卡或电子货币进行网络交易，不可避免地要将自己的密码输入计算机，安全性降低。

2) 中介交易流程

假设有这样一个网络汽车交易中心，以 Internet 为基础，利用先进的通信技术和计算机软件技术，将汽车生产商、经销商甚至零部件生产商和银行紧密地联系起来，为客户提供市场信息、商品交易、仓储配送、货款结算等全方位的服务。

①买卖双方将各自的供应和需求信息通过网络告诉网络汽车交易中心，交易中心通过信息发布服务向参与者提供大量详细的汽车交易数据和市场信息。

②买卖双方根据网络汽车交易中心提供的信息，选择自己的贸易伙伴。交易中心从中撮合，促使买卖双方签订合同。

③交易中心在各地的配送部门将汽车送交买方。

中介交易流程如图 4-2 所示。

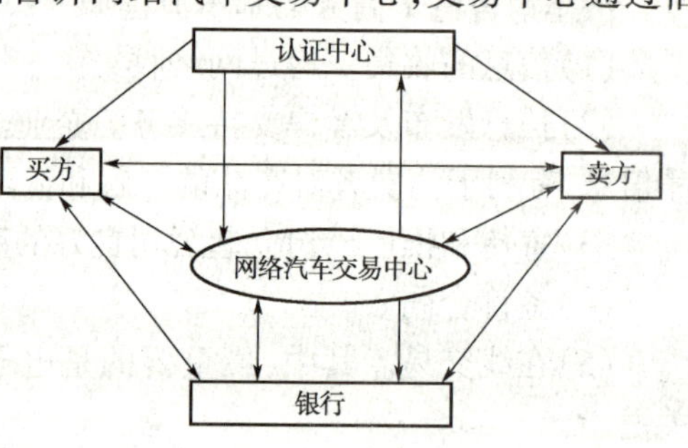

图 4-2　中介交易流程图

采用这种交易方式显然会增加一定的成本,似乎有悖于电子商务"直接经济"的特征,但是却可以降低买方和卖方的风险,从而减少交易费用。这依然是一个我们前面提到过的网络销售中合理设置物流系统的问题。

其好处是:

①这样的交易中心就好似一个"网上汽车博览会",汽车生产商和经销商以及零部件生产商遍及全国甚至世界各地,为供需双方提供了很大的交易市场,增加了许多交易机会。

②在双方签订合同之前,网络汽车交易中心可以协助买方对商品进行检验,只有符合条件的产品才可以入网,这在一定程度上解决了商品的信誉问题。而且,交易中心会协助交易双方进行正常的电子交易,以确保双方的利益。

③网络汽车交易中心采用统一的结算模式,还可以加快交易速度。

2　二手车交易业务中的电子商务

随着我国汽车工业的迅速发展和消费者需求的多样化,二手车交易服务必然会成为汽车服务中的重要组成部分。根据发达国家汽车行业的发展特点,新车的更换周期一般为4~5年。随着我国汽车产销量的快速增长,消费者对汽车需求的大量释放,二手车交易在车辆交易中的比重会逐步扩大。如何建立一个成熟完善的二手车市场?这不但要有可靠的政策保障,更重要的是企业经营模式的转变,应将新车销售、汽车租赁、更新车市场三大板块有机结合起来,充分利用电子商务的服务特点,形成一个分布均匀、覆盖全面的交易网,真正实现方便、快捷、公平的二手车交易服务。

2.1　二手车交易业务及其发展

2.1.1　二手车交易

二手车是指从办理完注册登记手续到达到国家强制报废标准之前进行交易并转移所有权的汽车(包括三轮汽车、低速载货汽车)、挂车和摩托车。二手车交易服务是指依法为买卖双方提供二手车的商品交换和产权交易的业务。

依据交易双方行为和参与程度的差异,二手车交易的类型分为:二手车的经销、拍卖和直接交易。二手车经销是指二手车经销企业收购、销售二手车的经营活动。二手车拍卖是指二手车拍卖企业以公开竞价的形式将二手车转让给最高应价者的经营活动。二手车直接交易是指二手车所有人不通过经销企业、拍卖企业和经纪公司将车辆直接出售给买方的交易行为。

2.1.2　二手车交易业务的发展及特点

2010年,我国汽车产销突破1800万辆,汽车市场产销的不断突破也促使我国汽车保有量水涨船高。在这样的形势下,二手车交易日益频繁。国内二手车市场起步较晚,但是发展速度很快,存在着很大的发展潜力,其发展大体上可以分为四个阶段。

第一阶段:1985年以前,在计划经济时期,各种产品均实行"统管统分",虽然广大群众对廉价实用的二手车有广泛的需要,但是出于当时客观环境及各种条件的限制,致使二手车交易即使有需求,也不能产生交易。此时,二手车交易市场始终处于一种低速迟缓状态,二手车交易市场尚未形成。

第二阶段:1985~1993年上半年,国家经济体制改革,我国由计划经济向有计划的商品经济过渡。在这个历史变革时期,机动车资源不足,汽车市场呈卖方市场,价格居高不下,私人购买能力相对不足。这一时期二手车流通需求开始显现,二手车交易量呈上升趋势,但增加缓慢,二手车交易市场普遍建立在省会城市、计划单列市等经济发达地区。

第三阶段:1993年下半年~1998年,二手车市场活力增强。随着我国社会主义市场经济体制的建立,国民经济持续稳定发展,汽车产量逐年上升,受国家宏观调控政策的影响,汽车市场呈买方市场,其价格逐年下降,私人汽车保有量迅速增长。在这一时期,二手车的交易量大幅增加,全国各地均出现了二手车交易市场,在一些经济发达地区已发展的比较成熟。但政策不配套,购车环境不同,以及操作不规范,影响了二手车交易的顺利发展。

第四阶段:1998年以后,国民经济继续高速增长,伴随着汽车产量的节节攀高,以及消费者对汽车需求的大量释放,二手车交易市场快速发展,但还没形成成熟的交易网络。与新车市场相比,我国二手车交易总量仍然不够乐观。

现阶段我国二手车市场发展非常迅速,呈现出以下特点:

(1)交易量小,价格偏高。

(2)经营模式开始转变,但交易功能单一,且不够灵活。

(3)评估质量不高,缺乏市场认可的评估体系。

(4)二手车流通的相关法律法规不健全,制约着二手车市场的健康发展。

2.1.3 二手车交易业务发展趋势

二手车交易业务是汽车产业链最重要的组成部分之一,同时,二手车交易也是一个可持续发展的产业。二手车交易市场的繁荣程度,是一个国家汽车流通领域是否发达成熟的重要标志。纵观发达国家二手车市场发展的成功经验,我国二手车交易业务的发展趋势必然呈现以下特点:

(1)二手车交易量大,价格低廉。

(2)经营方式多样,购车方便。

(3)市场规范有序。

(4)售后服务完善。

(5)采取各种措施处理和预防违规行为。

2.1.4 二手车交易流程

二手车交易基本流程为:带齐手续→车辆评估→出售/置换→旧车再销售。二手车交易流程如图4-3所示。

二手车处理主要有四种渠道:

(1)个人交易:通过网络或周围朋友介绍进行买卖。

(2)二手车交易市场。

(3)通过4S店置换:众多品牌都已开展了此项业务。

(4)报废:无法正常工作。

2.2 二手车交易服务中的电子商务

现阶段,我国二手车经营手段已远远落后于新车销售的发展,主要表现在:现行流通法规

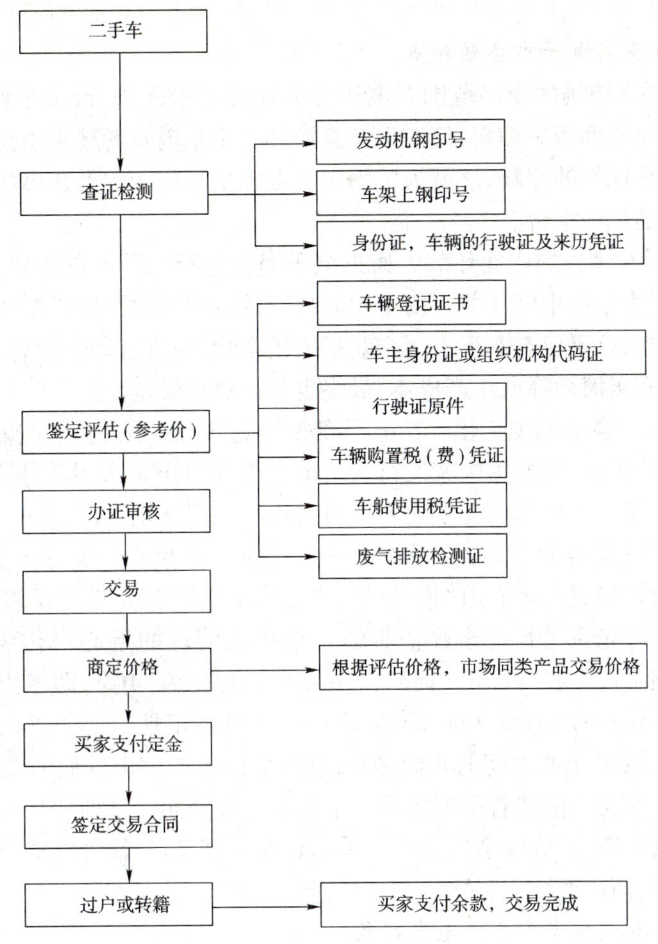

图 4-3　二手车交易流程图

跟不上二手车交易形势的变化;交易行为不规范,鉴定评估随意性大;管理手段陈旧,难辨车辆身份;交易手续繁琐;交易主体和交易市场功能单一,交易方式落后,不具备现代营销手段;缺乏完善的市场信息网络系统,交易量偏低。传统二手车交易模式已成为制约二手车市场发展的瓶颈,应充分发挥电子商务在营销中的优势,实现二手车营销的健康发展。

2.2.1　二手车交易电子商务的含义

二手车交易电子商务是以二手车为营销对象,以互联网为汽车营销环境,传递二手车营销信息,沟通二手车消费者需求的信息化营销过程。这种营销模式的营销理念是以顾客为中心,拥有更加广泛和分散的营销组织,其营销手段与传统营销的营销手段形成互补,并最终取代传统的营销方式。

这种营销模式的实现必须要利用最新的网络开发技术,以及企业、交通管理部门本身拥有的丰富的信息资源,从而建立起一个二手车交易市场电子商务系统,并以此系统为基础展开工作。该系统是围绕二手车市场中企业和行业的需求而建立的全面的,集企业管理商务信息、二手车来源信息、车况信息、二手车拍卖、在线交易、在线车辆过户、车辆销售和配件采购等商业活动为一体的新一代电子商务系统,它不同于以现有的二手车网站,并且规避了传统人工操作的弊端。

2.2.2 二手车交易电子商务的特点

(1)拓宽了二手车市场的交易范围。电子商务通过网络来进行,由于网络开放互联的性质,时间连续性加强,空间距离缩短,使二手车来源和二手车消费者越来越摆脱地域的限制,从而使市场迅速成为全球性的市场,这就为二手车企业提供了广阔的潜在市场,也为二手车消费者提供了更为广阔的选择平台。

(2)减少了二手车销售的中间环节。通过电子商务进行二手车的销售,既实现了全天24小时服务,又省去了大量的中间环节。由于中间环节的减少导致销售成本的降低,进而降低了产品的最终销售价格,这不仅有利于上网企业扩大销售量,而且有利于所有以这些产品或服务作为投入品的产业多级滚动降低生产成本,最终也使消费者受益。

(3)交易和支付手段的无现金化。在电子商务环境下,企业通过网络直接进行产品销售,可通过电子货币进行支付,这既为国家发行货币节省投资和开支,又为顾客订购商品和支付货款节省成本,并实现了实务操作的无纸化和支付过程的无现金化,大大方便了交易的进行。

(4)促使二手车交易企业主动关注客户。电子商务的产生和发展导致企业营销模式理念的变化,促使企业营销模式的重心由“推销已有产品”转变为“满足客户需求”,由“以产品为中心”转向“以客户为中心”。由此导致企业的营销模式管理的重心由传统的“4P”,即产品(Product)、价格(Price)、渠道(Place)、促销(Promotion)转变为“4C”,即客户(Customer)、成本(Cost)、方便(Convenience)、沟通(Communication)。而这些正是二手车企业需要关注的内容。

(5)便于二手车交易企业之间的联盟,形成规模效应。二手车发展的最迫切问题,一是客户的选择空间小,二是交易消费者得到的服务不够系统和全面。这种现状最主要的原因在于:目前,二手车商经营分散,不成体系。如果二手车企业联合起来,就可以整合现有的二手车商,使二手车商的服务逐渐向系统化、品牌化方向发展。

2.2.3 二手车营销电子商务的基本功能

现代营销模式,必须要利用最新的网络开发技术和企业本身拥有的丰富的信息资源,从而建立起一个二手车交易市场电子商务系统,并以此系统为基础展开工作。二手车市场电子商务系统可以灵活、方便地和企业内部的应用系统,以及其他电子商务系统应用平台,进行实时的信息交换和应用集成,从而实现立足本地、广联全球的企业商务系统。这一系统应涵盖目前所有汽车市场和汽车网站主要服务内容和栏目,而所有信息的来源全部来自于企业的经营活动,所有服务项目全部来源市场自身提供的各种功能。二手车交易市场电子商务系统主要包括以下功能:

(1)二手车交易信息展示系统,用以发布展示市场内旧车经纪公司和网民登载的二手车买卖信息。

(2)汽车及配件交易系统,用于发布、展示市场内汽车配件经销商经营配件产品的信息。

(3)新车交易展示系统,用于发布、展示市场内新车专卖店经营的车辆信息。

(4)系统同时还提供旧事、新车交易排行信息,为旧车购买者和经销商提供旧车价格走势。

(5)汽车拍卖系统,真正实现了汽车实时网上交易。购买者可以通过会员方式在网上实现自己的购车梦想,系统最终将实现实地拍卖和网上拍卖相结合,逐步发展成为实时互动模拟现场拍卖系统。

(6)二手车价格评估系统，主要是为经营者和购买者提供真实的价格鉴定。客户输入汽车信息后就可以得到关于该车的合法性的检验数据。检验数据包括该车辆真实的车辆类型、出厂年、车辆登记日期、颜色、违章记录、违章地点、盗抢记录等。通过我们系统和市场 ERP 系统检验合法的车辆，系统将自动进行价格评估，为客户提供参考价格。用户可通过系统的公告板、移动电话、自己的信箱得到该车的有关信息。

(7)网上过户系统，主要是为因事物繁忙无暇来市场办理手续的客户提供服务，包括代办各种旧车买卖手续、代收各种费用，为客户完成手递手交钥匙服务。

(8)二手车历史查询系统，用于查询二手车的历史信息，了解其使用情况，如违章、修理等，避免走私车、拼装车、报废车重新流入社会。

此交易系统的主要功能还包括市场介绍、商户介绍、二手车网上预约服务、二手车常识介绍等功能。

2.2.4　二手车营销电子商务的基本模式

1)"网络 + 连锁"模式

网络优势与传统模式的结合成为当前二手车营销电子商务的主要运行模式，其主要经营方式就是"网络 + 连锁"。信息化优势只有与交易经验相结合，才能达到服务更多客户的目的。

第一，以信息平台来展示与收集客户资源与车辆信息。这个信息平台必须要有很大的点击率，能吸引大量买家和卖家来查看和发布相应信息。便利的网络发布功能、大量的车辆信息，是平台的核心能力。

第二，建立呼叫中心。这是一个客户服务中心，就是买家、卖家既可以通过前面的信息平台也可以通过客服电话来提交相关的信息和需求。客户服务中心可以帮你把买家、卖家的信息和需求完善起来，从而建立更为确切的诚信机制。

第三，以连锁店方式建设交易渠道。考察选择各地经营管理能力比较强的二手车商，培训引导其成为这个平台的会员连锁店。由于这些连锁店本身就做二手车交易，对车的判断、对客户的引导都是很有经验的。让这些车商成为网络线下服务提供商，进一步提供相关的配套服务，包括保修、贷款、保险等。

消费者在二手车交易中所需提供的服务，至少有以下 3 项：一是对价格的判断，需要有一个比较权威的指导，而这点在目前来说，是不容易做到的，但在车价逐步趋稳后，将会有一些专业评估机构脱颖而出；二是贷款，二手车的贷款业务应该很快能够实现；第三是售后保修，能否提供保修，将成为车商实力的象征，车商应与维修机构共同推出这项服务，主动满足客户需求。

2)汽车生产厂家与经销商认证二手车交易

从我国车市近期和远期的发展看，国内新车市场不可能持续保持绝对高速增长。过去把所有精力都投入到新车投放、价格竞争上的生产厂家，开始重视二手车市场开发。二手车置换是促进新车销售的必要条件，凭借完善的置换服务吸引消费者，满足不同层次客户群的需求。汽车生产厂家和 4S 经营店具备完善的营销网络、良好的品牌形象和优质的服务体系，为实现品牌二手车交易服务创造了条件。

汽车生产厂家凭借已有的汽车销售管理电子商务平台，开展二手车置换和销售业务。作为专业、规范的二手车交易商，拥有完善的三大体系标准——品质标准、置换标准、服务标准，以及独家的二手车认证、二手车质量保证服务。在置换业务中，每一辆旧车都通过多项车辆标准化检测，保证"评估价格透明化"，也消除了地区间价格和评估水平对旧车价格的影响；在二手车销售业务中，二手车交易商不是直接转手去赚差价，而是将预销售的二手车进行全面检测，并使用原厂配件对车辆进行专业整修，达到汽车厂家的认证标准后方可投入销售。经过细致、专业地整备、清洁后，呈现在用户面前的认证二手车会和新车一样清洁整齐。只有在检测后获得了质量认证的二手车才能向消费者销售，而购买获得厂方质量认证的二手车，还将有6个月或10000km的二手车有限质量保证。这样彻底杜绝了二手车业务中买卖双方信息不对称而造成的交易不公平和不透明，并解决了二手车消费者的几大"心病"——"质量没保证"、"价格不合理"和"售后没人管"，使二手车消费者能够享受到和新车消费者同样的汽车驾驶保障，二手车交易商也赢得了消费者的信任。

通过车辆数据库管理系统实现各品牌车辆的跟踪管理体系。通过该系统可查询每辆车的使用维修历史记录及车辆残值，这对目前众多二手车经营公司缺乏统一和完整的二手车运行数据估价体系冲击很大。其他二手车经营公司由于实力不足，达不到对车辆的实时跟踪，很难达到品牌二手车对二手车的规模运作和推广力度，消费者会逐渐失去对目前二手车经营公司旧制评估体系的信任，而将更多的目光聚焦在运作规范、交易透明、售后服务有保障的品牌二手车身上。

基于电子商务的二手车交易模式实现了传统与现代的完美结合，能够方便、及时地实现二手车的交易。它不同于现有的二手车网站，并且规避了传统人工操作的弊端。但该模式有赖于围绕二手车市场企业和行业的需求而建立的全面的集企业管理商务信息、二手车拍卖、在线交易、在线车辆过户、车辆销售和配件采购等商业活动为一体的新一代电子商务系统。

3 汽车维修中的电子商务

随着汽车消费水平的不断提高，汽车售后市场正逐渐浮出水面，成为汽车业发展中的一个新亮点。实际上整车销售只是启动了汽车消费链中的第一个环节，围绕汽车售后的汽车服务需求市场容量，在发达国家早已超过了整车销售的市场容量。而在我国，这一市场还没有引起足够的重视，但其蕴藏的市场潜力十分可观。电子商务是开发这一市场的有效手段。

3.1 汽车维修企业发展现状

3.1.1 汽车维修企业面临的新问题

(1)世界汽车技术带来时代性冲击。传统维修企业的传统维修技术退居次要地位，电子电控技术、微电脑技术、现代服务业经营技术逐步占据主导地位。这正是知识时代的重要特征。经验判断，根本无法独立诊断现代型汽车的故障。

(2)我国经济改革促使汽车维修企业更新换代。

①市场经济的规则迫使企业改变以往的经营体制，必须按照价值规律、竞争规律去运行。

机构简约化、人员精干化、服务程序简捷化，资金结构中科技信息投入的比重扩大。

②企业劳动力的素质要求发生质的变化。市场竞争促使汽车向使用价值多元化发展，促使汽车工业技术向高含量、多学科方向发展，进而导致汽车维修高科技化，最终导致劳动力的高素质化。

(3)汽车维修生产基本条件发生根本改变。传统汽车维修，有了技术人员、工人、简单的工具和简单技术资料就可以生产。现代汽车维修仅有上述条件则行不通。现代汽车维修的必备条件有以下三条。

①有相当素质的员工：工程师、技师、技工。

②有现代汽车检测、维修、维护的设备与工具：如解码器、示波器、发动机功能测试仪、四轮定位仪、灯光测试仪、尾气分析仪等。

③有现代汽车维修技术资料或技术信息来源和调动资源的手段，如电脑、互联网等。

3.1.2　现代汽车维修企业管理的特点

现代经济生活的重要特点是：快节奏、高效率。现代汽车维修企业的生产服务应能适应这一变化。

(1)汽车维修也是服务业，为车辆用户服务是企业的产品。

服务的最高目的是使客户满意(舒服愉快)。为实现该目的，就应使我们的客户时时处处感到方便；而方便，就需要我们的工作简洁、明了、快捷，修车质量好、速度快、价格合理，使客户感受到像亲人一样的体贴关怀、专家型的技术服务。

(2)管理现代化：组织机构简化；管理人员兼职化；工作制度要细化。

3.2　汽车维修服务中的电子商务及其应用

电子商务的发展一方面提升了服务的地位，另一方面也为现代化服务的实现提供了更为有利的条件。通过汽车维修服务管理系统向客户提供维修服务信息，对客户信息进行网络化管理，既可取得极为可观的经济效益，又可大大提高顾客的满意度。汽车维修服务中的电子商务应用主要有以下三个方面。

3.2.1　客户信息管理

汽车消费是一个长期过程，对于汽车销售服务企业，必须清楚本公司产品的现实客户，以便为客户提供长期持续的、个性化的专业服务；其次，汽车维修企业必须动态地跟踪客户对维修、维护等方面的意见和建议，以便与客户维持长期的、稳定的合作关系。汽车维修企业通过网络系统，建立客户详细的汽车使用维修电子档案，构筑起客户和企业间的交流平台，实现快速、及时、高效的服务。同时，可实现与生产商的信息资源共享，能够在产品上对客户的意见和建议迅速做出反应。

3.2.2　维修配件管理

对汽车维修企业来说，零部件实现电子商务后，可通过互联网迅速找到质优价廉的汽配产品，最终实现零库存，最大限度地降低成本。

3.2.3　维修技术资料或技术信息资源的应用

电子商务这一新兴应用技术出现的最大优势是使数据处理和信息传递突破了时间和地域的限制，这使维修企业在维修服务中能够及时了解汽车的技术资料和技术信息，加快维修人员对新技术的及时掌握，大大提高了服务质量和效率。

4 汽车零配件销售企业的电子商务

汽车配件的类型、品种、规格之繁多令人咋舌；国产货、进口货琳琅满目；专厂件、原厂件数不胜数；从零件到部件再到总成，各成系列，让人眼花缭乱。汽车配件的销售类型、方式、渠道与传统商品的销售有很大的不同。服务销售理念和网络销售方式的出现，使得汽车配件销售成为一个独立的、生气勃勃的新兴行业。

4.1 汽车配件销售行业的现状

改革开放以后，随着汽车工业的高速发展，汽车配件也因其需求量大、利润丰厚，受到各行各业的关注。具有一定规模的汽车配件企业由改革开放初的几百家发展到数万家；汽车配件销售企业就更是数不胜数。现代汽车配件销售行业主要有三大流通渠道：

(1)流通批发渠道——原计划经济体制下运作了几十年的省、市汽车配件公司。1992 年以前他们还称得上是汽车配件销售主渠道，现在由于其自身机制、体制改革的滞后，也由于其历史库存压力大、人员多、负担重等原因，大多经营不善，出现亏损，经营规模大大缩小。只有少数公司因领导班子管理有方、机制转换快，尚保持着良好的发展势头。

(2)流通批发渠道——各大汽车生产厂在各地设立的汽车配件供应网络。目前各大汽车厂为了扩大市场占有率，均在全国各地建立了四位一体的销售(技术)服务中心，在这些服务中心中，设立了专门的汽车配件供应部门，负责集中供应配套厂家的名优配件。采取在整车生产地建立零配件供应总汇，在其整车拥有量较多的地区设立零配件分汇，在全国建立专门的销售网络的方式。

(3)流通批发渠道——一批经济实力强、营运规模较大的个体或股份制社会经营网点。改革开放后的三十几年间，有为数不少的投资者将资金投向汽车配件销售业，他们或以家庭为中心，或几家联合，搞家庭公司或股份制公司，采用灵活的经营方式，很快发展起来，有的甚至成为汽车配件生产厂家的总经销商、特约经销商。

当前，随着汽车配件市场竞争激烈程度的加剧，从供应品种、规模优势、综合服务等方面来看，那些一门一户的，靠销售低价位，甚至以假冒伪劣配件牟取高利润的销售网点已不能满足客户更高层次的需求，特别是随着私人汽车拥有量的猛增，消费者对汽车的售后服务十分关注，细化售后服务、建立市场经济体制下的汽车配件供应新系统，已成为广大消费者的强烈愿望。

4.2 汽车零配件销售企业电子商务的应用

由于汽车零部件在汽车业发展中所处的特殊地位，积极推进零部件的电子商务发展进程具有十分重要的意义。目前，国际主要的汽车制造商基本都实现了“全球零部件采购”的目标，而电子商务是实现这一目标的根本方式。对汽车制造商来说，零部件的电子商务采购可使企业的采购、销售成本大大降低，库存也显著减少，而且销售渠道也能进一步拓宽；对汽车维修企业来说，零部件实现电子商务后，可通过互联网迅速找到质优价廉的汽配产品，最终实现零库存，最大限度地降低成本；对零部件生产企业来说，通过互联网的集约化供应可以降低其流通成本,及时得到最终用户的反馈,以便调整生产计划,减少库存积压,使企业拥有更多资金投入技改和产品的售后服务。与此同时,由于网上商品价格、品牌的展示,加上多媒体技术的产品演示等,为交易带来了很高的透明度和公平性,对于规范经营,打击假冒伪劣而言,也有十分重要的作用。

4.2.1 汽车配件销售市场调研及预测

(1)汽车配件销售市场调研。汽车配件销售市场调研是指对汽车配件的各类型或某种零配件的产、供、销及其影响因素,企业的销售量,用户结构以及市场占有率进行调查研究。汽车配件销售市场调研的实质在于了解目标市场状况及各种销售手段对市场的影响效果,做到科学决策,掌握先机,扩大销售,提高经济效益。它的重大意义在于:有助于了解汽车配件市场的现状和趋势;有利于企业科学决策,搞好企业销售活动决策;有利于不断改善经营管理,掌握先机,提高经济效益。利用电子商务手段进行已有资料的分析,做出调查主题、范围及对象,并设计出调查问卷,然后进行网上征询。网络服务具有覆盖面广、信息数据传输快捷等特点,非常有利于调查的实施。最后通过计算机对调查结果进行整理、分类,计算、汇总、统计后撰写出调查报告。

(2)汽车配件销售市场预测。汽车配件销售市场预测是指通过定性、定量的预测技术,对汽车配件市场销售现状的具体分析、推断,做出前瞻性的预期论断。汽车配件销售市场预测的实质是一种科学活动,依赖于科学的理论和方法、可靠的资料、先进的计算手段,得出科学的预测分析。根据企业内部统计资料、会计资料(账本、发票和报表)、经营历史纪录(订货卡、合同)和市场调研获得的资料,运用计算机建立数学模型进行初步预测,在以主观经验,评价计算的合理性,修正出预测结果,求得最终预测值及其区间。计算机在市场预测中的应用,可以方便、快捷地利用存储的内部资料,及时准确地做出市场分析和预测。

4.2.2 汽车配件的电子化采购

电子化采购通过网络和计算机技术应用,使传统的采购业务运作方式发生了本质的变化,更重要的是它带来了传统采购方式所不具有的种种优势。其优越性有:显著降低采购成本;有效提高采购效率;获得了采购主动权;优化采购管理;保证采购质量;增加交易的透明度;加强供求双方之间的业务联系;适应电子商务发展大潮。

汽车零配件的电子化采购方式,在企业内部一般通过 Intranet 实现,然后再通过 Internet 与供应商联系。对采购方来说,电子化采购系统一般应包括采购申请、采购审批和采购管理三个模块,不同的模块的主要功能概括如下:

(1)采购申请模块。采购申请这一模块主要应实现以下功能:

①接受配件销售部门提交的采购申请。

②接受企业 ERP 系统自动提交的配件采购申请。

③接受管理人员、后勤服务人员提出的采购低值易耗品或服务方面的申请等。采购申请应通过网上采购站点进行或通过 ERP 系统自动传递。

(2)采购审批模块。采购审批模块应主要完成以下功能:

①系统能根据预设的审批规则自动审核并批准所接收到的各种申请。

②对接收到的配件采购申请,直接向仓库管理系统检查库存,如库存已有,立即通知申请者领用,如库存没有,用 E-mail 通知申请者:申请已批准,正在采购。

③对于被自动审批未获通过的申请,立即通知或邮件通知申请者:申请由于何种原因未获批准,请修改申请或重新申请。

④通过自动审批无法确定是否批准或否决的申请,邮件通知申请者的主管领导,由领导登陆采购系统,审批申请。

⑤对于已通过的采购申请,邮件通知申请者,并提交给采购管理模块。

(3)配件采购管理模块。配件采购管理模块的主要功能有:

①接受采购管理部门制订的年度或月份采购计划,制订供应商评估等业务规则。

②对所接受的采购申请,依据设定规则确定是立即采购或是累积批量采购。

③对已生成的订单,依据设定规则决定是立即发给供应商,或者是留待采购管理部门再次审核修改。

④所有订单,依据预设的发送途径向供应商发出。

⑤自动接受供应商或承运商提交的产品运输信息和到货信息。

⑥定购产品入库或服务完成后,系统自动邮件通知或采购管理部门电话通知申请者申请已执行完毕。

⑦定购配件入库或服务完成后,系统自动生成凭证向财务管理部门提交有关单据。

⑧依据设定规则,系统在发出订单时或者产品验收入库后,自动向供应商付款,或者采购部门依据有关收货单据人工通知财务部门对供应商付款。

4.2.3 汽车配件仓储的电子化管理

汽车配件仓库管理是指对仓储配件的合理保管和科学管理。

(1)仓库管理的作用:

①保证汽车配件的数量充足。

②保证汽车配件的质量完好。

③评议作为汽车配件的采购依据。

④保证汽车配件的及时进销。

(2)汽车配件仓库管理:

①汽车配件应依据“安全、方便、快捷、节约”的原则存放。汽车配件的分区分类法有:按配件部、系、品种系列分区分类法;按配件车型系列分区分类法;混合储存法。

②分区分类后,对配件进行货位编号并输入仓库电子管理系统。利用仓库电子管理系统合理安排配件的存放位置。管理系统存有配件的详细技术资料,并能对配件数目及存放位置进行实时监控,这样可实现配件出入库的高效率运转,并能及时反映库存情况。

③利用网络系统实现仓库管理系统和配件采购系统的信息共享,提高配件服务的服务质量。

4.2.4 汽车配件网上采购及电子商务交易平台

汽车涉及的零部件数量十分可观,零部件采购十分复杂。在传统采购方式下,由于采购的对象数量有限,又受地域限制,所以采购的效率和采购的成本都很难达到较为理想的水平。利用电子商务方式实现汽车零部件的网上采购,可以及时获得市场、用户对产品的需求信息,并进行分析汇总,以便做出科学的采购决策。在此基础上,还可与汽配厂商、汽车用品厂商等供应商之间用电子化的手段交付订单、处理订货信息。所以说,实施配件的电子商务采购,能大大缩短采购周期，提高采购的准确性和效率，降低采购成本，扩大采购范围，减小无效库存，提高配件销售服务的经营效率和经济效益。

目前，我国注册的生产和经营汽车配件的中小企业数以万计，由于这些企业在规模、资金和管理方面的实力相对较弱，适应市场的能力也较为低下，而且受到地域和自身条件的限制，一般只能为数量有限的客户服务。而电子商务则可以帮助这些企业全面提升开拓市场的能力，开发新市场，赢得新客户，同时也为配件销售企业拓宽了供货渠道。

5　汽车备件订货系统应用示例

当我们通过备件管理系统及备件目录系统生成订单后，就要向供应商订货，把正式的订单发给供应商。这就要用到备件订购系统。备件订购系统与互联网技术相结合，供应商在网上建立一个订购系统，实行实时订货。实时备件订购系统除了可以直接向供应商订购零件外，还可以实时查询供应商的库存数量，可以准确预测零件的到货日期，同时还可以查询零件替代状况、零件的价格以及订单的处理情况等。以下我们以丰田 TACT 系统的订货功能为例来说明汽车备件订货系统的运用。

5.1　相关名词释义

(1)丰田 TACT 系统:TACT 系统是丰田认定经销店的标准业务系统，是各经销店在日常零件业务工作中，遵循丰田 JIT 理念管理库存的科学解决途径，其中的零件功能是完全基于 TSM 标准设计开发的。

(2)B/O 零件:客户预定件，当没有库存或库存不足的时候所发生的替客户做的追加订货件。

(3)S/O 零件:补充库存件。

(4) F/O 零件:特别配给件，如服务推广活动而需存货的零件，配合新车销售而准备存货的零件，为特别修理情况而库存的零件，因质量问题召回的车辆维修所需的零件。

(5)纯牌零件:经丰田汽车公司严格质量检验的零件称为“丰田纯牌零件”。

5.2　订货系统操作说明

(1)丰田订货系统主界面如图 4-4 所示。

(2)B/O 一览操作顺序:一览进入检索界面(图 4-5)，输入查询条件，按“检索”，系统将弹出两张报表:纯牌和非纯牌的 B/O 零件一览表，见图 4-6。

(3)B/O 零件订货操作顺序:B/O 零件订货进入订货界面(图 4-7)，系统会自动算出订货数，如有必要，订货员可根据需要调整订货数。然后点击“订货确认”按钮，即可发出订单。弹出的窗口显示 B/O 零件订货一览表，包含纯牌与非纯牌，见图 4-8。

(4)库存补充(S/O)订货操作顺序:由库存补充订货进入订货计算界面，点击“执行”，系统自动计算出的需要补充的零件及数量，根据实际需求修改(图 4-9)，点击“订货确认”，完成订货，弹出的窗口显示 S/O 零件订货一览表，只包含纯牌(图 4-10)。

(5)手工订货操作顺序:手工订货(追加) 进入订货界面，选择订单类别，点击“追加订

TOYOTA
第二章 订货管理
零件订货概述
B/O一览
B/O零件订货
补充订货
手工订货
新车F/O订货
在途零件查询
在途零件管理
非纯牌库存补充候补
零件订货概述
TACT系统采用的是在线的即时订货方式，各网点在自己的TACT系统上发出订货指令后，各地区零件中心就可以通过TACT系统接受定货信息，但不接受非纯牌零件的订货。
主要包括：
B/O订货、补充订货、手工订货、新车F/O订货、在途管理等

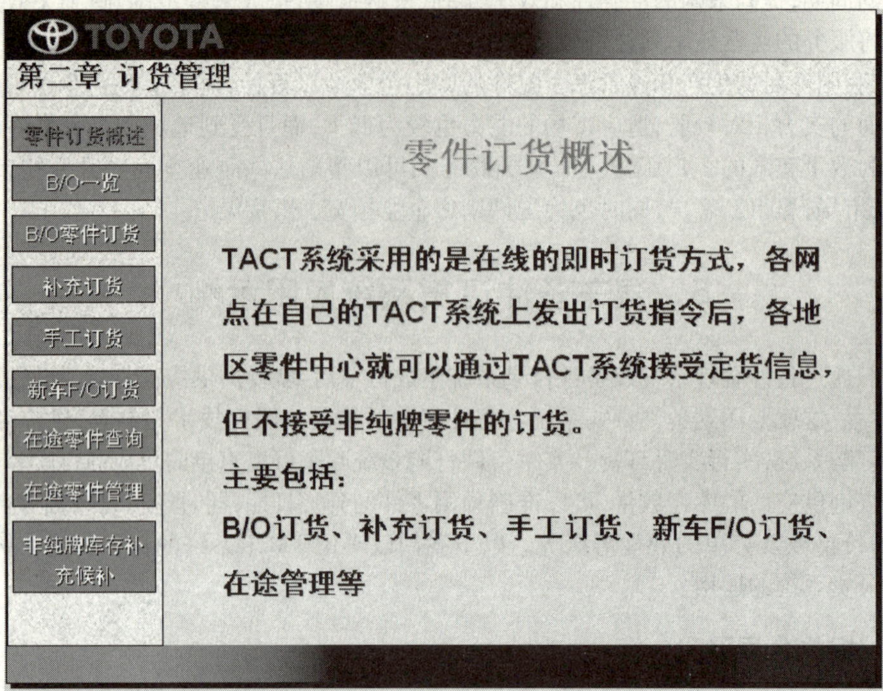

图4-4　丰田订货系统主界面

TOYOTA
第二章 订货管理
零件订货概述
B/O一览
B/O零件订货
补充订货
手工订货
新车F/O订货
在途零件查询
在途零件管理
非纯牌库存补充候补
BO一览
B/O存在时间在 1 日 以上
检索
零件编号： 到
排序方式：
工单号
零件代码
B/O存在时间
※查看BO经过的日数情况，选中条件左边的选择框，输入条件才有效；两个条件可以同时输入或者只输入一个，如果不输入任何条件，系统列出所有零件的BO信息！

图4-5　B/O 检索界面

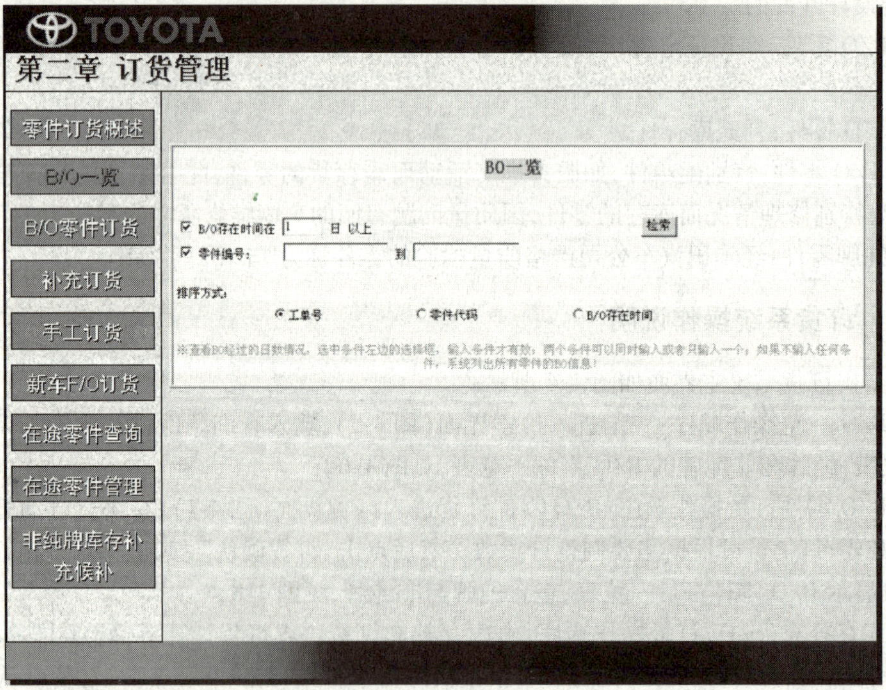

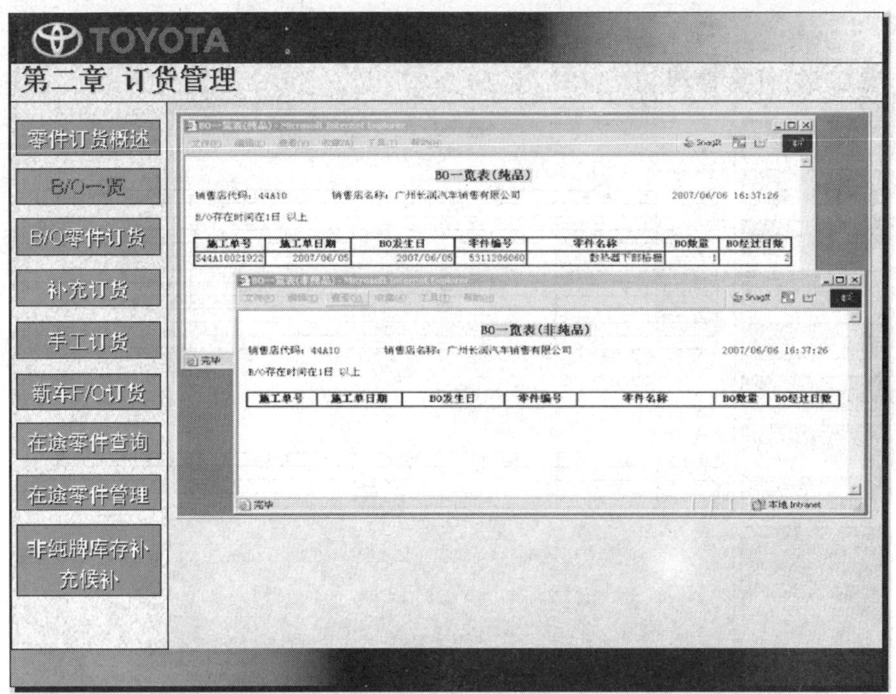

图 4-6　纯牌和非纯牌的 B/O 零件一览表

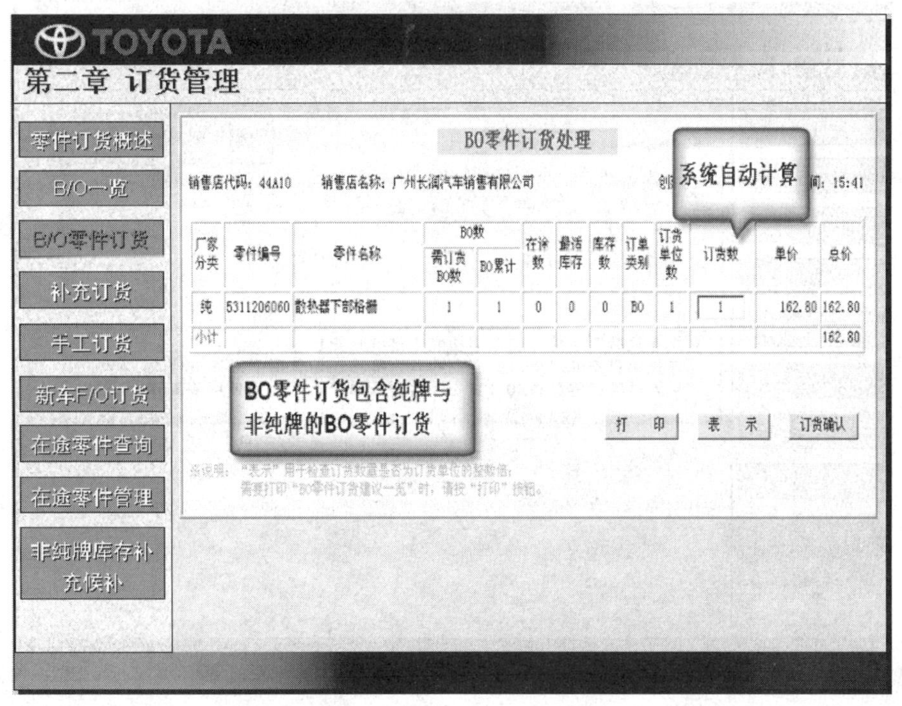

图 4-7　B/O 零件订货界面

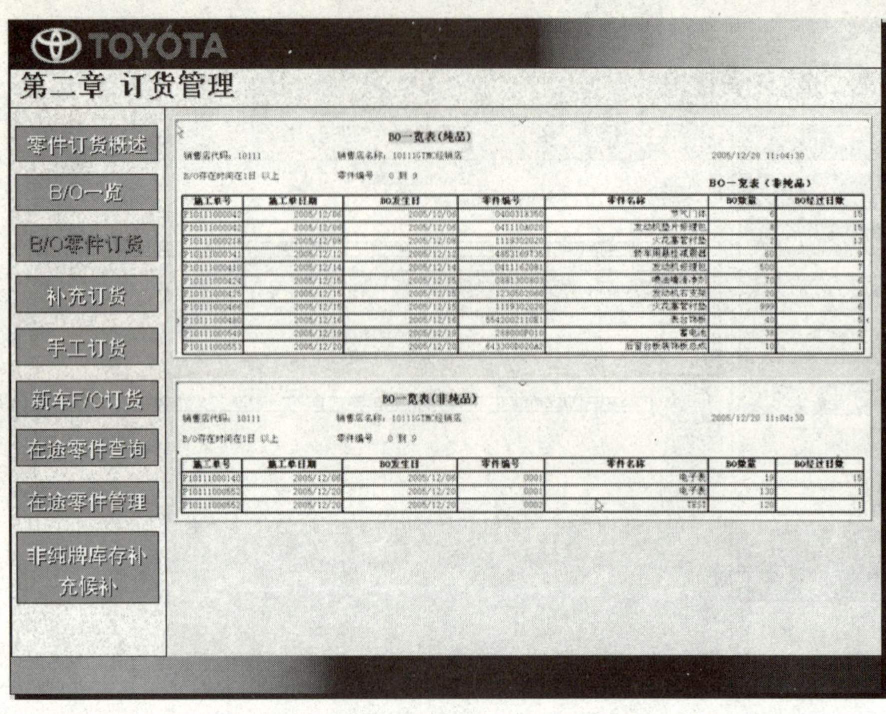

图4-8 B/O零件订货一览表

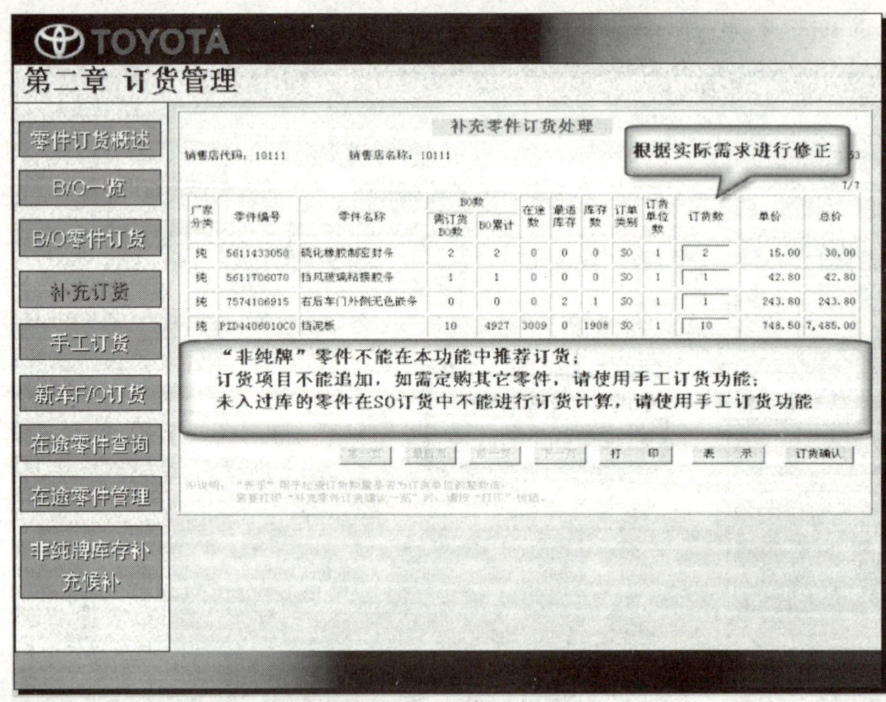

图4-9 库存补充订货计算界面

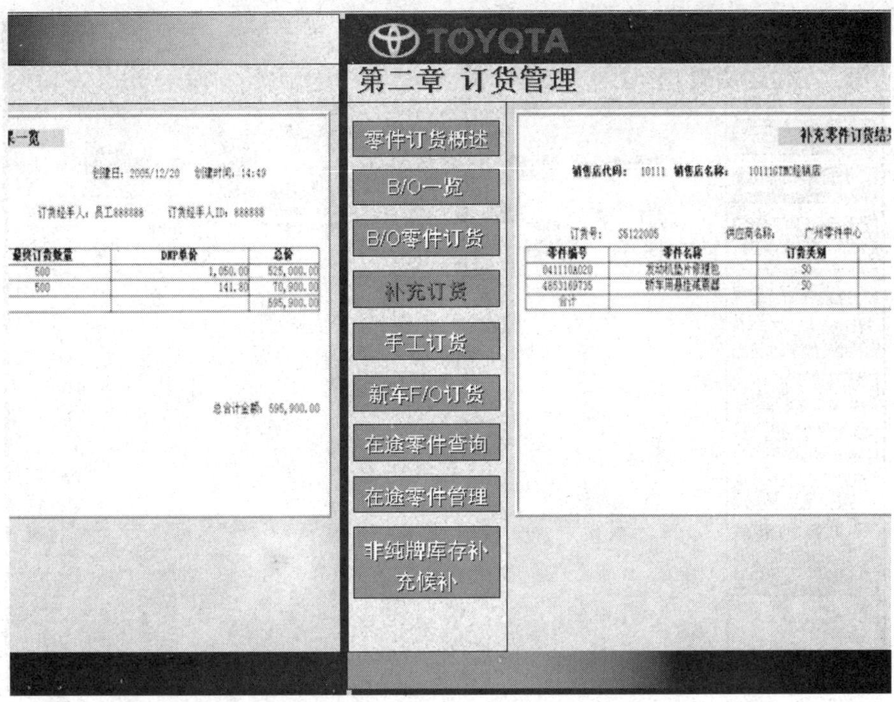

图 4-10　库存补充零件订货结果一览表

货”，新增行数，然后输入零件编号及订货数，点击“订货确认”，完成订货（图 4-11）。弹出的窗口显示手工订货一览表，只包含纯牌（图 4-12）。

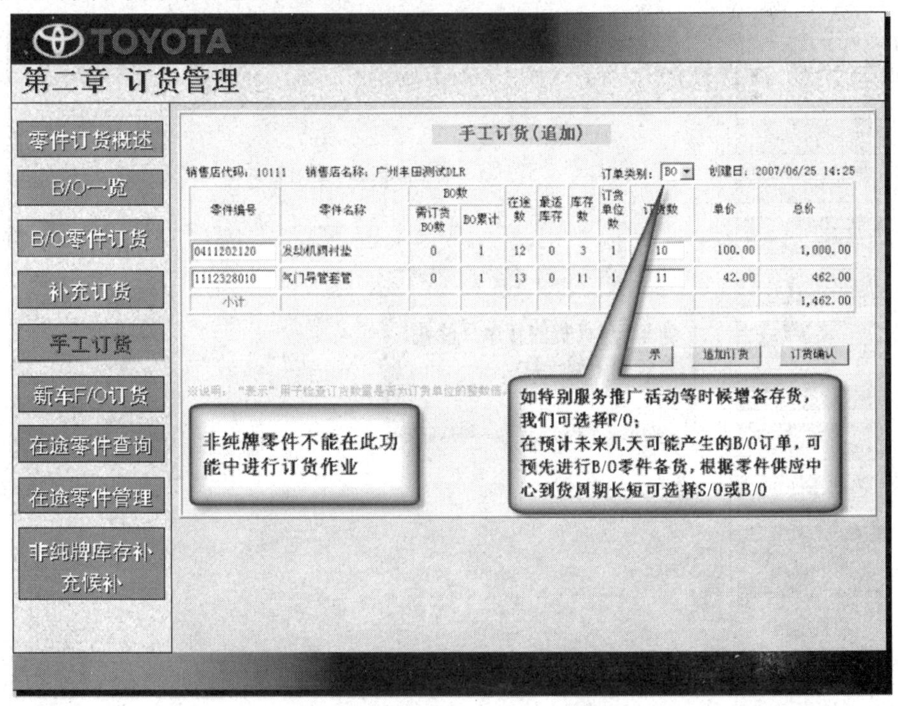

图 4-11　手工订货（追加）订货界面

（6）新车 F/O 零件订货操作顺序：新车 F/O 零件订货进入界面，如果厂家已经载入了零

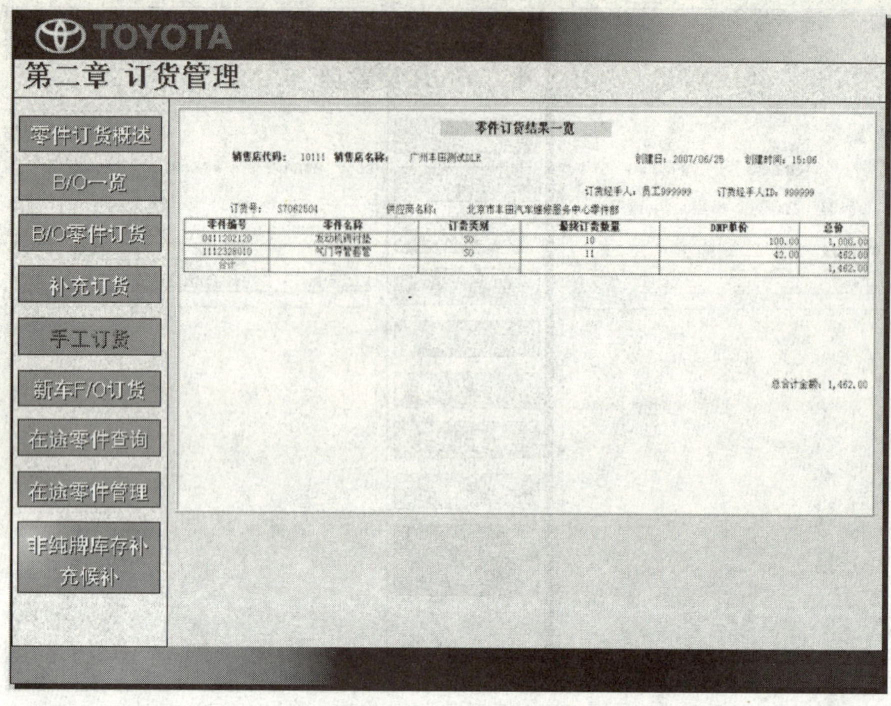

零件编号	零件名称	订货类别	最终订货数量	DMP单价	总价
0411202120	发动机调衬垫	SO	10	100.00	1,000.00
1112328010	气门导管套管	SO	11	42.00	462.00
合计					1,462.00

图4-12 手工订货一览表

件订货信息则会出现相应链接(图4-13),点击链接后,出现订货确认界面,点击“订货确认”,完成订货(图4-14)。

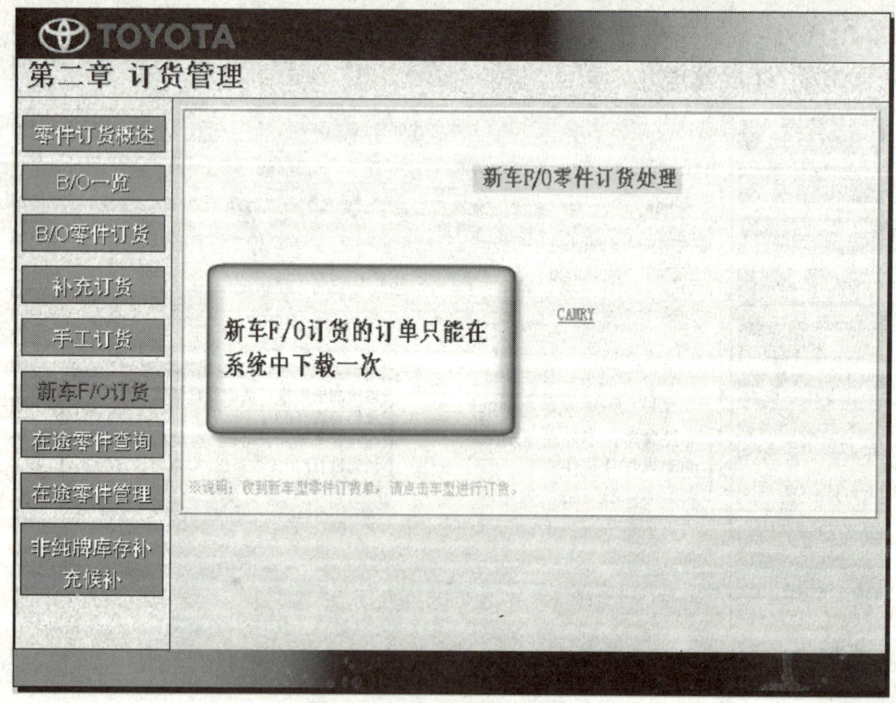

图4-13 F/O零件订货界面

(7)在途零件查询操作顺序:在途零件查询进入查询输入界面,输入查询条件,按“检索”

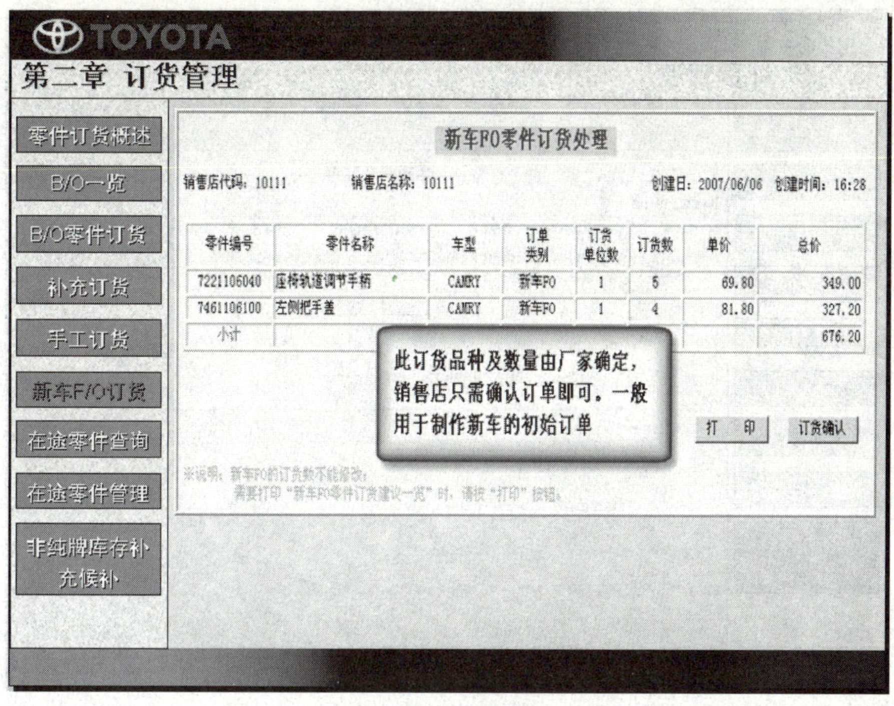

图 4-14　F/O 零件订货

(图 4-15),即可查询出所有在途零件的信息(图 4-16)。

TOYOTA
第二章 订货管理
零件订货概述
B/O一览
B/O零件订货
补充订货
手工订货
新车F/O订货
在途零件查询
在途零件管理
非纯牌库存补充候补

在途零件查询

查询条件
供应商代码：
零件编号：
订单号：　～
订货日：　～
订货区分：　B/O　S/O　F/O
显示顺序
订货日　订单号　零件编号　供应商
检索　清除

※ 说明：本查询输出已订货未到货的零件信息。您可以输入一个或者多个条件进行查询；需要某个查询条件选中其左边的选择框，再输入相应的条件，订单号和订货日可以输入单个条件，也可以输入某个范围的条件；查询结果可以按照您选择的关键字排序。

图 4-15　在途零件查询检索界面

(8)在途零件删除操作顺序:在途零件管理进入操作界面,输入订单号或零件编号,按“检

TOYOTA

第二章 订货管理

零件订货概述
B/O一览
B/O零件订货
补充订货
手工订货
新车F/O订货
在途零件查询
在途零件管理
非纯牌库存补充候补

在途零件查询

销售店代码 10111

订单号	项目序号	零件编号	零件名称	供应商	订货区分	订货日	供应商下载日时	发货日	发货单号
N7052401	1	7221106040	座椅轨道调节手柄	APC02		2007/05/24 15:50'31			
N7052401	2	7461106100	左侧把手盖	APC02		2007/05/24 15:50'31			

前一页 下一页

※ 蓝色表示订货已经超过7天以上仍未发货，请与供应商联系确认发货时间。

图 4-16　在途的零件信息界面

索”按钮将查询出在途零件信息(图 4-17)，在查询结果画面上可以选择删除某些已经过期的订单(图 4-18)。

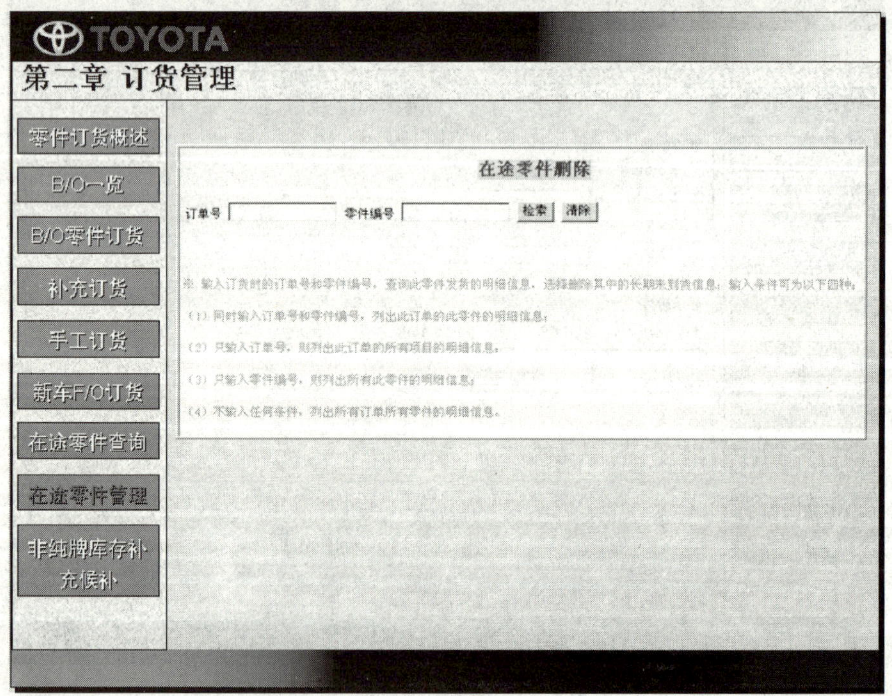

图 4-17　在途零件管理删除操作界面

(9)非纯牌库存补充候补操作顺序：非纯牌库存补充候补进入查询界面，设定条件后按

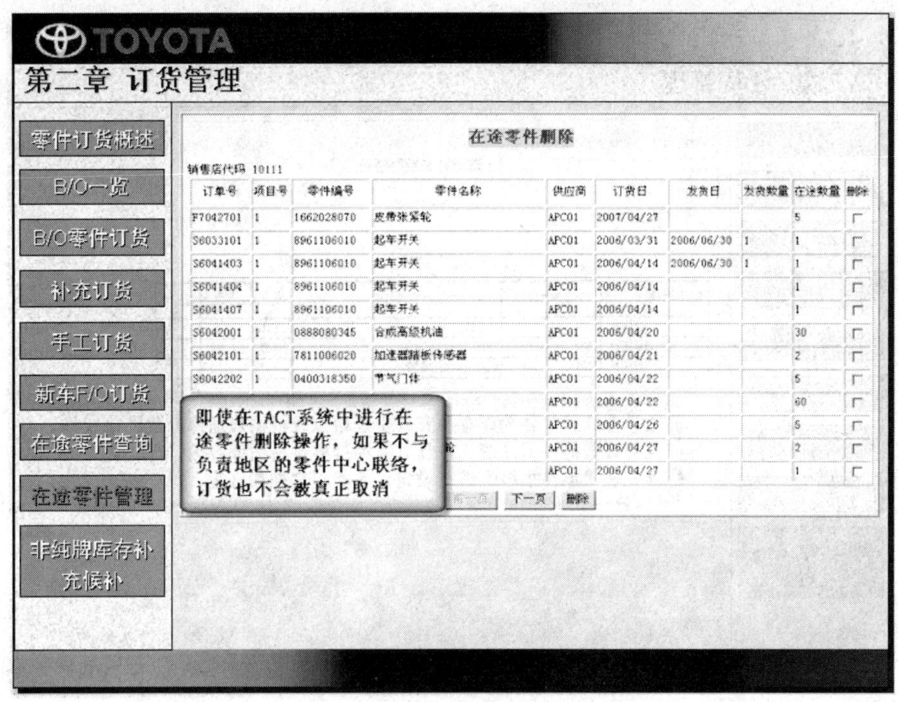

图 4-18　在途零件删除

“表示”按钮(图 4-19)，弹出的窗口显示非纯牌零件的库存补充候补清单(图 4-20)。

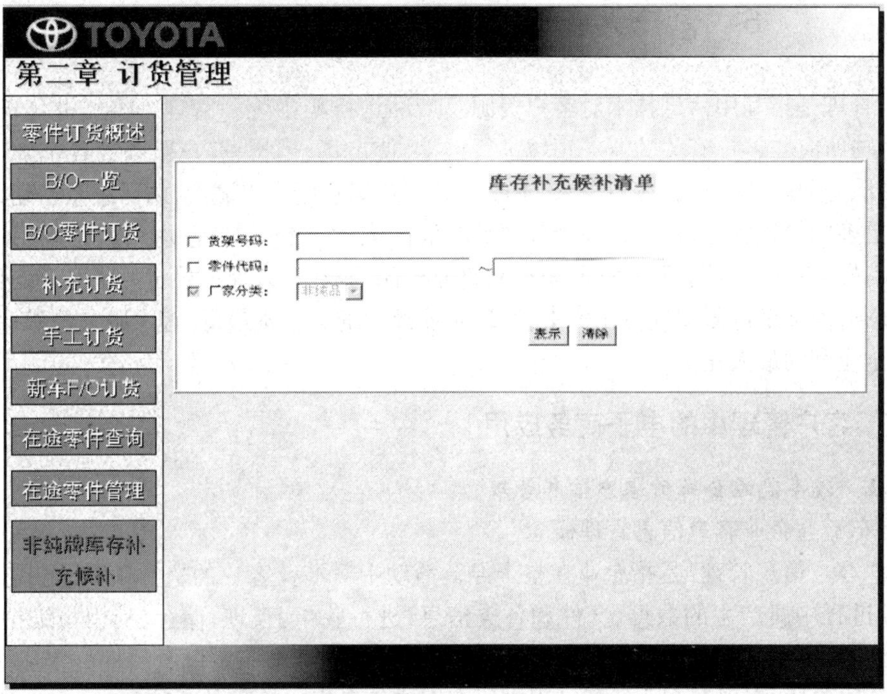

图 4-19　非纯牌库存补充候补查询界面

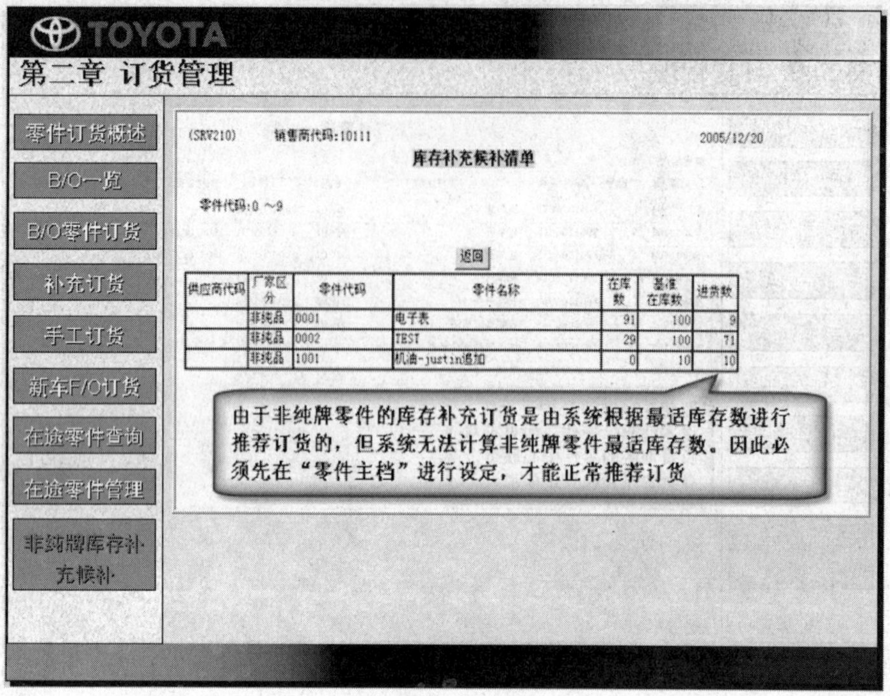

供应商代码	厂家区分	零件代码	零件名称	在库数	基准在库数	进货数
	非纯品	0001	电子表	91	100	9
	非纯品	0002	TEST	29	100	71
	非纯品	1001	机油-justin追加	0	10	10

图4-20　非纯牌零件的库存补充候补清单

6　客户及产品管理中的电子商务应用

客户管理是指利用信息技术对客户资源及产品进行集中统一管理。将经过分析、处理的客户信息与所有与客户有关的业务领域进行链接,使市场、销售、客户服务等各个部门可以共享客户资源,不断跟踪、挖掘客户需求,不断提高客户满意度及忠诚度,从而维系密切的客户关系,带来更多的销售服务机会,最终使公司的利润最大化。产品管理业务,就是利用信息技术对采购、销售、库存进行电子化管理,来控制存储产品的数量,以保证稳定的货源并支持正常的销售与服务,但又最低限度地占用资本,实现企业经营的总成本最低、客户服务最好、总库存最少,实现企业利润最大化。

6.1　客户管理中的电子商务应用

6.1.1　汽车流通企业的客户信息管理

1)汽车流通企业客户信息管理概念

企业“客户信息管理”是指企业在整个经营活动中对涉及客户的这一领域,尤其是客户管理与服务过程中所产生的数据、文件和各类信息,进行收集、整理、储存、利用与维护的过程。其中重要的任务是对企业管户信息资源开发的战略规划、方案制定以及后期的实施进行决策与组织,具体包括:实现对企业经营过程中所有客户信息集成管理的系统开发,典型的有CRM(客户关系管理)综合系统的开发,具体涉及对各种客户信息收集分系统的建设,典型的有呼叫中心、网站客户信息跟踪系统等;涉及对各种客户信息数据存储分系统的建设,典型的有数据库、数据仓库等；涉及对管户信息进行分析与利用的各种分系统的开发，典型的有联机分析系统，数据挖掘系统，信息推送系统等。

此外，还包括各种与系统建设相适应的组织与制度的建设，如客户资源共享机制的建设，与客户进行实时沟通制度的建设，专门客户信息管理人事组织，如呼叫中心的人工坐席安排、客户投诉处理人员安排等。其中，最为重要的是企业员工客户服务理念的树立，以及一系列与企业各种客户管理战略的配套措施实施。

2）汽车流通企业客户信息管理的意义

作为企业信息管理中的一个重要分支，客户信息管理的出现，一方面是由于企业经营环境的变化，另一方面是由于以 CRM 代表的“客户中心论”的全新经营理念的诞生。

当前，由于汽车产业的不断发展，导致了汽车商品的极大丰富。在这种情况下，客户选择空间显著增大，客户需求开始呈现出个性化特征，市场竞争变得异常激烈。因此，只有最先满足客户需求的汽车产品，只有快速响应并满足客户个性化和瞬息万变的需求，汽车企业才能在激烈的市场竞争中，实现市场销售并得以生存和发展。

为适应经营环境的变化，汽车企业经营管理理念从过去的“以汽车产品为中心”转向了“以客户为中心”；销售模式也从传统的 4P（产品 Product、价格 Price、促销 Promotion、分销 Place）转向了 4C，即消费者的需求及欲望（Customer’s needs and wants）、满足消费者需要的成本与价值（Cost and Value to satisfy consumer’s needs and wants）、用户购买的方便性（Convenience to buy）、与用户的沟通（Communication with consumer）；生产管理从“推式”模型转向了“拉式”模型，即企业生产首先是由客户的需求和交易信息来拉动，这些信息将首先被及时传送至销售中心仓库，仓库数据的变化信息又会被传递至制造商，制造商又根据销售中心的信息制定和修改生产计划。

互联网的出现，电子商务的兴起，使得“以客户为中心”的经营理念实施变得更加重要和可行。事实上，互联网使得客户面临的市场更加广泛，信息的获得更加容易，因此抓住客户将变得更重要。毫无疑问，在客户服务的任何领域，都需要收集客户信息，都需要加强与客户的沟通，了解客户需求，从而为客户创造最大价值，这对企业实施任何的“客户管理”都有着不容忽视的重大意义。而互联网的出现，则为客户信息管理提供了强有力的工具。互联网最大特点就是能实现双向交互式的通信，这是传统媒体单向信息传播所无法比拟的，这无疑为企业在电子商务中实施互动式的一对一的个性化客户服务战略创造了极好的环境。

3）汽车流通企业客户的信息管理模式

在电子商务时代，对于汽车企业来说，在线客户上升到从未有过的重要地位。帮助实现客户价值将成为汽车企业获得发展的关键所在。汽车流通企业在互联网上的销售模式，是直接针对客户的，它的动作无一不是建立在对客户需求、消费偏好、行为规律特征等信息的收集、处理加工、存储、分析与利用的基础上的。

（1）眼球注意力模式。该战略关注焦点在于客户对汽车企业网站的点击率，通过点击率、总阅读页数、眼球停留在网上的时间判断客户对汽车品牌的关注性。然而，注意力经济强调的眼球是一种远期的资产，要想使之变成现实的购买力，仍需取得客户长期的、足够的信任并提供良好的汽车产品和服务，否则只能是海市蜃楼。因此，建立消费者数据库，根据消费者需求、偏好等信息实现一对一的个性化销售，将成为眼球注意力战略成功的基础。

(2)个性化服务模式。根据单个消费者的特殊需求进行汽车产品设计开发,制定相应的市场销售组合策略,是新世纪销售个性的集中表现。互联网技术使得信息社会供求关系变为动态的互动关系,使得一对一的销售成为可能,显然,这一切实现的重要基础就是对消费者数据库的管理。

(3)销售顾问模式。网络时代,汽车企业要求推销员充当信息顾问,借助互联网各种信息系统为客户提供解决问题的方案,其存在价值不再只是简单地推销产品。

(4)自己动手式服务模式。该战略要求通过网页提供信息,让消费者在线取得信息并进行交易。比如,网上有汽车企业产品目录、有产品生产线及其产品多媒体形象展示,供客户查询了解;有 BBS 讨论组,可以及时与客户沟通,了解他们的意见;有购买信息,如客户在网上可以直接进行订单填写、修改订单(涉及配送、生产、采购诸环节的变化)、能进行自行查询订单处理进度、付款、更正账单等;甚至客户可以在网上自行设计产品。

6.1.2 汽车流通企业的客户关系管理

1)客户关系管理的概念

客户关系管理(Customer Relationship Management,CRM)是指通过对客户信息资源的计算机化管理,向客户提供满意的产品和服务,并与客户建立稳定、相互信任的关系密切的动态过程。

在过去,由于企业与客户联系及服务的技术手段的落后,高昂的信息成本及其他障碍,许多企业放弃了迎合客户需求的努力,而将销售活动的重点主要集中在了新客户的吸引上。20 世纪 90 年代以来,随着市场竞争日趋激烈,新的市场空间的开发变得愈来愈困难,保持稳定的客户群已成为企业经营者不得不关注的重要战略。事实上,企业的大部分业务都是来自于老客户。而且,开发一个新客户与保持一个老客户的成本支出上也存在着很大的差距,一般前者的成本费用是后者的 6 倍之多,这不得不使企业开始从原来的注重发展新的个别买卖关系转移到现在的注重保持长期的买卖关系上来。正是在此背景下,客户关系管理应运而生了,它是一个立足于客户整个价值周期的全新的销售理念和管理模式。

企业客户关系管理实际是一个充满着与客户交互、利用客户信息作决策的动态的过程具体包括三个阶段,如图 4-21 所示。

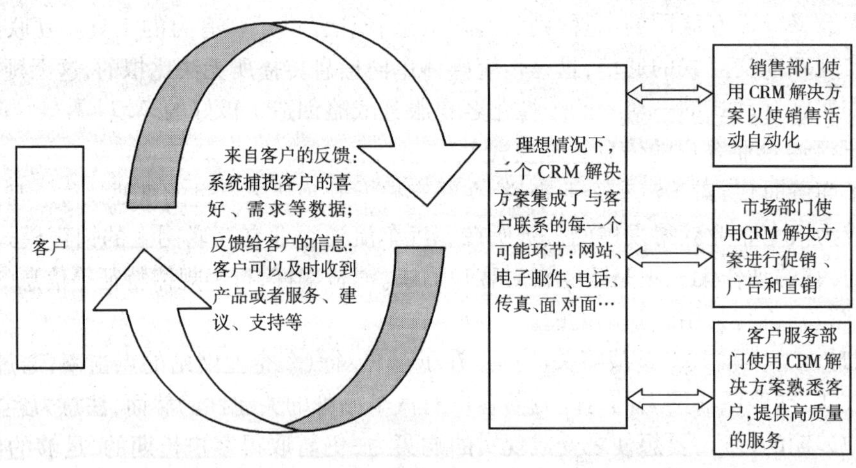

图 4-21 CRM 工作原理

(1)客户获取:即识别最有价值的客户是谁,并考虑以适当的途径去吸引他们,而不是采用无差别策略对待每一个客户。

(2)客户开发:即了解客户的需求,如他们喜欢什么,愿意用什么方式什么时间得到,并根据企业的能力考虑怎么满足他们的需求。

(3)客户保持:即实际执行方案,为客户提供满意服务,从而与客户建立起牢固的关系,维持和提升客户的忠诚度。

在 CRM 中,客户信息的管理是实施 CRM 的基础内容。实施 CRM 首先需要建立客户数据库;然后需要对数据库数据进行集成和分析,把数据转换成关于客户的有用信息和知识,关于销售、客户服务等企业日常运营过程,以及综合管理与决策应用。

2)客户关系管理(CRM)系统基本内容框架

一般来说,CRM 系统主要涉及三方面内容:一是销售管理、销售事务、管户服务三部分业务流程的信息化管理;二是管户沟通渠道的集成和自动化处理;三是利用信息技术工具对上面两项内容积累下来的信息进行加工处理,即客户信息管理体制。CRM 的内容框架如图 4-22 所示。

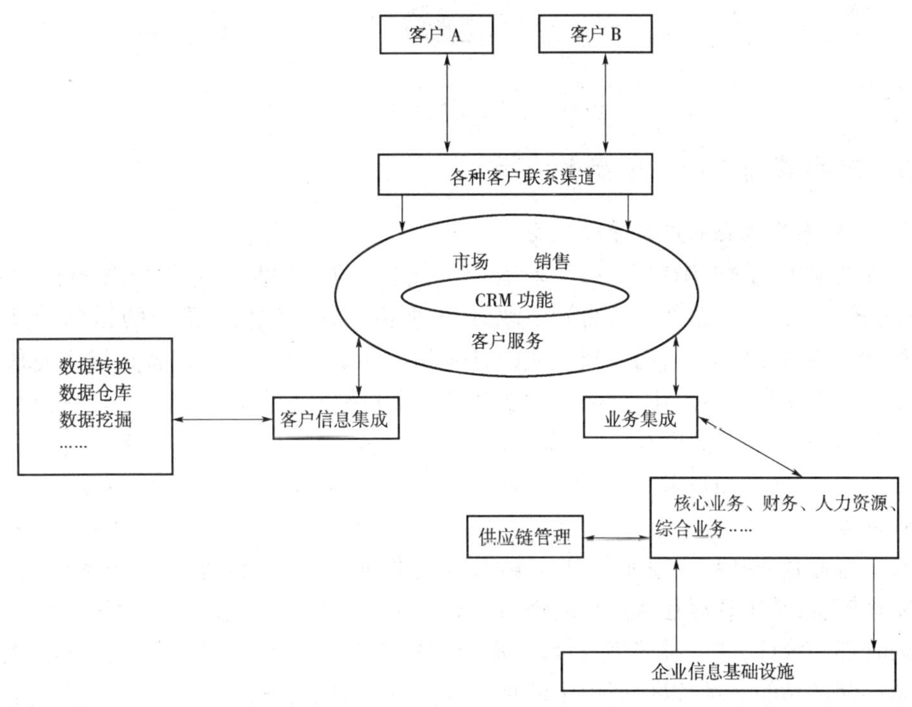

图 4-22　CRM 的内容框架

CRM 系统在企业的运作过程如图 4-23 所示,通过联系渠道为客户提供服务的同时可以捕捉到客户的相关信息,再利用客户信息管理系统进行个性化分析,并将相关分析结果传递到与客户有关的职能部门(如客户服务),职能部门再通过设定的联系渠道为客户提供个性化服务(如客户服务部门向顾客反馈产品使用的注意点、建议等)。

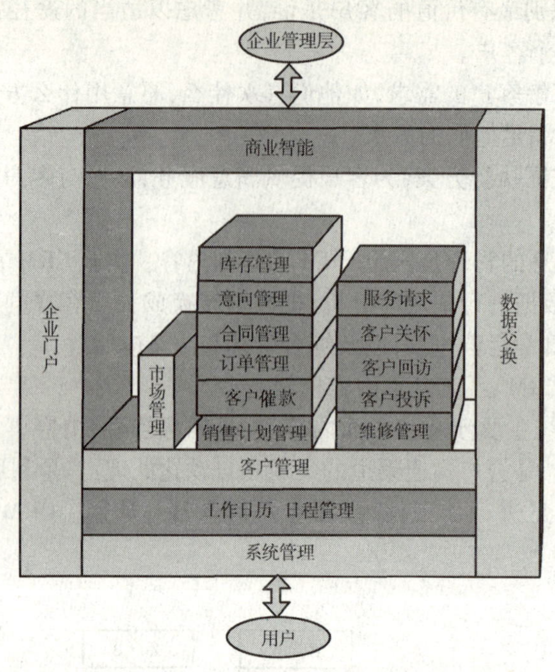

图4-23 用友 CRM 系统体系结构

6.2 产品管理中的电子商务应用

6.2.1 汽车流通企业产品管理概述

在传统企业中，采购、销售、库存管理是一系列分散的独立活动，它们分属于不同的职能部门，彼此之间缺乏协调。各部门各自制定政策，采取措施以求优化本部门的目标，但相互之间往往会存在一些消极影响，从而导致企业的整体利益受损。实际上这三者是相互关联、相互支持的。企业要实现利润最大化，就必须设法达到 4 个目标——向客户提供最好的服务；耗费最低的生产成本；占用最少的库存；使用最少的分销费用。要实现这些经营管理的目标，达到企业总体目标最优，就必须将采购、销售、库存管理有机地集成在一个系统中，这就是汽车流通企业产品管理业务。

在汽车流通企业产品管理业务中，采购管理用来确定合理的订货量、优秀的供应商和保持最佳的安全储备；销售管理是从产品的销售计划开始，对销售的产品、销售地区、销售客户等各种信息的管理和统计，并可对销售数量、金额、利润、绩效、客户服务做出全面的分析；库存管理用来控制存储产品的数量，以保证稳定的货源及支持正常的销售与服务，但又最低限度地占用资本。汽车流通企业产品管理的目标就是实现企业经营的总成本最低、客户服务最好、总库存最少，实现企业利润最大化。

6.2.2 汽车流通企业产品管理信息化

汽车流通企业产品的信息化管理是指在管理中运用现代信息技术，通过对信息资源的深入开发和广泛利用，达到不断提高管理水平，提升企业竞争力的目的。具体来说，管理人员借助信息技术建立一套集成的进销存管理系统，实现采购、销售、库存三模块间完全的信息共享和畅通的数据交流。根据销售预测确定采购规模，同时通过供应链与供应商结成利益共同体，优化采购管理。通过 Internet/Intranet 技术实时收集销售业务数据，如市场占有率、销售利润、客户满意度等，并借助相关软件进行分析，从而实现对销售活动的动态控制，销售战略的动态调整，优化销售管理。通过信息技术手段动态掌握企业与市场、供应商的供求关系，实现零库存，优化库存管理。

汽车流通企业产品管理软件是帮助企业实现进销存信息化的有效手段。这一软件基本上包含四大功能模块：采购管理（采购订单、采购单、付款单、采购明细/汇总表、应付明细/汇总表、采购订单汇总表管理）、销售管理（销售订单、销售单、收款单、销售明细/汇总表、应收明细/汇总表、销售订单汇总表管理）、库存管理（进仓单、出仓单、转仓单、盘点单、库存明细/汇总表管理）、POS（销售自动化系统）管理（开票、报表、日结、设置管理）。

7　汽车流通企业的电子商务应用案例

用友 CRM（Customer Relationship Management，客户关系管理）是利用信息技术对客户资源进行集中统一管理，将经过分析、处理的客户信息与所有与客户有关的业务领域进行链接，使市场、销售、客户服务等各个部门可以共享利用客户资源，不断跟踪、挖掘客户需求供产品及服务，不断提高客户满意度及忠诚度，从而维系密切的客户关系，带来更多的销售服务机会，最终使公司的利润最大化。

7.1　用友 ERP 汽车流通企业的电子商务应用

7.1.1　用友 ERP 汽车行业服务至上解决方案

用友 CRM 解决方案是一个企业级 B/S 结构集成应用方案，能够帮助企业利用 Internet 技术建立一个统一的、集成的、共享的客户资源管理平台、销售平台和服务平台，为营销链中的每个节点同时提供跨部门的客户管理能力，实现“凝聚客户关系，提升资源价值”。方案的功能包括销售、服务管理各方面，全面覆盖售前、售中、售后三个阶段，如图 4-23 所示。

用友 CRM 针对汽车行业 4S 营销模式构造了应用模型和解决方案，并帮助红彤公司成功构建了 CRM 系统。

现将用友 CRM 系统体系结构说明如下。

系统管理：是 CRM 系统基本功能，主要包括账套管理、用户管理、角色管理、功能数据权限管理和各种基础数据的定义。系统管理主要是系统管理员和主管人员使用。

用友 CRM 支持集团应用模式，支持企业未来由于机构增加等的应用扩展。系统通过集团账套客户化建立各公司应用账套，通过各公司账套客户化建立各公司的 CRM 应用系统。

客户管理：是 CRM 系统基本功能，主要包括客户档案信息管理和客户分配、客户共享、客户类别转换、客户合并等管理功能。

销售过程管理：主要包括意向管理、合同管理、订单管理、库存管理、计划管理、客户催款等。

服务管理：主要包括维修管理、客户回访、客户投诉、客户关怀等。

企业门户：是面向客户、合作伙伴和供应商的信息交换平台，包括 WEB 方式、E-MAIL 方式、CALL CENTER 方式等。WEB 方式可实现功能：商品档案查询、新产品发布、网上订单提交与查询、网上维修服务请求与查询、网上企业公告、网上投诉与反馈、网上咨询、网上市场调查等。

数据交换：是利用标准的 XML 数据交换平台，与企业其他应用系统，如 ERP、SCM 等进行数据交换。由于 CRM 是企业应用的最前端，需要 CRM 系统向其他系统提供客户业务数据。

商业智能：主要是利用分析工具对各种数据进行整理、统计、分析，以图表的形式提供管理人员对所有 CRM 系统数据进行分析，辅助领导决策。

7.1.2　用友 CRM 系统汽车 4S 应用流程

用友 CRM 汽车4S 应用流程如图 4-24 所示。4S 应用以客户为主线，主要包括销售过程管理和客户服务管理，全面覆盖“整车销售、配件经营、维修服务和信息反馈”业务。

7.1.3　4S 单店 CRM 系统客户数据关系

4S 单店 CRM 系统客户数据关系如图 4-25 所示。

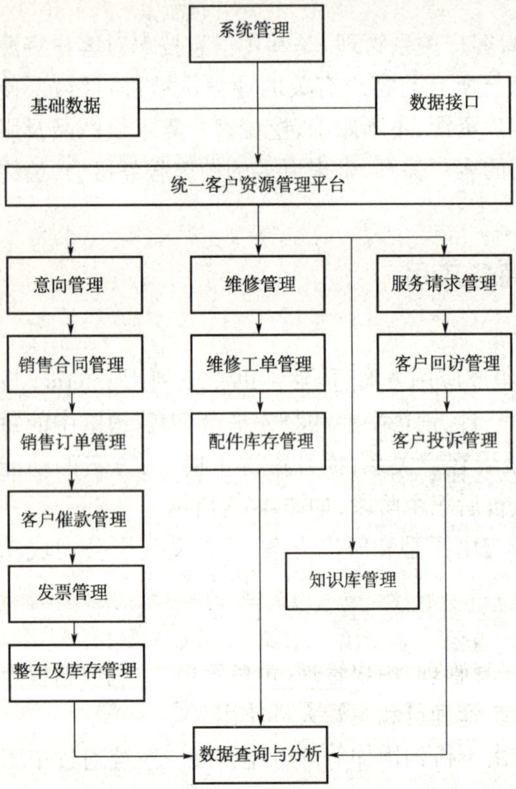

图 4-24　用友 CRM 4S 应用流程

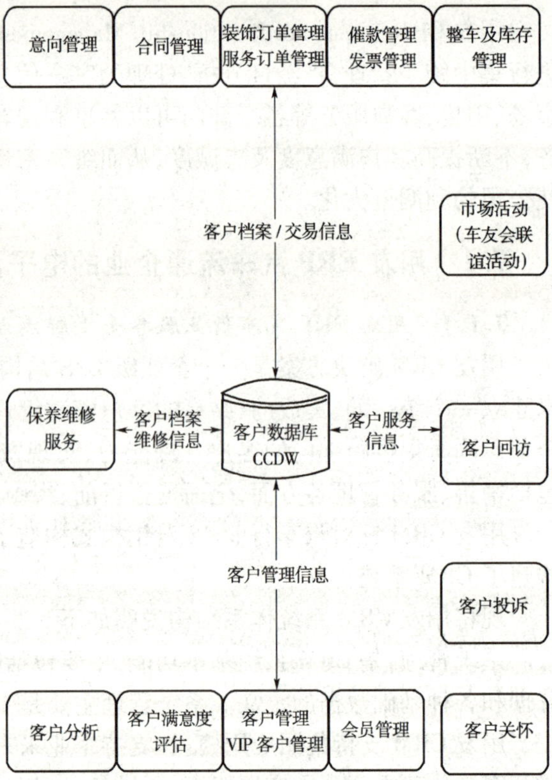

图 4-25　4S 单店 CRM 系统客户数据关系

7.2　红彤汽车贸易有限公司的电子商务应用

深圳市红彤汽车贸易有限公司成立于 2001 年，现主要经营凯迪拉克、别克、雪弗兰、丰田、荣威及克莱斯勒品牌汽车的销售及售后服务。科学的管理加上先进的经营理念，使红彤公司在短短的几年时间内，从一家公司发展为拥有十二家全资子公司的著名汽车经销商，公司拥有员工900多人,连续5年荣获"全国十佳汽车经销商"称号,"深圳十大汽车经销商"称号,上海通用别克、雪弗兰全国"客户热忱"最佳案例。

随着公司业务的快速发展,客户管理的问题越来越突出,传统的管理方式已经不能适应公司业务发展的需要。客户关系管理(CRM)系统正是帮助红彤公司实施客户战略和进行管理方式转变的利器,红彤公司通过实施用友CRM,有效解决了存在的问题,提升了客户满意度,并使公司的管理水平上了一个台阶。

7.2.1　红彤CRM战略

四位一体的营销模式之所以被消费者认可,最根本的原因是4S能提供完善的购车服务和售后服务,让客户买的放心,用的放心,真正体现了以客户为中心的经营理念。在日常的经营管理中,红彤公司始终把客户满意度放在首位,并贯穿于售前、售中、售后的全过程。随着业务的拓展,客户的增加,营销服务人员的增加,红彤公司深深意识到传统的管理方式已经不能适应公司长远发展的需要。作为一家快速成长的企业,红彤公司对于今后的发展方向有着明确的考虑,即通过实施CRM系统,建立起基于客户价值的营销体系和管理体系,为公司的长远发展奠定坚实的基础。

1)红彤CRM战略的含义

在提高客户满意度的基础上,基于客户价值全面提升管理理念,建立基于客户价值的动态绩效评估体系和运营管理体系;在客户价值评估的基础上,优化公司销售、服务业务流程、资源配置,全面提升整体营销能力、市场竞争能力和获利能力;充分的运用80/20法则,使VIP客户成为红彤的忠诚客户,不断积累客户资产,为红彤的长远发展奠定基础。

2)阶段目标

(1)建立完整、准确、共享、统一的的客户资源管理平台,实现对客户的售前、售中、售后的全过程管理。

(2)建立以客户满意度为标准的绩效评估体系和运营管理体系,全面提高销售、服务效率。

(3)在对客户、销售、服务进行分析的基础上,制定更加有效的营销策略。

(4)建立客户价值评估标准,对客户进行分类管理。

7.2.2　红彤CRM实施

CRM系统与企业传统的营销、售后服务等有着必然的联系,传统的营销服务概念只是涉及具体部门的点业务,而客户关系管理主要着眼于整个企业,从企业的全局出发,将企业的点业务向面业务扩展。因此,CRM并不是一个简单的软件,更应该是一个复杂的企业管理的系统工程,从普通员工到公司总经理都要参与。

红彤CRM系统几乎涵盖了企业面向客户的所有业务领域,如客户销售、客户服务、客户回访、客户投诉、客户关怀等,CRM系统的实施涉及企业业务流程、管理等诸多方面的要求和变化,建立一套高效的CRM系统,实际上是以客户为中心,对企业业务流程和资源配置进行优化的过程,这就决定了企业实施CRM系统是一项复杂的系统工程,需要实施方法论的支持。

(1)企业文化与CRM战略实施的融合。在实施的三要素(人、技术、流程)中,人是成功的最关键的要素。红彤从企业管理层作起,牢固树立以客户为中心的理念,倡导和形成客户价值的企业文化,并把这种文化传播到每一个员工身上,使大家牢固树立客户是公司发展的源泉,工作的衡量标准是客户满意度,不是上级主管。文化的融合形成自我约束的工作规范,加强了工作协作和团队合作。

(2)总体规划、分步实施。红彤 CRM 系统包含内容较广,红彤 CRM 系统的实施是采取总体规划、分步实施的原则进行的。红彤从企业发展战略的高度对 CRM 系统总体规划,然后按照管理上的急需程度、实施中的难易程度等确定优先次序,先从眼前迫切需要解决的客户资源共享作为切入点,在效益驱动、重点突破的指导下,分阶段、分步骤实施。科学的实施方法起到了事半功倍的作用,保证项目的顺利推行。总体规划、分步实施也降低了红彤公司的实施风险和先期投入。

(3)高层领导的强力支持和推动。红彤 CRM 系统的实施自始至终得到了公司高层管理者的强力支持和推动,由总经理直接参与项目的实施,保证了资源调配和部门间的协同配合,保证了项目实施按照既定的目标、进度进行。

(4)从业务流程分析入手、研究和规划实施的步骤。红彤 CRM 实施专注于流程的研究、优化和重构,从长期发展战略的角度研究现有的产品营销、服务策略和模式,审视流程,发现不足并进行改进。在项目开展之初不是把大部分精力放在技术上,而是根据业务中存在的问题来选择合适的技术,而不是调整流程来适应技术要求。

(5)借助于外部资源的力量,以专业化、开放式的运作思路开展和部署系统。红彤 CRM 实施遵循了专业化、开放式的运作思路,与专业的厂商用友公司合作,借助于用友公司强大的咨询实施能力,以专业化、开放式的运作思路开展和部署系统。借助于第三方的力量,红彤首先明确了公司实施客户战略的必要性,并按照总体规划、分步实施的原则,以实施方法论为指导,制定总体目标和阶段目标,在第三方咨询顾问的协助下,按照 PDCA 的工作方法,保证了系统的成功应用。

7.2.3 效益评估

通过近 6 个月的实施,红彤 CRM 系统达到了以下系统目标:

(1)建立完整、准确、共享、统一的客户资源管理平台,使客户信息在公司各个部门共享,加强销售、服务部门工作协同。

(2)有效收集、管理客户需求信息,及时提供产品和服务。

(3)在进行客户、销售、服务分析的基础上,指导公司进行 STP 战略营销:即细分市场(Segmenting)、选择目标市场(Targeting)和产品定位(Positioning)。

(4)提高销售效率:通过商机管理对潜在客户进行跟踪管理,提高有望客户成交率。

(5)提高维修效率:建立统一的客户服务平台,集客户接待、车辆维修、配件销售、费用结算、索赔、理赔业务一体化,提高维修效率。

(6)进行统一的客户关怀、客户回访和客户投诉处理,进行集中的服务质量监督,提高客户满意度和忠诚度。

(7)建立完善的知识库,使销售、服务效率更高。

(8)建立完善的客户信息数据仓库(CCDW),为进行数据库营销奠定了基础。

(9)客户满意度和忠诚度的提高带来更多的销售机会。

(10)KPI:从销售额、客户满意度、全员工作效率等关键指标进行量化评估。

7.3　二手车交易网络平台系统应用

7.3.1　平台功能

1)系统功能

该系统的功能是为贸易管理办公室、旧机动车市场管理办公室、公安交通管理部门、工商管理部门、税务管理部门、各地市各旧机动车交易市场、评估公司、经营公司等应用单位提供方便、快捷、规范和安全的网上业务窗口。系统构成如图4-26所示。

其网站是基于Web的二手车行业管理官方网站；二手车鉴定评估定价系统采用"重置成本法+现行市价法"相结合的科学评估方法；机打发票交易管理系统是各个市场主体实现交易开发票的终端管理软件；专用发票管理及稽核系统满足各地市国税部门的二手车统一交易发票的网上管理要求；网上交易管理系统使主管部门及时全面掌握行业和发展动态，并有汇总、打印功能；CA数字证书安全系统确保交易数据、鉴定数据、评估数据、发票数据的安全；市场综合管理系统实现维护管理整个系统的信息。

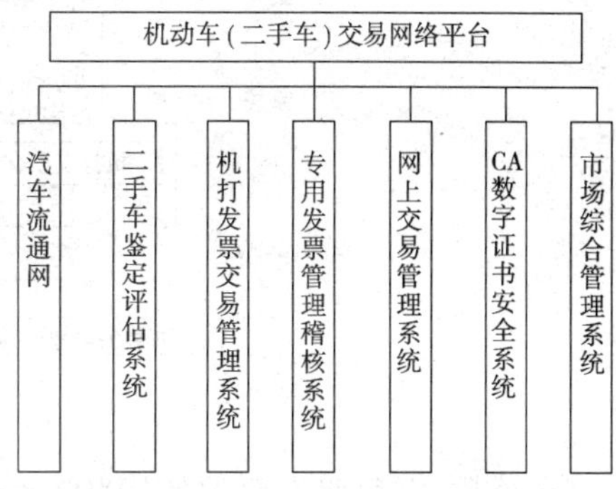

图4-26　系统整体功能构架图

2)系统技术方案

(1)系统数据处理模型。系统采用"数据大集中+实时、非实时并行相结合"模式：在商务信息中心建立二手车中心数据库系统，用于集中存储所有的二手车交易数据；同时，建立多层数据防护、备份机构确保系统数据的安全。各交易主体的相关二手车交易数据可存储于本地自动创建和维护的数据库中，但要及时进行数据上传更新，以确保中心数据库数据的实时性。商务、税务、公安部门通过Web系统直接访问中心数据库，实现相关信息的处理。

(2)系统技术体系。市场交易主体"机打发票交易管理系统"采用C/S应用结构，DELPHI开发工具；基于Web型各稽核管理类信息系统则采用B/S体系，ASP. NET开发工具；中心数据库管理系统，选用My SQL Server数据库系统。图4-27为系统逻辑结构图。

7.3.2　系统应用分析

自启用以来，该系统一直保持平稳、安全的运行状态，系统从未发生过死机、数据丢失现象，确保了二手车交易、业务管理的正常进行。

(1)商务主管部门建立完善的二手车交易市场、经销企业、拍卖企业备案制度。经过工商行政管理部门依法登记的相关企业，备案后将成为该系统的合法会员，经发票管理系统方可售票；建立准确及时的二手车流通信息报送机制。机打发票子系统记录所出具的每张发票信息，系统自动上传中心平台，平台汇总后形成各种报表，并可打印和输出；形成科学的统计分析指标体系。

(2)税务部门建立详细的发票发放台账。每次购发票的详细信息将记录在系统中，只有在台账登记的票号，才能打印出发票；建立及时、准确的发票使用监管体系。发票使用管理详细汇总记录，如企业每次领用发票的使用情况(领用总数、已使用总数、未使用总数、作废总

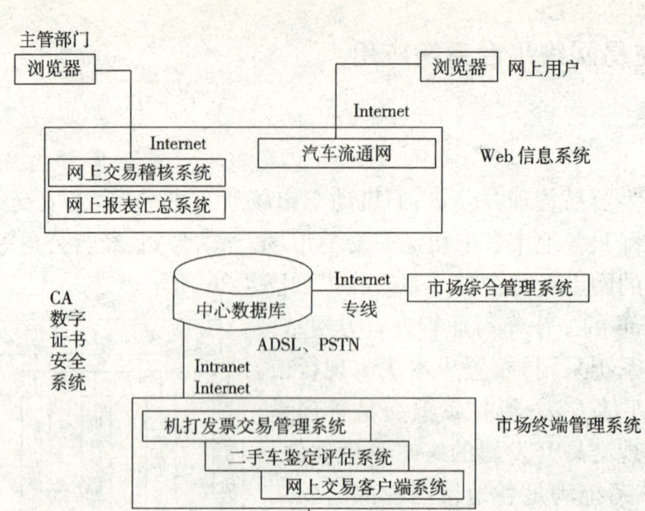

图4-27　系统逻辑结构图

数、剩余总数)及每张发票的使用状态(已使用、未使用、作废)全部备案;建立电子发票数据库,可对纸质的假发票、克隆票进行比对、稽核,以减少国家税收流失。

(3)各交易市场主体建立完善的计算机管理系统,各市场能够利用计算机网络迅速开展交易业务,交易效率得到极大提高。系统中所提供的撮合功能、信息发布功能,为各交易市场提供新的利润来源和增长点。同时,系统有效监控非法发票并取缔非法交易市场,以确保正规交易市场的有序发展。

(4)二手车鉴定评估系统采用"重置成本法+现行市价法"相结合的评估方法;另外,参考国内贸易部等国家规定,评估方法更合理、科学,在目前国内二手车鉴定评估理论与实际应用中具有重要的参考价值。图4-28为二手车鉴定评估管理系统功能结构框图。图4-29为市场综合管理系统图。

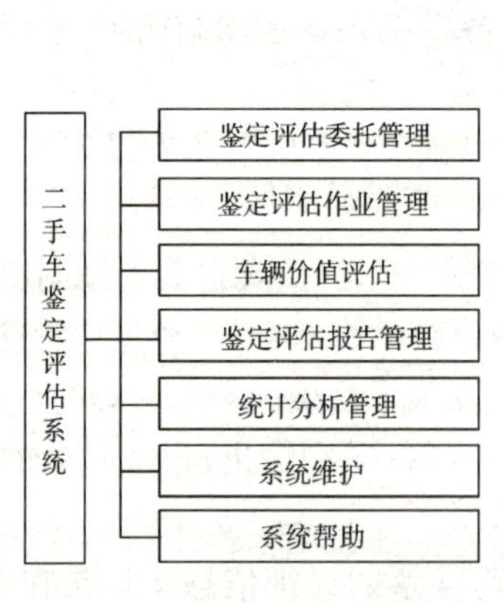

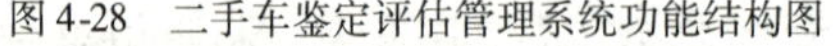
图4-28　二手车鉴定评估管理系统功能结构图

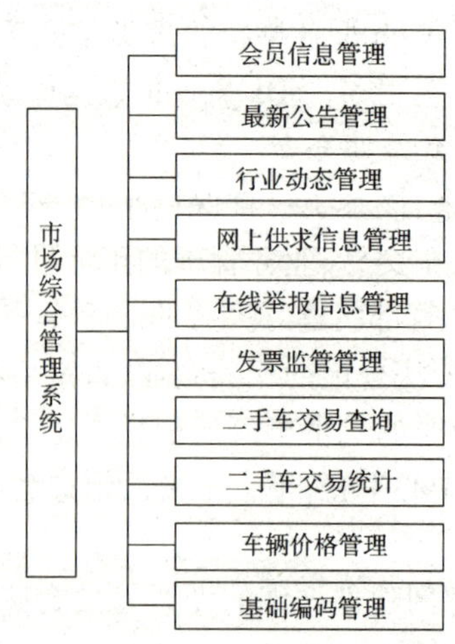

图4-29　市场综合管理系统图

7.3.3　结论

通过对本案例的分析，总结如下：该系统便于相关政府职能部门联合作业，有效实现了行业化的规范管理，为我国行业电子政务的信息化建设提供了重要参考；成功采用CA数字证书应用技术，使CA数字证书与大型应用系统完美结合。二手车鉴定评估采用的"重置成本法+现行市价法"相结合的评估方法，科学、先进、真实，促进了国内二手车鉴定评估的发展。"数据大集中+实时/非实时并行相结合"的数据处理模式，具有很强的先进性、实效性，为同类业务的信息化建设提供了新的思路。

思考与练习

1. 从事汽车行业的企业在电子商务活动中面对的主要问题是什么？
2. 汽车销售电子商务的特点是什么？
3. 简述汽车销售电子商务的基本功能及流程。
4. 简述汽车维修服务中的电子商务的应用。
5. 汽车配件的电子化采购的优越性是什么？
6. 简述汽车配件仓库管理电子商务应用的优越性。
7. 客户信息管理的概念及意义是什么？
8. 汽车流通企业客户信息管理的模式有哪些？
9. 客户关系管理的概念及基本内容是什么？
10. 汽车流通企业产品管理信息化的主要内容是什么？

单元五　现代物流企业的电子商务应用

学习目标

知识目标

1. 简述物流的概念、物流的发展概况以及功能和作用；
2. 简述电子商务物流的概念、电子商务物流的内容和作用；
3. 简述供应链的概念及供应链管理带来的变革；
4. 正确描述物流与电子商务的相互作用及影响；
5. 正确描述电子商务对供应链管理的作用。

能力目标

1. 会分析电子商务条件下物流业的发展策略；
2. 会表述不同类型企业电子商务与物流的特点；
3. 能够分析选用电子商务物流技术和电子商务条件下物流模式。

1　电子商务对物流行业的影响

正在全球迅速发展的物流产业，是现代经济的主要组成部分和工业化进程中最为经济合理的服务模式，同时也是降低流通成本、提高流通效率的重要的利润源泉。在国际上，物流产业被认为是国民经济发展的动脉和基础产业，其发展水平反映企业的市场竞争能力，其发展程度成为衡量一国现代化程度和综合国力的主要标志之一。

近几年来，随着电子商务环境的改善以及电子商务本身的飞速发展，人们发现作为支持有形商品网上商务活动的物流，已经成为有形商品网上商务的一个障碍。没有一个有效的、合理的、畅通的物流系统，电子商务所具有的优势就难以发挥，没有一个与电子商务相适应的物流体系，电子商务也难以得到有效的发展。

1.1　物流的概念及发展

1.1.1　物流的概念

物流(Logistics-Management)的英文直译为“后勤管理”，是美军在第二次世界大战期间根据军事上的需要对军火的供应、运输、屯驻等进行的全面管理。“Physical Distribution”一词于20世纪50年代中期从美国传入日本后，被直译成“物的流通”。1979年6月，我国物资工作者代表团赴日本参加第三届国际物流会议，在考察报告中第一次引用了“物流”这一术语。1989年4月在北京召开的第八届国际物流会议结束后，“物流”一词在我国日益推广开来。

中华人民共和国国家标准 GB/T 18354—2006《物流术语》中将物流定义为“商品从供应地向接收地的实体流动过程。根据实际需要，将运输、储存、装卸、搬运、包装、流通加工、配送、信息处理等基本功能实施有机结合”。这个定义非常明确地表述了物流系统的构成或基本功能。

美国物流管理协会 1962 年对物流管理作了一个精要的概括：所谓物流，即以最高效率和最大成本效益，满足顾客需要为目的，从商品的生产地点到消费地点，对包括原材料、在制品、最终成品及其相关信息的流动与储存，进行设计、实施和控制的过程。

1973 年的石油危机导致世界范围内的石油价格飙升，使石油消费占成本 20% ~30% 的运输业不堪重负，运输费和包装费分别上升了 20% 和 30%。由此还连锁导致了其他原材料价格的猛涨和人工费用支出的不断增加。西方靠廉价原材料、燃料、动力而获取高额利润的传统生产方式面临挑战。在物流方面采用强有力的措施，以大幅度地降低流通费用，在一定程度上弥补由于原材料、燃料、人工费用上涨而失去的利润成为可能。美国著名销售学家帕尔指出“物流是节约费用的广阔领域”；美国经济学家和商业咨询家彼得 · 德鲁克，则把物流的潜力比喻为“一块经济界的黑色大陆”，“一块未被开垦的处女地”。对许多发达国家而言，物流费用的节约在石油危机后起到了稳定经济、防止危机扩大的巨大作用。由此物流地位在全球范围内得到了空前的提高。这就是将物流称之为“第三利润源泉”的所谓对物流作用和功能的再发现。

1.1.2　物流发展阶段

进入 20 世纪 80 年代后，随着经济的高速发展，物流所面临的经济环境发生了巨大的变化，其表现为：

(1)物流的空间越来越大。物流被推进自由市场体系，从而为物流的进一步发展提供了更大的机会。

(2)新的通信技术对物流形成了强大的推动力，电子计算机技术、条码技术、电子交换技术等，使物流信息发生了革命性的变化。

(3)技术质量创新观念反映在物流领域“零缺陷概念”开始形成。与质量有关而使最佳物流思想从纯效率上转变为一种战略资源。

(4)发展物流联盟和合作关系的思想已成为最佳物流实践的基础。

进入 20 世纪 90 年代后，随着经济全球化的发展，物流一体化和供应链一体化的思想逐渐形成。物流向专业化发展，新兴的综合性很强的物流企业开始形成，第三方物流以至第四方物流的思想开始出现，并形成了现代化的专业物流企业，物流社会化初步形成。

根据物流实践的内容、应用技术、实现手段和方式等特点，可以将物流活动的发展划分为两大发展阶段。

(1)传统物流阶段。以手工作业、机械作业为主，重视物流的各项功能。初级物流时间阶段为 20 世纪 40 年代末至 80 年代中期，主要特点是向专业化、机械化发展，以提高运输、仓储、配送、外购等各种物流环节的效率、效益为重点。

(2)现代物流阶段。以电子信息技术为基础，注重服务、人员、技术、信息和管理的综合集成，是现代生产方式、现代管理手段、电子信息技术相结合在物流领域中的体现。同一物流通道各运作主体依托电子信息技术，使物流活动能有效地在企业内部、多企业之间、经济区域、全国乃至国际范围展开经营活动。

1.1.3 现代物流发展的特点

1）电子商务物流的兴起

基于网络（如 World Wide Web——WWW）的电子商务的迅速发展，促使了电子物流（E—Logistics）的兴起。据统计，通过互联网进行企业间的电子商务贸易额，2009 年全球已达到 2680 亿美元。企业通过互联网加强了企业内部、企业与供应商、企业与消费者、企业与政府部门的联系和沟通，相互协调，相互合作。消费者可以直接在网上获取有关产品或服务信息，实现网上购物。这种网上的"直通方式"使企业能迅速、准确、全面地了解需求信息，实现基于顾客订货的生产模式（Build To Order——BTO）和物流服务。此外，电子物流可以在线追踪发出的货物，在线规划投递路线，在线进行物流调度，在线进行货运检查。可以说电子物流将是 21 世纪物流发展的大趋势。

2）物流企业将向集约化与协同化发展

21 世纪是一个物流全球化的时代，企业之间的竞争将十分激烈。要满足全球化或区域化的物流服务，企业规模必须扩大，形成规模效益。规模的扩大可以是企业合并，也可以是企业间的合作与联盟，主要表现在两个方面：

（1）物流园区的建设。物流园区是多种物流设施和不同类型的物流业在空间上集中布局的场所，是具有一定规模和综合服务功能的物流结点。物流园区的建设有利于实现物流企业的专业化和规模化，发挥它们的整体优势和互补优势。

（2）物流企业的兼并与合作。随着国际贸易的发展，美国和欧洲的一些大型物流企业跨越国境，展开连横合纵式的并购，大力拓展国际物流市场，以争取更大的市场份额。国际物流市场专家们认为，世界上各行业企业间的国际联合与并购，必然带动国际物流业加速向全球化方向发展，而物流全球化的发展走势，又必然推动和促进各国物流企业的联合和并购活动。新组成的物流联合企业、跨国公司将充分发挥互联网的优势，及时准确地掌握全球的物流动态信息，调动自己在世界各地的物流网点，构筑起本公司全球一体化的物流网络，节省时间和费用，将空载率压缩到最低限度，以战胜竞争对手，为货主提供优质服务。除了并购外，另一种集约化方式是物流企业之间的合作与建立战略联盟。

3）物流服务的优质化和全球化

随着消费多样化、生产柔性化、流通高效化时代的到来，社会和客户对物流服务的要求越来越高，物流服务的优质化是物流今后发展的重要趋势，优质服务的标志是将 5 个 Right（The Right Product，At Right Time，In The Right Place，In The Right Quantity，At The Right Price）提供给用户成为物流企业的共同标准。

物流服务的全球化是今后发展的又一重要趋势。荷兰国际销售委员会（MIDC）发表的一篇题为《全球物流业——供应连锁服务业的前景》的报告中指出，目前许多大型制造部门正在朝着"扩展企业"的方向发展。这种所谓的"扩展企业"基本上包括了把全球供应链条上所有的服务商统一起来，并利用最新的计算机体系加以控制。同时，报告认为，制造业已经实行"定做"服务理论，并不断加速其活动的全球化，对全球供应连锁服务业提出了一次性销售（即"一票到底"的直销）的需求。这种服务要求极其灵活机动的供应链，这也迫使物流服务商几乎采取了一种"一切为客户服务"的解决办法。

4)第三方物流的快速发展

第三方物流(Third Party Logistics)是指在物流渠道中由中间商提供的服务。中间商以合同的形式在一定期限内,提供给企业所需的全部或部分物流服务。第三方物流提供者是一个为外部客户管理、控制和提供物流服务作业的公司,他们并不在供应链中占有一席之地,仅是第三方,但通过提供一整套物流活动来服务于供应链。

在美国,第三方物流被认为尚处于产品生命周期的发展期;在欧洲,尤其在英国,普遍认为第三方物流市场有一定的成熟程度。欧洲目前使用第三方物流服务的比例约为76%,美国约为58%,且需求仍在增长。研究表明,欧洲24%和美国33%的非第三方物流服务用户正积极考虑使用第三方物流服务;欧洲62%和美国72%的第三方物流服务用户认为他们有可能在三年内更多地使用第三方物流服务。全世界的第三方物流市场具有潜力大、渐进性和高增长率的特征,这种状况将使第三方物流企业拥有大量的服务客户。国际上大多数第三方物流服务公司大都是以传统的"类物流"业为起点而发展起来的,如仓储业、运输业、空运、海运、货运代理和企业内的物流部等,他们根据顾客的不同需要,通过提供各具特色的服务取得成功。

5)绿色物流是物流发展的又一趋势

物流虽然促进了经济的发展,但是物流的发展同时也会给城市环境带来不利的影响,如运输工具的噪声、污染排放、对交通的阻塞,以及生产及生活中废弃物的不当处理对环境的影响。世界各国对物流提出了绿色物流要求。绿色物流包括两方面,一是对物流系统污染进行控制,即在物流系统和物流活动的规划与决策中尽量采用对环境污染小的方案,如采用排污量小的货车车型,近距离配送,夜间运货(减小交通阻塞,节省燃料和减小排放)等。发达国家政府倡导绿色物流的对策是在污染发生源、交通量、交通流等三个方面制定了相关政策。绿色物流的另一方面就是建立工业和生活废料处理的物流系统。

6)采用新科技

不断采用新的科学技术改造物流装备和提高管理水平,国外物流企业的技术装备已达到相当高的水平。目前已经形成了以系统技术为核心,以信息技术、运输技术、配送技术、装卸搬运技术、自动化仓储技术、库存控制技术、包装技术等专业技术为支撑的现代化物流装备技术格局。今后的发展方向是:

信息化——采用无线互联网技术、卫星定位技术(GPS)、地理信息系统(GIS)、射频标志技术(RF)等。

自动化——自动导引小车(AGV)技术、搬运机器人(Robot System)技术等。

智能化——电子识别和电子跟踪技术、智能运输系统。

集成化——集信息化、机械化、自动化、智能化于一体。

1.2 物流对社会的作用

物流是进行生产和建设的物质前提,是实现商品价值和使用价值的重要保障。因此,物流具有生产性和社会性的基本性质。物流业对经济社会的作用表现在以下5个方面:

1.2.1 物流保障生产

无论在传统的贸易方式下,还是在电子商务下,生产都是商品流通之本,而生产的顺利进行需要各类物流活动支持。生产的全过程从原材料的采购开始要求有相应的供应物流活动,将所采购的材料到位,否则,生产就难以进行;生产的各工艺流程之间,也需要原材料、半成品的物流过程;废弃物的处理要废弃物物流。可见,整个生产过程实际上就是系列化的物流活动。

1.2.2 实现商品价值和使用价值的基本条件

无论是生产资料商品还是生活资料商品,在其未进入生产性消费和生活消费之前,其价值和使用价值始终是潜在的。为了能把这种潜在变为现实,物资必须借助其实物运动即物流得以实现。物流是实现商品价值和使用价值的基本条件。

1.2.3 实现“以顾客为中心”理念的根本保证

电子商务的出现,最大限度地方便了最终消费者。他们不必再跑到拥挤的商业街,一家又一家地挑选自己所需的商品,而只要坐在家里,在 Internet 上搜索、查看、挑选,就可以完成他们的购物过程。但如果他们所购的商品迟迟不能送到,或者商家所送并非自己所购,会产生信任危机。物流电子商务中是实现以“以顾客为中心”理念的最终保证。

1.2.4 第三方利润泉

合理的物流对提高全社会的经济效益起着十分重要的作用。所谓经济效益一般是指各种社会实践活动劳动占用和物质消耗有效性的评价。在物流过程中,总是伴随着生产资料的消耗和占用。合理的物流不仅可以减少物资在各个流通环节中的损耗,而且可以使有限的物资发挥更大的效用。

合理的物流,对于消除迂回、相向、过远等不合理运输,节约运力具有重要作用。没有实物运输,便没有实物消费。但是只有必要的、合理的运输才是有益的。一切不合理的运输都会延长物资的运输时间,增大在途物资的数量,这无疑是一种浪费。

合理的物流,可以减少库存,加速周转,更充分地发挥现有物资的效用。物资的储存应以在满足消费的前提下,储量越少越好。这是因为,在物资资源量既定情况下,停留在流通过程的物资越多,停留的时间越长,则意味着投入消费的越少。同时,储存在仓库的物资或多或少地都要受到价值损失的威胁,都要不同程度地发生物质磨损和精神磨损。合理的物流能使这种损失下降到最小的限度。比如,在 20 世纪 70 年代,美国物流成本平均相当于 GDP 的 13.7%,1989 年为11.1%,到 1996 年降到 10.5%。

1.2.5 宏观影响

物流的技术进步与发展是决定国民经济生产规模和产业结构变化的重要因素。物流涵盖了全部社会产品在社会上与企业中的运动过程,涵盖了第一、第二、第三产业和全部社会再生产过程,因而是一个非常庞大而且复杂的领域。物流作为产业的总体,本身也是由不同结构的产业所组成。物流产业的构成有 5 个主要部分:第一个是物流基础产业,这个产业由各种不同的运输线路、运输线路的交汇与节点,以及理货终端所构成的系统;第二个是物流装备制造产业,这个产业是物流生产力中提供劳动手段要素的产业,这个产业大体上可以划分为集装备生产行业、货运汽车生产行业、铁道货车生产行业、货船行业、货运航空器行业、仓库设备行业、装卸机具行业、产业车辆行业、输送设备行业、分拣、理货设备行业、物流工具行业等;第三个是物流系统产业,这个产业提供物流系系统软、硬件,提供系统管理,是计算机系统技术和通信技术在物流领域的独特的组合;第四个是第三方物流产业,第三方物流产业是代理货主,向货主提供物流代理的产业。过去很少能由一个企业代理货主的全部环节的物流服务,往往所提供的服务局限于仓库存货代理、运输代理、托运代理、通关代理等，第三方物流的代理作用是全部物流活动的系统的、全程的代理，这种代理活动需要在物流平台上运作，因此代理活动的水平在很大程度上取决于物流平台；第五个是货主物流产业。货主物流产业是自办物流产业。有可能部分从事第三方物流的活动，货主物流产业着重于建立巨型企业内部物流系统，尤其是配送中心以及配送系统、流通加工系统。我国社会主义市场经济和商品生产的发展要求生产社会化、专业化、规范化。但是，如果没有物流技术的进步和发展，这些要求是很难实现的。物流技术的发展，从根本上改变了产品的生产和消费条件，为经济的发展创造了重要前提。而且，随着现代科学技术的发展，物流对生产发展的这种制约作用也就更加明显。

1.3　电子商务对物流的影响

近几年来，电子商务所具有的巨大优势受到政府和企业界的重视，因而电子商务的发展相当迅速，它不仅改变着传统产业结构，而且影响着物流业。

1.3.1　电子商务将把物流业提升到前所未有的高度

电子商务必定导致产业重组，使得社会上的产业只剩下两类产业，一类是实业，包括制造业和物流业；一类是信息业，包括广告、订货、销售、购买、服务、金融、支付和信息处理业等。这两类产业，可以理解为一个是“实”业，一个是“虚”业。在“实”业中，制造业和物流业二者相比，制造企业会逐渐弱化，而物流企业会逐渐强化。这主要是因为，随着经济的发展和生产力水平的提高，社会已经从短缺经济走向了剩余经济，绝大多数的产品，都出现了供给大于需求的现象。即使一个产品暂时短缺，由于高科技和高生产力水平，再加之趋利竞争，这个产品产量会迅速上升，很快就会由短缺变为剩余。所以，越往后就越难找到一个企业，能长期不变地只生产其固有的产品。随着人们生活水平的提高，需求越来越走向个性化，高档化商品的寿命周期也越来越短，所以制造企业生产的产品就必须越来越随之迅速地变化，正是为了适应这种情况，出现了柔性制造、柔性企业、虚拟企业等。

物流企业会越来越强化，这是因为在电子商务的环境里，消费者在网上的虚拟商店购物，并在网上支付，送货的功能就由物流公司承担。也就是说，现实的商店没有了，银行没有了，而物流公司非但不能省，而且任务加重了。物流公司不但要把虚拟商店的货物送到用户手上，而且还要从各个生产企业及时进货，存放到物流仓库中。物流公司既是生产企业的仓库，又是用户的实物供应者。

在电子商务环境下，随着绝大多数的商店、银行虚拟化、商务事务处理信息化、多数生产企业柔性化以后，整个市场剩下的就只有实物物流处理工作了。物流企业成了代表所有生产企业及供应商向用户进行实物供应的唯一最集中、最广泛的供应者，是进行局域市场实物供应的唯一主体，可见电子商务把物流业提升到了前所未有的高度。

1.3.2　物流需求的新变化

1）消费者的地区分布分散化

互联网是电子商务的最大信息载体，互联网的物理分布范围正在迅速扩展。一般商务活动的有形销售网点资源按销售区域来配置，每一个销售点负责一个特定区域的市场，再设立一个配送中心，负责向该大区内的销售网点送货，销售点向配送中心订货和补货，配送中心则在规定的时限内将订货送达。电子商务也有可能按照这种方式来操作，但问题在于，电子商务的客户可能在地理分布上十分分散,要求送货的地点不集中,物流网络并没有像互联网那样广的覆盖范围,无法经济合理地组织送货。所以,从节约配送成本出发,提供电子商务服务的公司也需要像有形店铺销售一样要对销售区域进行定位,对消费人群集中的地区提供物流承诺。还有一种处理办法,就是对不同的销售区域采取不同的物流服务政策,如在大城市由于电子商务的普及,订货可能比较集中,适于按不低于有形店铺销售的送货标准组织送货,但对偏远地区的订单则要进行集货,送货期限肯定要比大城市长得多,那些地区的电子商务消费者享受的服务就要差一些。从电子商务的经济性考虑,宜先从上网用户比较集中的大城市起步,这样建立基于一个城市的物流配送体系也比较好操作。

借助于互联网,电子商务将整个世界联系在一起。电子商务的推广,加快了世界经济的一体化,因为电子商务的跨时域性和跨区域性,使得物流需求必然呈现跨国性,国际物流在整个商务活动中愈来愈占有举足轻重的地位。

2)销售的商品标准化

从理论上讲,没有什么商品特别不适合于采用电子商务的销售方式。但从流通本身的规律来看,需要有商品定位,现在的商品品种有 40 万 ~50 万种之多,一个大型百货商店充其量经营 10 万种商品,没有一个公司能够经营所有的商品,总是要确定最适合自己销售的商品。电子商务也一样,为了将某一商品的销售批量累积得更大,就需要筛选商品品种。同时,电子商务也要有一定的销售渠道配合,不同的商品进货和销售渠道可能不同。品种越多,进货渠道及销售渠道越复杂,组织物流的难度就越大,成本也就越高。因此,为了考虑在物流环节不增加过多的费用,也需要将品种限制在一定的范围之内。一般而言,商品如果有明确的包装、质量、数量、价格、储存、保管、运输、验收、安装及使用标准,对储存、运输、装卸等作业等无特殊要求,就适合于采用电子商务的销售方式。

1.3.3 物流服务需求多功能化和社会化

与传统的把物流分割成包装、运输、仓储、装卸等若干个独立的环节,由不同的企业单独完成的做法不同,电子商务的物流要求物流提供企业全方位的服务,既包括仓储、运输服务,还包括配货、分发和各种客户需要的配套服务,是物流成为连接生产企业与用户的重要环节。电子商务的物流要求把物流的各个环节作为一个完整的系统进行统筹协调、合理规划,使物流服务的功能多样化,更好地满足客户的需求。

随着电子商务的发展,物流服务的社会化趋势也越来越明显。在传统的经营方式下,无论是实力雄厚的大企业,还是三五十人的小企业,一般都由企业自身承担物流职能,导致了物流高成本、低效率的结果。而在电子商务条件下,特别是对小企业来说,在网上订购网上支付实现后,最关键的问题就是物流配送,如果完全依靠自己的力量来完成肯定是力不从心的,特别是面对跨地区、跨国界的用户时,将显得束手无策。因此,物流的社会化也将是电子商务发展的一个十分重要的趋势。

1.3.4 物流服务空间的拓展

电子商务需要的不是普通的运输和仓储服务,它需要的是物流服务,而物流与仓储运输存在比较大的差别。正是因为传统的储运经营者用传统储运的要求和标准为电子商务服务,才使得电子商务经营者在 21 世纪初的今天仍然抱怨物流服务不到位、跟不上等。电子商务经营者(也包括其他新型流通方式的经营者)需要的是增值性的物流服务(Value-Added Logistics

Services)，而不仅仅是传统的物流服务。

1.3.5　对物流时效性的要求

获取竞争优势的方法多种多样，如今，时间正成为新的竞争焦点。纵观制造业发展史，可以概括为7个字："更便宜、更好、更快"。20世纪60年代，重点是降低成本，提高劳动生产率，为顾客提供更便宜的产品，竞争焦点是成本。20世纪80年代，竞争转移到质量，制造更好的产品，提供更好的服务，竞争焦点是质量。20世纪90年代，成本、质量当然仍是重要的竞争手段，但是在许多行业中，时间正成为新的竞争焦点，快速反应市场需求是企业竞争的新定律。时间代替质量，成为新的竞争焦点。

电子商务的优势之一就是能大大简化业务流程，降低企业运作成本。而电子商务下企业成本优势的建立和保持必须以可靠和高效的物流运作为保证。现代企业要在竞争中取胜，不仅需要生产适销对路的产品、采取正确的营销策略以及强有力的资金支持，更需要加强"品质经营"，即强调"时效性"，其核心在于提供服务、产品、信息和决策反馈的及时性。这些都必须以强有力的物流能力作为保证。以生产企业为例，有关调查研究的数据显示，物流对企业的影响是公认的，90%以上的人认为较重要，其中42%的人认为很重要，仅有9.2%的人认为不重要。

1.3.6　对物流环节的影响

首先，电子商务可使物流实现网络的实时控制。传统的物流活动在其运作过程中，不管是以生产为中心，还是以成本或利润为中心，其实质都是以商流为中心，从属于商流活动，因而物流的运动方式是紧紧伴随着商流来运动。而在电子商务下，物流的运作是以信息为中心的，信息不仅决定了物流的运动方向，而且也决定着物流的运作方式。在实际运作过程中，通过网络上的信息传递，可以有效地实现对物流的实施控制，实现物流的合理化。

其次，网络对物流的实时控制是以整体物流来进行的。在传统的物流活动中，虽然也有利用计算机对物流实时控制，但这种控制都是以单个的运作方式来进行的。比如，在实施计算机管理的物流中心或仓储企业中，大都以企业自身为中心来管理物流。而在电子商务时代，网络全球化的特点，可以使物流在全球范围内实施整体的实时控制。

UPS总裁兼首席执行官吉姆·凯里在解释传统供应链与电子供应链的区别时说，电子供应链改变了传统供应链的运行方向。在传统供应链中，供应商是将货物沿着供应链向最终用户的方向"推动"。这样的系统需要在仓库里储存货物，尽管这种作法并不合算。而电子供应链主张的是及时生产顾客所需的产品，而不需在仓储上耗费巨资。此外，顾客可从供应链的每个成员中"拉出"他们所需的东西，结果是顾客可获得更加快速而可靠的服务，而供应商也可减少成本。为了有效地实施拉动战略，企业必须与供应链中的所有成员建立电子联系。UPS一直在争取使自己成为每个客户供应链中不可缺少的环节。在这个过程中，UPS成长为一家信息公司。目前，UPS可向顾客和供应商提供瞬间电子接入服务，以便查阅有关包裹运输和传递过程的信息。在1998年圣诞节前夕，有100万顾客访问UPS网站，查看所托货物的运送状况。节日期间，在线购物总量的55%是由UPS送达的。

1.3.7　电子商务促进物流技术水平提高

所谓物流技术是指与物流要素活动有关的、实现物流目标的所有专业技术总称。传统的概念主要是指物资运输技术或者物资流通技术，也就是说物流技术是各种流通物资从生产者转移给消费者时，实现各种流通形态的停顿与流动功能所需要的材料、机械、设施等硬件环境和计划、运用、评价等软件技术。

现代的物流技术包括各种操作方法、管理技能等,如流通加工技术、物品包装技术、物品标识技术、物品实时跟踪技术等。物流技术也包括物流规划、物流评价、物流设计以及物流策略等。计算机网络技术应用普及后,尤其是电子商务的飞速发展,物流技术中又综合了许多现代技术,如 GIS(地理信息系统)、GPS(全球卫星定位)、EDI(电子数据交换)、BAR CODE(条码)等等。

1.4 电子商务条件下物流业的发展策略

面对电子商务发展的这种形势,认真地制订物流业发展的战略和策略特别重要。

1.4.1 建立和发展适应网络经济形势的物流业,是一个大的社会工程

需要全区域,甚至全社会统一认识,形成合力,特别是要得到政府的支持,政府应当出面组织策划和实施。因为它牵涉到整个物流业的产业重组,是几乎涉及社会所有企业单位和人们的革命性的变化,没有政府妥善的规划组织,光靠企业自己干是很难实现的。政府策划这个工程的工作,应当分步骤地进行。首先是基础建设——建网。要迅速组建覆盖整个区域的互联网和企业内部网。动员组织企业、家庭和个人上网,特别是动员企业、银行在网上建立网站、虚拟商店、虚拟银行,开展电子商务。随着电子商务的开展,自然就会逐渐进行产业重组。这时,就要有计划地撤销一些实际商店、实际银行的分行、支行、营业点,同时有步骤地将这些企业的下岗富余人员组建成合理的配送中心。几个配送中心就可以合并成一个物流公司或货物流通中心。这样下去,就会逐渐形成完善的物流业。

1.4.2 组建的配送中心、物流企业一开始就一定要合理规划布局

物流业是一个系统,应当组成一个相互联系、相互分工协作、有着等级层次结构的物流企业体系。各个小区设一个综合配送中心,负责小区的供货送货;若干小区联合起来,建立大的物流中心,负责向各个小区配送中心供货送货;还有更大的物流中心,例如港口码头、铁路站点,负责向全区甚至向国内各地大进大出地转运物资。不同的物流企业承担不同的功能,彼此又互相协作互相支持,构成一个功能齐全、布局合理的物流企业体系。

1.4.3 建立第三方物流模式

第三方物流模式是一种完全专业化的物流模式。生产企业专搞生产,把生产企业的原材料供应、产品的销售等物流业务全交给物流企业去承担。物流企业是生产企业的大管家,既负责"后"勤,又负责"前"勤。这样做物流企业才会充分、合理、有效地组织利用资源,既保证自己的经济效益,又保证生产企业的经济效益。

1.4.4 为适应电子商务的需要,配送中心的功能应有所变化

这些配送中心应当有以下 3 个基本功能:

(1)货物储存,无论是生产企业生产出来的还是从外地转运来的、供应本区域生产或生活需要的商品,都要储存到这里的仓库里,以备送货用。

(2)运输,也就是送货和进货。根据网上销售的信息,将网上销售的商品送到用户手中,也要及时进货,保证及时吸纳生产企业的产品(将这里办成生产企业的成品库),又保证货物不脱销。

(3)包装、装卸、流通加工等功能。在电子商务的情况下,配送中心还要特别增加以下两

个功能:商品展示功能和零售功能。因为在取消了大多数的商店以后,人们通常都在网上虚拟商店中购物,不到实体商店来。但是有时,特别是节假日旅游,人们也想逛逛商场,看看实物,所以物流中心、配送中心也需要满足这些需求而增设展示和零售的功能。由于这些需求量不会太多。所以附设在物流中心和配送中心比较合适。如果这些需求量很大,或者物流中心配送中心不愿增设这些功能,则必须在物流中心配送中心之外,还要保留适量的超级商场。

1.4.5　建立物流企业要立足于高科技、高起点。

网络经济,实际上就是一个高科技经济模式。物流企业要适应电子商务,就要努力采用高科技。首先,物流企业要上网。要在网上建立站点,提供信息。除了介绍公司、仓库、货物信息以外,特别要提供用户所关心的送货信息,用户已经购买的货物送货了没有,什么时候送的,送了多少。

其次,要有高水平的、先进的储运设施。要有足够的仓库储存场所、先进的包装装卸以及存放设备设施,应当有舒适宽敞的商品展示和零售场所;要有强大先进的运输车队和强大的吞吐能力;还要有无线通信设备,随时可以上网联系。总之要努力建立起一个具有现代化水平的物流企业,要有一个严格科学的管理系统;也要实现事物处理信息化、信息处理电子化;要充分利用计算机和计算机网络来处理信息;要利用无线通信、卫星通信和数据传输、电子邮件等工具来进行实物处理。

2　电子商务与现代物流技术

纵观国外电子商务和物流的发展现状与趋势,不难发现,电子商务再火暴,充其量不过是产生对物流的强烈的市场需求而已。真正能促进物流业从实质上向更高水平前进的是现代的计算机技术、通信技术、网络技术的飞速发展,并最终推动物流信息化的过程。

物流技术一般是指与物流要素活动有关的所有专业技术的总称,可以包括各种操作方法、管理技能等,如流通加工技术、物品包装技术、物品标识技术、物品实时跟踪技术等,此外,还包括物流规划、物流评价、物流设计、物流策略等。

2.1　电子商务物流的概念

2.1.1　电子商务物流

电子商务作为一种新的数字化生存方式,代表未来的贸易、消费和服务方式。因此,要完善整体生态环境,这就需要打破原有行业的传统格局,发展建设以商品代理和配送为主要特征,物流、商流、信息流有机结合的社会化物流配送体系。

实际上,电子商务物流的概念是伴随电子商务技术和社会需求的发展而出现的,它是辅之于电子商务真正的经济价值实现不可或缺的重要组成部分。由于电子商务所独具的电子化、信息化、自动化等特点,以及高速、廉价、灵活等诸多好处,使得电子商务物流在其运作特点和需求方面也有别于一般物流。

2.1.2　电子商务物流的特点

电子商务时代的来临给全球物流带来了新的发展,使物流具备了一系列新特点。

1)信息化

电子商务时代,物流信息化是电子商务的必然要求。物流信息化表现为物流信息的商品化、物流信息收集的数据库化和代码化、物流信息处理的电子化和计算机化、物流信息传递的标准化和实时化以及物流信息存储的数字化等。因此,条形码技术(Bar Code)、数据库技术(Database)、电子订货系统(Electronic Ordering System,EOS)、电子数据交换(Electronic Data Interchange,EDI)、快速反应(Quick Response,QR)及有效客户反馈(Effective Customer Response,ECR)以及企业资源计划(Enterprise Resource Planning,ERP)等技术与观念在我国的物流中将会得到普遍的应用。没有物流的信息化,任何先进的技术设备都不可能应用于物流领域,信息技术及计算机技术在物流中的应用将会彻底改变世界物流的面貌。

2)服务化

电子商务物流以实现顾客满意为第一目标。通过提供顾客所需要的服务,在积极追求自身交易扩大的同时,强调实现与竞争企业服务的差别化,努力提高顾客满意度。在电子商务条件下,物流业配送中心离客户最近、联系最密切,商品都是通过它送到客户手中,成功物流企业的要诀就在于十分重视对客户服务的研究。

3)自动化

自动化的基础是信息化;自动化的核心是机电一体化;自动化的外在表现是无人化;自动化的效果是省力化,另外,还可以扩大物流作业能力、提高劳动生产率以及减少物流作业的差错等。物流自动化的设施非常多,如条形码,语音,射频自动识别系统、自动分拣系统、自动存取系统、自动导向车以及货物自动跟踪系统等。这些设施在发达国家已普遍应用于物流作业流程中,而在我国由于物流业起步晚,发展水平低,自动化技术的普及还需要相当长的时间。

4)网络化

物流领域网络化的基础也是信息化,这里指的网络化有两层含义:一是物流配送系统的计算机通信网络,包括物流配送中心与供应商或制造商的联系要通过计算机网络;另外,与下游顾客之间的联系也要通过计算机网络,比如,物流配送中心向供应商提出订单这个过程,就可以使用计算机通信方式,借助于增值网(Value-Added Network,VAN)上的电子订货系统和电子数据交换技术来自动实现,物流配送中心通过计算机网络收集下游客户订货的过程也可以自动完成。二是组织的网络化,即所谓的内联网(Intranet)。比如,台湾的电脑业在20世纪90年代创造出了"全球运筹式产销模式",这种模式的基本点是按照客户订单组织生产,采取分散形式生产,即将全世界的电脑资源都利用起来,采取外包的形式将一台电脑的所有零部件、元器件和芯片外包给世界各地的制造商去生产,然后通过全球的物流网络将这些零部件、元器件和芯片发往同一个物流配送中心进行组装,由该物流配送中心将组装的电脑迅速发给订户。这一过程需要有高效的物流网络支持,当然物流网络的基础是信息和计算机网络。

物流的网络化是物流信息化的必然,是电子商务物流活动的主要特征之一。目前,Internet等全球网络资源的可用性及网络技术的普及为物流的网络化提供了良好的外部环境。

5)智能化

这是物流自动化、信息化的一种高层次应用,物流作业过程中大量的运筹和决策,如库存水平的确定、运输(搬运)路径的选择、自动导向车的运行轨迹和作业控制、自动分拣机的运行以及物流配送中心经营管理的决策支持等问题都需要借助于大量的知识才能解决。在物流自动化的进程中，物流智能化已成为电子商务物流发展的一个新趋势，需要通过专家系统、机器人等相关技术来解决。

6）柔性化

柔性化本来是为实现"以顾客为中心"的理念而在生产领域提出的，但要真正做到柔性化，即能真正根据消费者需求的变化来灵活调节生产工艺，没有配套的柔性化的物流系统是不可能达到目的的。20 世纪 90 年代，国际生产领域纷纷推出弹性制造系统（Flexible Manufacturing System，FMS）、计算机集成制造系统（Computer Integrated Manufacture System，CIMS）、制造资源系统（Manufacturing Requirement Planning，MRP）、企业资源计划以及供应链管理的概念和技术，这些概念和技术的实质是要将生产和流通进行集成，根据需求端的需求组织生产，安排物流活动。因此，柔性化的物流正是适应生产、流通与消费的需求而发展起来的一种新型物流模式。这就要求物流配送中心要根据消费者需求"多品种、小批量、多批次、短周期"的特色，灵活组织和实施物流作业。

另外，物流设施和商品包装的标准化，物流的社会化和共同化也都是电子商务物流模式的新特点。

7）一体化和国际化

物流一体化就是以物流系统为核心的，由生产企业、销售企业直至消费者供应链的整体化和系统化。物流一体化是物流产业化的发展形式，它还必须以第三方物流充分发展和完善为基础。物流一体化的实质是物流管理的问题，即专业化物流管理的技术人员，充分利用专业化的物流设备、设施，发挥专业化物流运作的管理经验，以求得整体最优的效果。

物流国际化即物流设施国际化、物流技术全球化、物流服务全体化、货物运输国际化、包装国际化和流通加工国际化等。物流国际化的实质是按照国际分工的原则，依照国际惯例，利用国际化的物流网络、物流设施和物流技术，实现货物在国际间的流动和交换，以促进区域经济的发展和世界资源优化配置。

2.1.3　物流在电子商务中的地位和作用

如果说电子商务能成为 21 世纪的商务工具，而且能像杠杆一样撬起传统产业和新兴产业的话，那么，在这一过程中，现代物流产业将成为这个杠杆的支点。

随着现代物流在国民经济中重要作用的体现，人们花了差不多一个世纪的时间在探索挖掘物流这个利润源泉的办法，目前已积累了不少经验。但由于电子商务的发展还处于成长期，人们对电子商务中的物流的认识尚处于起步阶段。但有一点可以明确的是，物流在电子商务中具有不可替代的重要地位，它的成功与否直接关系到电子商务的成败，它的实施与运作效率将直接影响网络所带来的经济价值。

商家们之所以更加意识到物流体系的重要，并把发展现代物流提上日程，归根结底是物流在电子商务过程中能够发挥不可替代的重要作用。具体地说，电子商务物流将起到以下作用：

（1）提高电子商务的效率与效益。

（2）协调电子商务的目标。

（3）扩大电子商务的市场范围。

（4）实现基于电子商务的供应链集成。

（5）集成电子商务中的商流、信息流与资金流。

(6)支持电子商务的快速发展。

(7)促使电子商务成为最具竞争力的商务形式。

2.1.4 我国电子商务物流存在的问题

虽然物流对电子商务的发展可以起到上述作用,但我国现行的物流体系对电子商务的发展还存在一些制约因素,主要表现在:

(1)观念落后,社会上重电子、轻商务,重商流、轻物流,重信息网、轻物流网的倾向比较严重,还没有认识到推行电子商务物流是一个复杂的系统工程。传统储运的观念、体制及方法对现代物流的发展存在着巨大阻力。

(2)体制落后,适合电子商务发展的物流体系没有建立起来;与物流发展相关的制度和政策法规体系尚未完善。

(3)软、硬件不足,物流企业的基础设施不配套、不完善。

(4)服务简单,缺少综合性物流服务,物流管理能力不足、手段落后。与电子商务要求提供的高效率、低成本的电子商务物流服务存在较大的差距,信息收集、加工、处理、运用能力,物流专门知识,物流的统筹策划和精细化组织与管理等都存在明显不足。第三方物流服务滞后。

(5)物流人才稀缺。高校和高等职业教育设置的物流专业刚开始有毕业生,能够从事电子商务物流的更少。一方面是毕业生数量不能满足企业的需要,另一方面他们的实践能力尚需要一定时期才能提高到能够胜任本职工作。

因此,我国的电子商务发展目前仍处在比较困难的成长阶段,尤其是物流、配送体系的完善是电子商务发展必须解决的问题。

2.2 电子商务的物流服务内容

电子商务与非电子商务就实现商品销售的本质来讲并无区别,物流是实现销售过程的最终环节,但由于采用形式不同,使这一部分的特殊服务变得格外重要。因此,设计电子商务的物流服务内容时应反映这一特点。概括起来,电子商务的物流服务内容可以分为以下两个方面:

2.2.1 传统物流服务

电子商务物流在具备普通商务活动中典型物流功能的同时,也根据电子商务的特点对这些功能进行了特定的改进。

(1)储存功能。电子商务既需要建立互联网网站,同时又需要建立或具备物流中心,而物流中心的主要设施之一就是仓库及附属设备。需要注意的是,电子商务服务提供商的目的不是要在物流中心的仓库中储存商品,而是要通过仓储保证市场分销活动的开展,同时尽可能降低库存占压的资金,减少储存成本。因此,提供社会化物流服务的公共型物流中心需要配备高效率的分拣、传送、储存、拣选设备。在电子商务方案中,可以利用电子商务的信息网络,尽可能地通过完善的信息沟通,将实物库存暂时用信息代替,即将信息作为虚拟库存 VI(Visual Inventory),办法可以是建立需求端数据自动收集系统 ADC (Automated Data Collection),在供应链的不同环节采用 EDI 交换数据,建立基于 Internet 的 Intranet,为用户提供 Web 服务器,以便于数据实时更新和浏览查询,一些生产厂商和下游的经销商、物流服务商共用数据库,共享库存信息等,目的都是尽量减少实物库存水平但并不降低供货服务水平。那些能将供应链上各环节的信息系统有效集成,并能取得以尽可能低的库存水平满足营销需要的电子商务方案提供商将是竞争的真正领先者。

(2)装卸搬运功能。这是为了加快商品的流通速度必须具备的功能,无论是传统的商务活动还是电子商务活动,都必须配备具备一定的装卸搬运能力,第三方物流服务提供商应该提供更加专业化的装载、卸载、提升、运送、码垛等装卸搬运机械,以提高装卸搬运作业效率,降低订货周期(Order Cycle Time,OCT),减少作业对商品造成的损坏。

(3)包装功能。物流的包装作业目的不是要改变商品的销售包装,而在于通过对销售包装进行组合、拼配、加固,形成适于物流和配送的组合包装单元。

(4)流通加工功能。物流主要目的是方便生产或销售,专业化的物流中心常常与固定的制造商或分销商进行长期合作,为制造商或分销商完成一定的加工作业,比如贴标签、制作并粘贴条形码等。

(5)物流信息处理功能。由于现代物流系统的运作现在已经离不开计算机,因此将各个物流环节各种物流作业的信息进行实时采集、分析、传递,并向货主提供各种作业明细信息及咨询信息,这是相当重要的。

2.2.2　增值性物流服务

除了传统的物流服务外,电子商务还需要增值性的物流服务(Value-Added Logistics Services)。增值性的物流服务包括以下几层含义和内容:

1)增加便利性的服务——使人“变懒”的服务

一切能够简化手续、简化操作的服务都是增值性服务,简化是相对于消费者而言的,并不是说服务的内容简化了,而是指为了获得某种服务,以前需要消费者自己做的一些事情,现在由商品或服务提供商以各种方式代替消费者做了,从而使消费者获得这种服务变得简单,而且更加好用,这当然增加了商品或服务的价值。在提供电子商务的物流服务时,推行一条龙门到门服务、提供完备的操作货物提示、免培训、免维护、省力化设计或安装、代办业务、24小时营业、自动订货、传递信息和转账(利用EOS、EDI、EFT)以及物流全过程追踪等都是对电子商务销售有用的增值性服务。

2)加快反应速度的服务——使流通过程变快的服务

快速反应已经成为物流发展的动力之一。传统观点和做法将加快反应速度变成单纯对快速运输的一种要求,而现代物流的观点却认为,可以通过两条途径使过程变快,一是提高运输基础设施和设备的效率,比如修建高速公路、铁路提速、制定新的交通管理办法以及提高汽车的行驶速度等,这是一种速度的保障,但在需求方绝对速度的要求越来越高的情况下,它也变成了一种约束,因此必须想其他的办法来提高速度。二是具有重大推广价值的增值性物流服务方案,应该是优化电子商务系统的配送中心、物流中心网络,重新设计适合电子商务的流通渠道,以此来减少物流环节、简化物流过程,提高物流系统的快速反应性能。

3)降低成本的服务——发掘第三利润源泉的服务

根据前面的分析,电子商务发展的前期,物流成本将会居高不下。有些企业可能会因为根本承受不了这种高成本而退出电子商务领域,或者是选择性地将电子商务的物流服务外包出去。这是很自然的事情,因此发展电子商务,一开始就应该寻找能够降低成本的物流方案。企业可以考虑的方案包括:采用第三方物流服务商、电子商务经营者之间或电子商务经营者与普通商务经营者联合,采取物流共同化计划;同时,如果具有一定的商务规模,比如珠穆朗玛和亚马逊这些具有一定的销售量的电子商务企业,可以通过采用比较适用但投资比较少的物流技术和设施设备,或通过推行物流管理技术,如运筹学中的管理技术、单品管理技术、条形码技术和信息技术等,提高物流的效率和效益,降低物流成本。

4)延伸服务——将供应链集成在一起的服务

延伸服务,向上可以延伸到市场调查、需求预测、采购及订单处理;向下可以延伸到配送、物流咨询、物流方案的选择与规划、库存控制决策建议、货款回收与结算、教育与培训、物流系统设计与规划方案的制作等。在结算功能中,物流的结算不仅仅只是物流费用的结算,在从事代理、配送的情况下,物流服务商还要替货主向收货人结算货款等。在需求预测功能中,物流服务商应该负责根据物流中心商品进货、出货信息来预测未来一段时间内的商品进出库量,进而预测市场对商品的需求,从而指导订货。在物流系统设计咨询功能中,第三方物流服务商要充当电子商务经营者的物流专家,必须为电子商务经营者设计物流系统,选择和评价运输网、仓储网及其他物流服务供应商。在物流教育与培训功能中,物流系统的运作需要电子商务经营者的支持与理解,通过向电子商务经营者提供物流培训服务,可以培养它与物流中心经营管理者的认同感,可以提高电子商务经营者的物流管理水平,可以将物流中心经营管理者的要求传达给电子商务经营者,也便于确立物流作业标准。

以上这些延伸服务最具有增值性,但也是最难提供的服务。能否提供此类增值服务,现在已成为衡量一个物流企业是否真正具有竞争力的标准。

2.2.3 案例

为了说明问题,下面以在美国较有影响的凯利伯物流公司(Caliber kgis-ties Co. Ltd,http://www.caliber.com)为例,说明该公司是如何为客户(包括电子商务客户)提供物流服务,包括传统物流服务和增值性物流服务。该公司设立了专门为客户服务的公共型物流中心,其提供的服务内容包括:

(1)JIT(实时)物流计划。该公司通过建立先进的信息系统为供应商提供培训服务及管理经验,优化了运输路线和运输方式、降低了库存成本、减少了收货人员及成本,并且为货主提供了更多更好的信息支持。

(2)合同制仓储服务。该公司推出的此项服务减少了货主建设仓库的投资,同时通过在仓储过程中采用 CAD 技术、执行劳动标准、实行目标管理和作业监控来提高劳动生产率。

(3)全面运输管理。该公司开发了一套计算机系统专门用于为客户选择最好的承运人,使用该系统客户可以得到以下利益:使运输方式最经济,在选定的运输方式中选择最佳的承运人,可以获得凯利伯运输会员公司的服务,对零星分散的运输作业进行控制,减少回程车辆放空,管理进出运输可以进行电子运单处理,可以对运输过程进行监控等。

(4)生产支持服务。该公司可以进行以下加工作业:简单的组装、合并与加固、包装与再包装、JIT 配送贴标签等。

(5)业务过程重组。该公司使用一套专业化业务重组软件,可以对客户的业务运作过程进行诊断,并提出专业化的业务重组建议。

(6)专业化合同制运输。该公司的此项功能可以为客户提供的服务有:根据预先设定的成本提供可靠的运输服务,提供灵活的运输管理方案,提供从购车到聘请司机直至优化运输路线的一揽子服务,降低运输成本,提供一体化的、灵活的运输方案。

(7)回程集装箱管理。该公司提供的服务包括:回程集装箱的跟踪、排队、清洗、储存等,可以降低集装箱的破损率,减少货主的集装箱管理成本,保证货物的安全,对环保也有好处。

2.3　电子商务物流技术

电子商务物流技术是指在电子商务物流活动中把商品(或物资)进行移送和储存,为社会提供无形服务的技术。它的作用是把通过电子商务方式提供的各种商品(或物资)从生产者一方转移给消费者。物流技术水平的高低直接关系到电子商务物流活动各项功能的完善和有效实现。电子商务物流技术包括实物作业技术和电子商务技术两个方面。

2.3.1　实物作业技术

实物作业技术主要包括:

(1)与电子商务物流密切相关的基础设施,如仓库、公路、车站、港口以及机场等。

(2)机械技术:装卸机械、分拣机械、包装机械以及运输机械等。

(3)材料技术:集装材料和包装材料等。

(4)运输技术:从运输工具的专门化、运输路线的规划、运输配载的优化以及运输全过程的跟踪控制技术等都有较快的发展。

(5)仓储技术:仓储技术的发展是现代物流发展的典型体现。目前,集高度自动化保管和搬运结合为一体的自动化仓库、自动分拣出货系统、自动流程式分类系统等硬技术以及以库存控制理论为典型代表的仓储软技术都成为电子商务物流研究的技术领域。

(6)搬运技术:由于搬运作业的复杂性,搬运技术和相应的设备也呈现出多样化的特点。除了传统的叉车和连续传送带外,机械手和机器人、轨道式自走台车以及机电一体化的无人搬运车等高速、间歇式系统正在成为这一领域的研究和应用热点。

(7)包装技术:包装技术是指包含包装材料、包装设备和包装方法在内的相关技术。包装材料常常是包装改革的新内容,新材料往往导致新的包装形式与包装方法的出现。包装设备的发展是包装技术水平提高的标志,目前出现的各种自动化包装机械和包装容器的自动生产线使包装水平有了很大提高。包装技术还涉及防震、防潮、防水、防锈、防虫和防鼠等技术。

(8)集装单元化技术:集装单元化技术是一种物流硬技术(设备、器具)与软技术(方法、程序等)的有机结合,它既涉及设备、器具的机械化和自动化技术,又有合理组织这些硬件使之充分发挥作用的管理技术。通过集装单元化技术的推广使用,使传统的包装和装卸搬运工具发生了根本变革。集装箱本身就成为仓储包装物和运输器具,使物资在仓储、运输和装卸搬运等环节有效地实现合理化、省力化和低成本,是一种很有发展前景的储运方式。

2.3.2　电子商务技术

电子商务技术主要物流信息与通信技术中的条形码技术、射频技术、GIS 技术、GPS 技术和 EDI 技术。

物流信息技术是电子商务物流中极为重要的领域之一。商务电子化的目的就是打破时空界限,快速、高效地完成交易过程。而作为电子商务服务系统的物流系统更需要借助信息传播的有效性和共享性实现物流全过程的有效组织与控制。这一领域也是物流技术中发展最快的领域,从数据采集的条形码系统到配送跟踪的 GPS,乃至货物配载和运输规划的决策支持工具以及用于客户服务、信息查询和反馈的计算机网络和通信系统硬件、软件都在日新月异地变化。

1)条形码技术的应用

条形码技术是在计算机的应用实践中产生和发展起来的一种自动识别技术。它是为实现信息的自动扫描而设计的,是实现快速、准确而可靠地采集数据的有效手段。条形码技术的应用解决了数据录入和数据采集的“瓶颈”问题,为供应链管理提供了有力的技术支持。

条形码技术为我们提供了一种对物流中的物品进行标识和描述的方法。借助自动识别技术、PSO系统、EDI等现代技术手段,企业可以随时了解有关产品在供应链上的位置,并及时做出反应。条形码是实现POS系统、EDI、电子商务和供应链管理的技术基础,是物流管理现代化、提高企业管理水平和竞争能力的重要技术手段。条形码技术是实现自动化管理的有力武器,有利于进货、销售和仓储管理一体化;是实现EDI、节约资源的基础;是及时沟通产、供、销的纽带和桥梁;是提高市场竞争力的工具;可以节省消费者的购物时间,扩大商品的销售额。

物流条形码是条形码中的一个重要组成部分。它的出现,不仅在国际范围内提供了一套可靠的代码标识体系,而且为贸易环节提供了通用语言,为EDI和电子商务奠定了基础。物流条形码标准化在推动各行业信息化、现代化建设进程和供应链管理的过程中将起到不可估量的作用。

EDI即电子数据交换,是指按照同一规定的一套通用标准格式,通过通信网络传输,将标准的经济信息在贸易伙伴的电子计算机系统之间进行数据交换和自动处理,俗称“无纸化贸易”。以往世界每年用于制作文件的费用达3000亿美元,所以“无纸化贸易”被誉为一场“结构性的商业革命”。

构成EDI系统的要素是EDI软件、硬件、通信网络以及数据标准化。EDI标准是EDI中最关键的部分。由于EDI是以事先商定的报文格式进行数据传输和信息交换,因此制定统一的EDI标准至关重要。EDI标准主要分为以下几个方面:基础标准、代码标准、报文标准、单证标准、管理标准、应用标准、通信标准和安全保密标准。

2)EDI技术在物流过程中的应用

EDI是一种信息管理或处理的有效手段,它可以对物流供应链上物流信息流进行有效地运作,比如传输物流单证等。EDI在物流运作的目的是充分利用现有计算机及通信网络资源,提高交易双方信息的传输效率,降低物流的运作成本。具体来说主要包括以下几个方面。

首先,对于制造业来说,利用EDI可以有效地减少库存量及生产线待料时间,降低生产成本;其次,对于运输业来说,利用EDI可以快速通关报检、科学合理地利用运输资源、缩短运输距离、降低运输成本费用和节约运输时间;再次,对于零售业来说,利用EDI可以建立快速响应系统,减少商场库存量与空架率,加速资金周转,降低物流成本;同时,也可以建立起物流配送体系,完成产、存、运、销一体化的供应线管理。

3)射频技术在物流中的应用

射频技术的基本原理是电磁理论。射频系统的优点是不局限于视线,识别距离比光学系统远,射频识别卡具有读写能力,可携带大量数据,难以伪造,且智能。射频适用于物料跟踪、运载工具和货架识别等要求非接触数据采集和交换的场合;同时由于射频标签具有可读写能力,对于需要频繁改变数据内容的场合尤为适用。

近年来,便携式数据终端的应用多了起来。便携式数据终端一般包括一个扫描器、一台体积小但功能很强并带有存储器的计算机、一个显示器和供人工输入的键盘。在只读存储器中装有常驻内存的操作系统,用于控制数据的采集和传送,存储器中的数据可随时通过射频通信技术传送到主计算机,可以得到客户产品清单、发票、发运标签、该地所存产品代码和数量等。

射频技术在物流中的应用主要表现在:首先,可用于物流过程中货物的库存管理;其次,可用于物流过程中货物的运输管理;第三,可用于物流过程中货物的分拣管理。

无论货物是在订购还是在途中,各级物流管理人员和物流的作业人员都可通过射频技术以及由其所组成的系统实时掌握所有的信息,避免货物的重复运输。该系统的运输功能就是靠贴在集装箱和装备上的射频识别标签实现的。射频接收转发装置通常安装在运输线的一些检查点上(如门柱上、桥墩旁等)以及仓库、车站、码头和机场等关键地点。接收装置收到射频标签信息后,连同接收地的位置信息上传至通信卫星,再由卫星传送给运输调度中心,送入中心信息数据库中。对于库存管理来说,也可以通过射频技术以及由其所组成的系统,及时掌握和了解各种货物的库存数量,通过网络系统传输给管理中心,以便及时进行决策。由此可见,射频技术在物流过程中的应用不但可以大大提高物流的效率,而且也可以大大降低物流的作业成本。

4)GIS 技术在物流中的应用

GIS 即地理信息系统,是 20 世纪 60 年代开始迅速发展起来的地理学研究新成果,是多种学科交叉的产物。它以地理空间数据为基础,采用地理模型分析方法,适时地提供多种空间的和动态的地理信息,是一种为地理研究和地理决策服务的计算机系统。其基本功能是将表格型数据(无论它来自数据库、电子表格文件或直接在程序中输入)转换为地理图形显示,然后对显示结果浏览、操作和分析。其显示范围可以从洲际地图到非常详细的街区地图,显示对象包括人口、销售情况、运输线路以及其他内容。

GIS 技术主要应用于物流分析,是指利用 GIS 强大的地理数据功能来完善物流分析技术。目前,一些国外公司已经开发出利用 GIS 为物流分析提供专门分析的工具软件。

完整的 GIS 物流分析软件集成了车辆路线模型、最短路径模型、网络物流模型、分配集合模型和设施定位模型等。

(1)车辆路线模型:主要用于解决一个起始点、多个终点的货物运输中,如何降低物流作业费用并保证服务质量的问题,包括决定使用多少辆车以及每辆车的路线等。

(2)网络物流模型:主要用于解决最有效地分配货物路径问题,也就是物流网点布局问题。如将货物从 N 个仓库运往 M 个商店,每个商店都有固定的需求量,因此,需要确定由哪个仓库提货送给那个商店,所耗的运输代价最小。

(3)分配集合模型:是根据各个要素的相似点把同一层上的所有或部分要素分为几个组,主要用以解决和确定服务范围、销售市场范围等问题。如某一公司要设立 X 个分销点;要求这些分销点要覆盖某一地区,而且要使每个分销点的顾客数目大致相等。

(4)设施定位模型:主要用于确定一个或多个物流设施的位置。在物流系统中,物流中心、仓库和运输线共同组成了物流网络,物流中心和仓库处于网络的节点上,节点决定着线路,如何根据供求的实际需要并结合经济效益等原则,在既定区域内设立多少个物流中心和仓库,每个物流中心和仓库的位置、规模以及物流中心和仓库之间的物流关系等,运用此模型均能很容易地得到解决。

5)GPS 技术在物流中的应用

GPS 即全球卫星定位系统,具有在海、陆、空进行全方位实时三维导航与定位能力。该 GPS 系统由 21 颗工作卫星和 3 颗在轨备用卫星组成 GPS 卫星星座,记作(21 +3)GPS 星座;24 颗卫星均匀分布在 6 个轨道平面内,轨道倾角为 55°,各个轨道平面之间相距 60°;每个轨道平面内各颗卫星之间的升交角距相差 90°,一轨道平面上的卫星比西边相邻轨道平面上的相应卫星超前 30°。这种结构与设备配置使 GPS 具有全天候、高精度、自动化、高效益等显著特点,能在全球绝大多数地方进行全天候、高精度、连续实时的导航定位测量。

GPS 技术在物流中首先应用在汽车自动定位、跟踪调度方面。利用 GPS 的计算机管理信息系统,可以通过 GPS 和计算机网络实时收集全路汽车所运货物的动态信息,实现汽车、货物追踪管理,并及时地进行汽车的调度管理。据丰田汽车公司的统计和预测,日本公司在利用全球卫星定位系统开发车载导航系统,使日本车载导航系统的市场在 1995 ~2000 年间将平均每年增长 35% 以上。全世界在车辆导航上的投资将平均每年增长 60.8% ,因此车辆导航将成为未来全球卫星定位系统应用的主要领域之一。

其次,GPS 应用于铁路运输方面的管理。利用 GPS 的计算机管理信息系统,可以通过 GPS 和计算机网络实时收集全路列车、机车、车辆、集装箱及所运货物的动态信息,实现列车及货物的追踪管理。只要知道货车的车种、车型和车号,就可以立即从近 10 万 km 的铁路网上流动着的几十万辆货车中找到该货车,还能得知这辆货车现在何处运行或停在何处,以及所有的车载货物发货信息。铁路部门运用这项技术可大大提高其路网及其运营的透明度,为货主提供更高质量的服务。

第三,GPS 用于军事物流。全球卫星定位系统首先是因为军事目的而建立的,在军事物流中应用相当普遍,如后勤装备的保障等方面。通过 GPS 技术及系统,可以准确地掌握和了解各地驻军的数量和要求,无论在战时还是在平时都能及时地进行准确的后勤补给。

2.4 电子商务运行与物流

2.4.1 生产制造企业的电子商务与物流

作为商品生产企业,它首先要千方百计地了解市场的需求,于是商务活动由此开始:调查市场的商品情况,预测生产前景,生产什么,为谁生产等。电子工具在此方面具有无可比拟的优越性。利用计算机网络、E-Mail、电话、传真等工具对市场进行调查、对用户进行访问等,收集方方面面有关本企业生产需求信息,实现按合同进行生产。

在决定了生产什么商品以后,要制订原材料、设备的采购计划。为了使成本尽可能降低,企业希望采购到质量好、价格优的原材料,他们要借助电子工具来进行价格、质量的调查、比较、分析,并通过筛选实现订货。

生产制造出产品以后,企业要按销售合同将产品送交收货人或顾客。如果还有未按合同和订单生产的产品,则可通过电子手段,如发信息、做电子广告等向社会推销。当商品需求方按合同要求配送或自行提货时,必须进行资金支付,电子货币的网上支付手段投入使用。生产企业的财务部门会同开户银行进行货款结算,电子货币结算。

在生产制造企业的电子商务中有三部分物流包含其中:其一是企业采购、供应物流,即企业生产前的原材料、设备的准备;其二是在生产过程中的生产制造物流,即原材料、半成品及产成品的企业内部物流;其三是产品以销售为目的的销售物流,在现代物流它是以物资配送为主要方式进行的。

2.4.2　商贸企业的电子商务与物流

在市场经济条件下,商贸企业要非常审慎地根据市场的要求组织进货,即根据市场需要决定商品采购。根据生产企业或顾客的订货和供货要求,商贸企业要接受订货,并最终将实物送交收货人交割。根据商贸企业的一系列活动中,将电子工具与人结合,电子商务活动主要由下列活动构成:

(1)市场需求调查。

(2)市场需求统计。

(3)制定商品采购计划。

(4)实现商品采购。

(5)商品库存。

(6)商品配送到商店(零售商)。

(7)商品销售。

(8)售后服务。

由于商贸企业没有生产环节,所以商贸企业的电子商务活动几乎覆盖了整个企业的经营管理活动,是利用电子商务最多的企业。通过电子商务商贸企业可以及时获得消费者信息,准确订货;通过电子网络促进销售,从而提高效率、降低成本;通过库存、配送等物流活动,达到用户最终消费的目的。

2.4.3　消费者电子商务与物流

消费者能够足不出户却可货比三家,然后通过电子支付、电子结算货款,供货商配送而获取商品。其商务活动为:

(1)所需商品在网上的查询。

(2)发表对某种商品的质量、性能、价格的意见,准备购买某商品。

(3)正式购买商品。

(4)接受供应商配送或送货的商品。

(5)接受售后服务。

在此有必要强调的是,随着生产力水平和人民生活水平的提高,消费者的物资需求的多样化和个性化,与此相适应的生产方式是多品种、小批量生产。在这样的生产与需求条件下,电子商务具有特别的优势。

2.4.4　直销企业的电子商务与物流

直销被公认为电子商务将来的发展趋势之一。直销企业在其直销网站上,提供了一个跟踪和查询消费者订货状况的窗口,供消费者查询从发出订单到货物送到消费者手中整个过程订货情况。对待任何消费者都采用定制的方式销售其产品,其物流服务也配合这一政策而实施。

直销企业的直销过程可分为以下三个阶段八个步骤:

1)第一阶段:订货阶段

第一步:接收消费者的订单。消费者可以直接向销售人员订货,也可以通过浏览的网上商店进行网上订货。接到网上订货后,订货人员会对订货进行初步检查。首先检查项目是否填写齐全,然后检查订单的付款条件,并按付款条件将订单分类。当确认支付完订单款项的订单才会立即自动发出订货确认信息,并转入生产数据库中,订单也才会立即转到生产部门进行下一步作业。

用户订货后,可以对产品的生产制造过程、发货日期、甚至运输公司发货状况进行跟踪。根据用户发出订单的数量,用户需要填写单一订单或多重订单状况查询表格。提交后,通过互联网将查询结果传送给用户。

第二步:预生产。在正式开始生产前,需要等待零部件的到货,这就是预生产。预生产的时间因消费者所订的系统不同而不同,主要取决于供应商的仓库中是否有现成的零部件。订货确认一般通过两种方式,即电话和电子邮件。

2)第二阶段:生产阶段

第三步:配件准备。当订单转到生产部门时,所需的零部件清单也就自动产生,将有的零部件备齐通过传送带送到装配线上。

第四步:装配。组装人员将装配线上传来的零部件组装成整机,然后进入测试过程。

第五步:测试。对组装好的整机进行测试,通过测试后,将整机送到包装车间。

第六步:包装。测试后的整机被装进包装箱中,同时装入相关配件以及其他文件,如产品说明书等。

3)第三阶段:发运阶段

第七步:送货准备。根据订单和用户的具体要求完成送货准备,如分拣、配货、备车等。准备时间长短则根据订单大小以及是否需要特殊装运作业而定。

第八步:发运。将顾客所订货物发出,并按订单上的日期送到指定地点。

决定直销系统成功与否的关键是要建立一个覆盖面较大、反应快速、成本有效的物流网络和系统。这种依赖准确的需求预测,网上或电话订货,然后组织生产和配送的形式,蕴藏着强大的市场、生产及物流风险,为此,直销企业要完成好整个直销过程,具有较大的难度。

综上所述,电子商务集信息流、商流、资金流为一身,物流是电子商务不可缺少的组成部分。

3 电子商务条件下的物流模式

在现代社会,社会分工渐趋精细,专业化日益盛行,为达到企业的正常运作,物流是每个企业都必须具备的功能。但是,根据所处行业和规模的不同,企业所需物流功能的程度也不同,组建物流体系的规模也不一样。物流模式是指企业为得到自身所需的物流功能而组建物流体系时,所选择的组建模式。

由于电子商务在网上完成商流、信息流和资金流,只有物流是在网下完成的,对于企业开展电子商务来说,选择何种物流模式建立合乎要求的物流体系,是电子商务得以成功实施的关键。

3.1　传统物流模式所带来的问题

传统的观点认为，交通运输是国家经济发展的基础。随着社会、经济、技术的高速发展，各种基础设施的不断完善，全球经济一体化趋势和市场竞争程度日益增加，人们对这一传统观点的认识发生了变化。人们已经认识到，包含交通运输在内的，包括了产品的生产、流通和消费过程中诸环节的物流系统，已成为国家经济在高起点上持续发展的重要基础。随着现代科技、管理和信息技术在物流系统中的广泛应用，物流行业已成为适合于市场经济发展的基础产业之一。因此，我们必须用一种新的思维与观念，从整个物流系统的角度来看待和探讨生产、流通、消费等社会经济活动的发展。在过去计划经济体制下，经济活动中生产和流通被当作两个彼此隔绝的要素，运输也被分割成许多不能有机联系的过程。现在，随着社会主义市场经济体制的逐步建立，这种模式已经发生变化，相互之间的界限开始逐渐被打破。生产与消费，以及将两者紧密联系起来的流通等经济活动的各个方面将被“物流”综合在一起，形成以市场为导向、以满足客户要求为宗旨、获取系统总效益最优化的适应现代社会经济发展需要的新兴行业。

我国传统物流模式所带来的问题主要表现在以下 4 个方面。

3.1.1　物流质量低，效率不高

物流质量主要由物流时间、物流费用和物流效率来衡量。中国物流业由于受多方面因素的影响，物流质量总体水平比较低。

1）物流时间

据调查，目前我国一般工业品从产品出厂经过装卸、储存、运输等各个环节到消费者手中的流通费用约占商品价格的 50%，而易变质食品的流通费用有时高达商品销售价的 70%。据专家测算，工业生产中物流所占用时间几乎为整个生产过程的 90%。货物运输过程中，中国现行运输管理体制也制约了不同运输方式之间的高效衔接，一定程度上也减缓了物流速度。目前，全国铁路货运列车的平均技术速度仅为 45km/h；因散装、集装箱运输技术尚未普及，装卸效率低，铁路货车中转停留时间约 5h。公路运输营运货车平均日行程仅 200km 左右，车辆工作率约为 60%。城市运输由于道路面积增长与车辆增长不适应，交通管理水平较低，车辆运输速度不断下降。在一些大城市，平均车速已下降到 15km/h，严重影响了城市物流效率。

中国仓储协会于 2000 年 3 ~4 月对全国 2400 家生产、商业和储运及物流企业的调查表明，84% 的生产企业的原材料平均库存期为 1 周 ~3 个月；76.3% 的生产企业库存期为 10 天 ~3 个月；72.2% 的商业企业的库存期为 15 天 ~3 个月。通过统计得出，原材料库存期、生产企业成品库存期和商业企业商品销售库存期分别为 28.5 天、44.8天和 33.8 天。这说明了我国商品在库时间长、周转慢，延长了物流的时间。

2）物流费用

中国仓储协会 2000 年 3 月委托某咨询机构对家电、电子、日化、食品等行业的 450 家大中型工业企业的调查（其中 80% 的企业产品行销全国或世界）显示出物流费用占产品销售费用的比例：占 15% 以下的企业为 51.5%；占 15% ~30% 的为 38.2%；占 30% ~60% 的为 8.8%；

60%以上的为1.5%。中国仓储协会的另一项调查显示企业原料供应物流费用占采购成本的平均比例为5.4%；生产企业成品销售物流占销售额的比例为7.74%；商业企业物流费用占销售额比例为1.96%。在国民经济各部门中，运输费用在生产费用中因各部门产品对运输的依赖程度不同，其所占比重也不同。根据1992年国家投入产出表，运输邮电费用在农业生产总费用中占3.29%，在工业生产总费用中占7.15%，在建筑业中占8.63%，在商业饮食业中占14.98%，在其他服务部门中占7.8%。如果从物流业总体费用考虑，有关资料显示，物流费用占商品总成本的比重，从账面反映已超过40%。

3）物流效率

从总体上分析物流效率是一个十分困难的问题。社会经济活动中的物流过程非常复杂，中国仓储协会的另一项调查结果显示，生产企业原料供应物流费用占采购成本的平均比例为5.4%，生产企业成品销售物流费用占销售额的比例为7.74%，商业企业物流费用占销售额比例为1.96%。

物流活动的不同内容和形式必须采用不同的方法去分析物流效率。这里我们用物流相关行业的成本费用总和与GDP的比值来评价物流总体效率。据有关资料介绍，1986年美国物流费用支出为4430亿美元，约占国民生产总值39800亿美元的11.1%。在1979年到1986年间，美国物流费用支出占当年国民生产总值的比重变化呈现下降趋势。1981年最高，达到14.7%，到1985年下降到11.1%。这说明物流效率提高了。

根据2011年初中国物流采购联合会发布的统计资料表明，2010年我国物流成本即全社会物流费用支出约占国内生产总值GDP的18%，远比美、日等发达国家的10%左右高得多。

物流效率低下也可以从中国仓储协会的一项调查中对汽车空驶率的数据来看出，生产企业累计平均空驶率为34.7%，商业企业为38.5%，物流企业为39.8%。整体来看我国汽车空驶率为37%左右，空驶现象严重。物流企业的汽车资源严重闲置，一方面说明目前货源不足，货运汽车相对过剩；另一方面说明储运及物流企业汽车运输经营水平较低，导致物流效率低下。

综上所述，我们看到导致物流效率不高的原因有以下3点：

（1）流通系统的国有储运公司拥有大量的物流设施，经过几十年的发展，在仓储、运输等方面拥有一整套严格的制度和丰富的经验，但由于受传统体制与历史包袱的影响，在发展现代物流配送的道路上步履维艰，其服务观念、服务功能与服务水平等与市场需要相比，存在不同程度的差距。

（2）非流通部门的储运企业和非国有储运企业，服务观念较新，市场竞争意识较强，但在服务功能上比较单一。由于缺乏统一管理与市场监督，在操作规范出现很多问题，特别是在汽车运输方面问题很多。

（3）生产与零售企业自办的储运机构，在保障本企业生产供应与市场销售方面起到积极作用，具有统一指挥、调度灵活的优势，但许多企业存在资金投入、成本控制与规范管理三个基本问题，特别是一些处于成长期的大中型企业更是左右为难。

3.1.2 物流业的发展与其他产业不协调

物流业相对于第三产业中其他行业和其他产业特别是第二产业的发展关系仍不协调，按照社会化大生产分工协作规律要求的物流社会化服务体系亟待加强，主要表现在以下4个方面：

1）基础设施能力不足

交通运输能力仍不能满足运输需求，主要运输通道供需矛盾依然突出。仓储设施落后，大量的仓库是20世纪五、六十年代的老旧建筑。中国仓储协会的调查显示出在拥有库房和搬运设施的物流企业中，普通平房库、简易仓库和普通楼房库为主要库种，企业比例为68%，而且库房的老化程度高达17%。仓库的数量不足比例为31%，仓库技术装置落后的程度高达22%。

2）技术装备落后

现代化的集装箱、散装运输发展不快；高效专用运输车辆少；汽车运输超载超限严重，安全隐患大，效率低；装卸搬运的机械化水平低。通过中国仓储协会的调查，运输设施不能满足作业需求的原因中，数量不足占27%；设施接近使用寿命占18%；技术装置落后占6%；不符合客户的特定需求占27%。

3）管理分散，社会化服务水平低

条块分割的物流管理和流通体制制约着物流业的发展。现代物流的专业化分工特点虽然愈益明显，但是物流的组织和管理也出现了综合性发展的趋势。各种物流方式和物流载体之间的联系越来越紧密。但是，我国目前的物流行政管理仍沿袭着计划经济时期的体制。一方面是部门分割体制与物流相关的各部分分别由铁道、交通、民航、内贸等不同的政府部门进行管理，没有一个部门或机构统筹协调全社会的物流管理。依据这种条块管理体制，形成了自上而下的纵向隶属的管理格局。物流体系的内在联系被人为地分割，物流体系各部分之间缺乏直接的横向联系。另一方面是对内物流和对外物流的分离。由于我国长期内外贸分离的格局，导致了物流的内外分割，这种条块分割和内外分离的管理体制，严重制约着从市场经济的需要出发，在全社会范围内经济合理地进行物流的整体统筹和规划，妨碍着物流产业的社会化进程。

4）物流行业人才培训和物流信息工作亟待加强

物流人才和信息化是实现物流现代化的根本条件。这方面的工作我们做得很不够，主要是没有一个部门来负责。近年来国内贸易部门加强了物流学会的工作，这对于物流人才的培训和信息化会推进一大步。但这只限于内贸系统，依然不能解决整个物流行业的问题。

物流管理和经营人才的缺乏是物流业发展的最大制约因素。现代物流业是与信息技术的发展和现代物流技术的创新相伴而行的。我们传统上对物资管理和流通的理解和操作已跟不上现代物流发展的步伐和管理的要求。我国物流产业的发展急需大量物流管理和经营的专门人才。而这方面的人才是最缺乏的，这是制约物流产业发展的最大因素。对这类人才的培养固然应从大学基础教育入手，但更应在物流实践中培养人才。

3.1.3　物流系统发展缺乏统一规划

物流业既然是全社会的服务行业，覆盖了国民经济的所有产业，就更应该重视它的总体发展规划。应当把物流作为国民经济大系统中的一个重要子系统来抓，就像对工业和农业进行总体规划一样，制订具体的发展目标，分部门组织实施，使物流行业各个部门协调发展。我国各个流通主管部门都制定过仓储方面的管理规定，但只适应于本系统，而非流通部门的储运企业与非国有储运企业没有章法可循。运输方面的问题是，现行的有些规定不适应市场经济的需要,不利于现代物流配送的发展。我国过去主要以铁路运输为主,汽车运输主要是区域内的短途运输,近些年汽车在全国范围内长途运输方面的比例越来越大,而支撑汽车运输发展的关键措施是解决回空货源问题,由于地区利益方面的原因,这个问题解决起来很麻烦,直接影响到全国范围内网络化运输的发展。

我国的物流行业一直由多个交通部门与多个流通主管部门分别管理,许多政策缺乏统一与衔接。我国政府机构改革的逐步到位及政府部门与所办企业脱钩的完成,为政府部门统一管理物流行业创造了条件,从发达国家的经验看,物流行业的管理权也应该是统一的。

3.1.4 对于搞好物流的重要性认识不足

中国仓储协会2000年3月对全国部分企业的调查显示,认为物流对企业发展的影响程度很高的企业占7.9%;较高的占34.2%;一般的占48.7%;较低的占6.6%;很低的占2.6%。说明国内企业对物流重要性的认识还远远不够。

全社会的物流观念薄弱是物流产业发展的重要制约因素。近年来,虽然我国对现代物流产业发展的研究开始升温,但总体来看,全社会的物流观念仍很淡薄,多数处于理论上的探讨,操作上的炒作,对物流发展所涉及的重大问题实际解决措施少。对物流业的认识仍局限于运输、仓储和搬运等,没有认识到现代物流业的发展、供应链管理系统的建立对于企业降低流通成本和交易费用,增加利润,提高企业竞争力起着独特作用。一些生产企业更多关注的是产品的开发、市场营销策略的研究和价格策略的制订,但很少关注物流方式的合理性和物流组织方式的调整对企业发展的影响。从对物流方式的选择看,更多的生产企业仍然热衷于选择自营物流方式,虽然也会向运输公司购买运输服务或向仓储企业购买仓储服务,但这些都只限于一次性和临时、分散的物流服务,本质上仍追求企业内部生产与流通的"大而全",主观上排斥社会化物流服务和对第三物流服务方式的选择,这是制约物流服务社会化的重要因素。

这个问题归根结底还是对市场经济的理解不深,思想观念仍旧没有脱离旧体制的束缚。随着市场经济的高度发展,流通不再只对生产起一种反作用。从某种意义上讲,流通对生产起一种决定作用。朱镕基同志说过:"社会主义市场经济要真正搞好,解决好流通问题最重要。只要把流通领域的问题从理论到实践正确地解决了,那么,有中国特色的社会主义市场经济的模式就基本完成了。"我们必须从建立社会主义市场经济的战略角度来认识搞好流通、建设好物流系统的重要性。

3.2 电子商务条件下物流模式的探讨

可以看出,新型的物流和配送是以一种全新的面貌成为流通领域革新的先锋,代表了现代市场营销的主方向。新型的物流和配送可以使商品流通较传统的物流和配送方式更容易实现信息化、自动化、现代化、社会化、智能化、合理化、简单化,既减少生产企业库存,加速资金周转,提高物流效率,降低物流成本,又刺激社会需求,有利于整个社会的宏观调控,也提高了整个社会的经济效益,促进市场经济的健康发展。

3.2.1 主要的物流模式

1)绕过物流的电子商务

2001年,联邦集团信息事业部总经理李儒杰先生认为,只要深挖现有资源,有些瓶颈完全可以绕过去。美国eBay就是典型的利用绕开物流的电子商务,其大部分配送问题是由交易双方自行协商解决，但 eBay 仍提供了大量的第三方配送服务以备交易双方选择。这类电子商务在国内的代表网站有易趣(http://www.eachnet.com)、雅宝(http://www/yabuy.com)、酷必得(http://www.coolbid.com.cn)。前两个网站主要是同城交易，采用“网上交换信息、网下银货两讫”。而酷必得在 C2C 的基础还发展出了“集体议价”的 B2C 模式，网站扮演零售商的角色，接受订单，组织配送。

绕开物流配送并不是一个最好的选择，要建立一个可靠的电子商务商业模式，离不开物流这个环节，甚至是交易本身也要求配送环节的支持。

2)“在线”物流

所谓“在线”物流，其实是一种绕过实物流通的电子商务物流模式。具体地说，它是网络经营商通过虚拟的网络商店在传递有关产品或服务信息的同时，也就完成了物流的过程。这种电子商务不像是交易平台，而更像是一个信息平台。这里的关键是销售产品的选择，例如，音乐、歌曲、电子游戏、图片、图书、计算机软件、教学节目、医疗咨询、汇款等某些网上营销的产品或服务，可以数字化并通过信息传递方式完成物流过程。具有这些物流特点的商品最适合采用此类电子商务的物流模式，因为不仅商品信息查询、订货、支付等商流、信息流、资金流可以在网上进行，而且物流也可以在网上完成，也就是说这些产品的销售，可以实现商流、物流、信息流、资金流的完全统一。目前国内采用这类电子商务物流模式的有代表性的著名网站有珠穆朗玛、易趣、雅虎、酷必得等。

3)电子商务和传统商务共用一套物流系统

拥有完善流通渠道的制造商或经销商开展电子商务业务，比网络公司经营者更加方便。制造商虽以商品的开发、设计和制造为核心业务，但许多制造商不仅有庞大的销售网络，而且有覆盖整个销售区域的物流配送网。国内有的大型制造商，其生产人员可能只有三四千人，但营销人员却多达 1 万多人。由于制造企业的物流设施比较先进，完全可以利用原有的物流网络和设施支持电子商务业务的开展，而不必大量增加新的物流资金的投入。对这些企业来说，关键是物流系统的设计和物流资源的合理配置和利用。一个典型的例子就是海尔集团，其电子商务充分利用集团原有的“二名两网”，即一靠海尔自己的品牌，二靠健全的配送网络和支付网络。海尔在大城市设的电话服务中心有 30 多个，营销网点有 1 万多个，但更重要的是海尔现在的销售网点深入到差不多有 6 万多个村。目前，海尔从一级市场、特大型城市，从乡镇到村，建立起庞大的销售网络和配送网络，有了这个强大的后盾，做电子商务就有了基础。TCL 集团宣布，要投入 5 亿元人民币，把它覆盖全国的 2 万多家家电销售网络改造成网络化的专业物流配送系统，建成一个连接互联网和传统商业的社会公用平台。

从物流的角度来看，传统的零售商、批发商的主业就是流通，因此更具有组织物流的优势，其物流能力不仅优于纯粹的 ISP、ICP，也优于一般的制造商。原因很简单，其一是传统零售商依靠其品牌、信誉等方面的优势已拥有一大批忠诚客户，建立自己的销售网站必将吸引众多的网上顾客；其二是网上顾客订货之后，传统的零售商可以凭借其快速、低廉的分销和送货渠道将货物尽快送到顾客家中。这也正是传统的零售连锁店与刚建立起分销渠道的互联网零售商竞争时能够取得胜利的主要因素。目前，已有不少开展普通商务活动的企业在建立基于 Internet 电子商务销售系统的同时，利用原有的物流资源承担电子商务的物流业务。如美国的 Wal—Mart(http://www.wal-Mart.com)、北京的西单商场、上海的梅林—正广和集团公司

(http://www.85818.com.cn)等都是将电子商务物流业务与传统营销物流业务相结合开展电子商务业务的。

在欧洲,2/3 的网络商店有传统的零售业务。我国在 2000 年的时候还只有 1/3 的购物网站有传统零售业务网络的支持。经过 10 年来的发展,这一比例已经大大提高了。由于快递公司的快速发展对网络购物的支持和扩散,通过网络购物和消费的人群正在不断扩大,而且这一人群由年轻人为主向普通消费者扩展。

4)电子商务企业自行建立物流系统

这种物流系统由电子商务企业自行建立,需要投入大量资金,其成功取决于对物流系统的合理设计和对物流资源的有效配置与利用。如网上超市 Peapot 公司的研究发现,有 8% ~ 10% 的顾客未能如期收到他们订购的生活用品,原因是其合作厂商出现缺货,为此他们在全美各地建立自己的仓储系统,以使缺货率降到 2% 以下。Amazon 和 eToys 等公司为扩大其电子商务业务范围,都积极地在各地开设仓储设施,Wal-Mart 还特意建造了一个 103 万平方英尺的电子商务配送中心,内容包括订单管理、订货处理,以及订货的送货、仓储管理、一般的发运、另外付款的处理、客户的服务、退货的处理等。

5)利用第三方物流

第三方物流是一种全新的物流模式,指由除物流劳务的供方、需方之外的第三方物流代理去完成物流服务的运作模式。物流代理是指在物流渠道中专门以签订合同的方式,在一定期间内,为其他公司提供所有或某些方面的物流业务服务的专业化物流中间人,即物流企业,包括综合性的物流企业和功能性物流企业,物流自理企业和物流代理企业。他们在承接仓储、运输、配送等业务后,为减少费用支出,同时又使生产企业有利可图,就必然会在整体上加以统筹规划,使物流更加合理化、科学化。

第三方物流模式是在物流一体化理论的指导下,随着物流业的发展而发展起来的专业化、社会化的物流形式。所谓物流一体化,就是实现以物流系统为核心,使生产企业、物流企业、销售企业,直至消费者所组成的供应链的整体化和系统化。它是物流业发展的高级和成熟阶段。是物流业高度发达、物流系统完善的标志。目前采用这一物流模式的企业不少,例如,Compaq (http://www.Compaq.com)公司将物流外包给 Exel(http://www.exel.com);Dell(http://www.dell.com)将物流外包给 Fedex(http://www.fedex.com);国内的 8848(http://www.8848.com)公司将配送业务包给中国邮政,并与中外运 UPS 也已建立了战略合作关系,全球速递 EMS 也为他们送货并代收货款。

当前发展第三方物流,实现物流一体化已经成为一种世界潮流,也是发展第三方物流的大好时机。首先,物流的业务范围正在不断扩大,迫切需要专业物流代理企业担任相关业务。其次,是在日益激烈的市场竞争中,取得更大的竞争优势的需要。许多大型企业面对日趋激烈的市场竞争,不得不将主要精力放在自身的核心业务上,而把运输、仓储等相关环节交给更专业的物流企业进行操作,以求节约和提高效率。同时,第三方物流代理还可开展许多增值性服务,如推行一条龙上门服务、提供完备的操作或作业提示等增加便利性的服务,还可通过优化配送网络、重新设计适合电子商务的流通渠道等加快反应速度、降低物流成本,甚至开展对市场的调查与预测,进行物流方案的选择与规划,开展物流系统设计与制作等延伸服务。1996 年时,全美 57% 的物流量是通过第三方物流企业来完成的,包括了第三方仓储、第三方运输和第三方物流。日本的商业企业、工业企业以及第三方物流企业之间的社会化配送是世界上搞得最好的,第三方物流量达到80%左右。

3.2.2 物流模式选择时考虑的主要因素

1)消费者的地理分布

互联网的网民正以几何级数迅猛发展,2009年底已超过10亿,但并非互联网所及的地区都是电子商务的销售范围,这在电子商务发展的初级阶段尤其如此。因为电子商务必须送货上门,而电子商务的客户在地理分布上可能是十分分散的。由于要求送货的地点不集中而物流网络又不可能有像互联网那样广的覆盖范围,因此无法经济合理地组织送货,为此可以采取的对策有两个:一是对销售区域进行定位,对消费人群集中的地区提供物流承诺。二是对不同销售区域采取不同的物流策略,如在大城市中,由于电子商务的普及,订货可能比较集中,适于按不低于有形店铺销售的送货标准组织送货,但对偏远地区的订单,则要进行集货,送货期限会比大城市长得多,消费者享受的服务也会差一些。从电子商务的经济效率考虑,应先从上网用户比较集中的大城市起步,建立基于一个城市的物流、配送体系,开展物流、配送服务。

2)销售品种

从理论上讲,任何商品都可以采用电子商务的销售方式,但从流通实践来看,电子商务企业必须有明确的销售范围和销售品种。否则,品种越多,进货及销售渠道越复杂,组织物流的难度就越大,成本也就越高。因此,为了在物流环节上不增加过多的费用,必须将销售品种限制在一定范围之内。一般来说,商品如有明确的包装、质量、数量、价格、储存、保管、运输、验收、安装及使用标准,对储存、运输、装卸等作业无特殊要求,就适合于采用电子商务的销售方式。

3)服务提供商

ISP、ICP、传统零售商店、批发企业、制造企业等不同的电子商务提供商具有不同的组织商流、物流、信息流、资金流的经验和能力。从物流的角度看,传统的零售商、批发商的物流能力要优于纯粹的ISP、ICP和一般的制造商,但从商流、信息流和资金流的角度来看,可能正好相反。因此在选择物流模式、设计物流方案时,要根据电子商务服务商的不同,扬长避短,发挥各自的优势,实现供应链集成,共同完成向消费者提供电子商务服务的工作。

4)减少库存风险

由于电子商务供应商很难预测某种商品的销售量,因此在库存控制上面临巨大的挑战。解决这一难题的方法,一是像Dell那样搞直销,但是一般的制造企业不具备按单生产的条件,因此并非任何电子商务经营者都可以用直销方式来消除库存风险。二是借助强大的信息系统的支持,通过网络,由信息来取代大量的库存。也就是说,通过物流信息系统使客户随时可以知道自己订购的货物是否已经启运,以及货物所在的位置和到达目的地的时间。这样就可以降低安全库存的下限,从而减少所需仓库的数量。而减少库存风险的同时,也降低了物流的成本。例如1980年,美国国内生产总值GDP中的10.8%被用于库存,国家和企业为此花了一大笔钱。到1995年,许多企业以物流系统的信息来替代了现实的库存,这一数字就下降了一大半,仅为4.3%。此外,还必须不断改进库存的控制技术,使之适应现代化物流发展的需要。

5)降低物流成本

降低物流成本是一个始终需要认真考虑的因素。不仅要考虑降低单个环节的成本,更需要考虑降低整个物流过程的成本。例如,运费过高是全球电子商务消费者普遍感到不满意的突出问题,因此无论哪一类型的电子商务经营者都必须千方百计降低物流成本,以满足消费者的需求,并通过物流为企业创造更多的利润。

3.3 案例——中海物流

3.3.1 中海物流简介

深圳市中海物流有限公司(以下简称中海公司)是中国海外集团的全资下属公司,于1995年在深圳市福田保税区注册成立,主要从事大型电子生产企业的JIT(Just in time)料件配送业务。目前已与几十家国际著名的跨国公司建立了长期稳定的合作关系,为其提供国际物流配送服务。2000年其物流信息系统实施以来,使公司在管理、业务、服务、客户等方面发生了巨大的变化。2001年公司在国家外经贸部"全国进出口500强企业"中列全国第31位。拥有"国家经贸委确定的全国34家重点物流企业之一"、"中国物流与技术开发协会常务理事单位"、"中国物流与技术开发协会确定的现代配送示范企业和研究基地"、"中国物流术语国家标准编审单位之一"等多项荣誉。

中海公司拥有各种类型的仓库,总面积达5万多平方米。在地域分布上,公司在深圳福田保税区、蛇口赤湾等地均拥有先进的仓储设施,除此以外,公司还设有空调仓、冷冻仓等可存放客户有特殊要求和有温度要求的货物。公司自有海关监管车辆30多部,可调度车辆近200部。在车型上,有货柜车、散货车、空调车、冷冻车等,车型齐全。

公司主要经营以下业务:

(1)物流:仓储、运输、报关、报检、配送、集装箱拆箱拼柜、国际货代、船代、空运代理、国际结算及物流规划和技术咨询。

(2)信息:网络集成、软件开发、物流软件销售、电子商务。

(3)贸易:国际贸易、转口贸易、加工贸易、保税贸易。

(4)实业:进口特种汽车的改装、组装,双层巴士的检测、检修。

3.3.2 中海物流的电子商务解决方案——物流管理信息系统

中海物流1995年注册成立时,只是一家传统的仓储企业,其业务也仅仅是将仓库租出去,收取租金。此时物流管理系统的建设对公司的业务并没有决定性的影响。1996年,公司尝试着向配送业务转型,在最初接触的几家客户中,客户最为关心的并不是仓库和运输车辆的数量,而是了解其物流管理系统,关心的是能否及时了解整个物流服务过程,能否将所提供的信息与客户自身的信息系统实现对接。可以说,有无信息系统,是能否实现公司从传统物流向现代物流成功转型的关键。从另外一个角度来说,公司在提供JIT配送业务过程中所涉及的料件已达上万种,没有信息系统的支撑,仅凭人工管理是根本无法实现的。因此,信息系统的实施是中海物流业务的需要,是中海物流发展的必然选择。

中海物流管理信息系统的总体结构由物流企业管理系统、物流作业管理系统、物流电子商务系统和客户服务系统四个部分组成。物流企业管理系统主要应用于物流公司的各个职能部门,实现办公、人事、财务、合同、客户关系、统计分析等的管理;物流作业管理系统应用于物流操作层,主要功能有仓储、运输、货代、配送、报关等;电子商务系统使客户通过Internet网实现网上数据的实时查询和网上下单;客户服务系统为客户提供优质的服务。

中海物流管理系统运行在 Internet/Extranet/Intranet 结构的网络系统上。整个网络系统分为外网、内网和中网。外网即是经过路由器和防火墙接入 Internet 网,实现电子商务接口;内网是物流集团内部运作的局域网络;中网则是用防火墙与内网和外网隔离的中间地带。用于阻隔非法入侵以及组织 VPN(虚拟专用网)的安全访问措施。系统功能结构划分成四个层次,即决策层、管理层、作业层和客户层,由 13 个子系统几十个功能模块组成。

与国内外的众多物流软件产品相比,中海物流管理信息系统具有以下特点:集成化设计、流程化管理、组件式开发、数据库重构、跨平台运行、多币种结算、多语言查询、多技术集成,(如条形码技术、GIS 技术、GPS 技术、动态规划技术、RF 技术、自动补货技术、数据交换技术等)、数据安全控制(身份识别、权限控制、数据库操作权限控制、建立在 Java 安全体系结构上的加密技术、认证和授权技术以及 SSL 技术)。

中海物流管理信息系统的设计和运行,比较突出地反映了以仓储配送服务为核心业务的第三方物流企业的运营管理特点。流程分析清晰准确,系统的运营在提高资产利用率、劳动生产率、客户满意度等方面经济效益显著。该系统通过流程化的管理,实现了物流、商流和信息流的一体化管理,通过功能模块的细分和组件式开发,比较好地实现了物流管理的标准化和企业运营的个性化统一。系统所开发的基于 Internet 网的数据交换平台,以及与海关等政府部门供应链运营各方的信息整合和共享,为提高物流企业的运营效率和服务水平提供了强有力的信息资源的支持。该系统的简洁和实用性,使得该系统具有较强的示范效果和推广价值。

3.3.3　分析与评价

1)以客户需求为本,拓展物流业务

1997 年,由于亚洲金融风暴的冲击,香港的经济发展受到严重影响,直接导致中海公司保税仓储业务的萎缩,使其一度陷入经营困境。但中海公司高层敏锐地洞察到深圳高科技电子产业的飞速发展及深圳市作为华南地区物流中心城市的战略定位,开始努力探索与跨国公司合作开展具有广阔发展空间的电子料件业务。1998 年 3 月,中海公司在全国物流行业首家开展高科技产品的国际配送业务,与美国著名的国际商用机器公司(IBM)成功签约,为其提供现代物流的最高层次 JIT 需求状态的多对一配送服务。1999 年 3 月,中海公司与香港美能达公司签约,为其提供更为复杂的国际物流配送服务。同年 3 月 26 日,美能达项目正式启动。配送“多对多料件配送”服务模式,即多家供应商对美能达生产厂及多家子工厂,也随之确立。基于这样认识和定位,中海公司进行了重大的战略调整,并由此揭开了业务发展的新纪元。

在中海公司应用物流管理信息系统之后,又开发出客户关系管理(CRM)系统,以便及时了解客户需求。该系统为客户提供了流程查询、定制查询、在库查询、在途查询、账单下载、实时跟踪、定制信息、咨询服务等功能,通过这些功能,客户可随时了解中海公司所提供的各种物流服务状况,中海公司也可了解到客户的各种反馈意见,以便及时改进服务,不断提高物流服务水平。

2)物流功能齐全,可提供全方位服务

物流系统的功能一般有运输、保管、包装、装卸搬运、流通加工、配送、物流信息等,中海公司几乎具备了物流系统的所有功能。

中海公司拥有两个保税仓,集运输、仓储、报关、配送业务于一体。进出口的原料和零部件、成品经保税仓后,可免批文、免税,手续简便、节省费用。非保税仓——蛇口赤湾仓具有交通便利、不受海关监管的特点。除此以外,中海公司还提供了空调仓、冷冻仓等特殊仓,以满足客户特殊要求。

运输业务涉及公路、水路、铁路和航空运输方面,所有的运输业务全部实现了计算机管理,并通过 EDI 通关申报系统与海关建立实时连接,确保客户可以随时了解所承运货物的情况及相关的费用,并安排专职车辆调度人员,配备先进的通信设施,24 小时值班,随时准备为客户提供服务。

中海公司的配送业务具有经济性、时效性、准确性、专业性、合理性、安全性特点,显著降低生产企业的物流成本,有效地控制交货前置时间,确保上百家供应商和生产工厂之间物流供应链的协调运转。

货代业务提供了国际国内海运、空运、拼箱、转厂、保税区储运业务等。通过 EDI 电子报关,令货物通关时间大大缩短。

此外,中海公司运用先进的计算机网络技术和电子商务技术,为物流行业或其他行业提供信息产品和服务。

3)电子商务与物流的有机结合,提供高质、高效服务

中海公司的电子商务与物流管理系统经历了几个发展期:1996 ~ 1997 年开发出电子配送程序,以实现配送电子化为目标,功能比较单一;1998 ~ 1999 年实施 C/S 结构的物流管理系统,实现了公司仓储、运输、配送等物流业务的网络化;从 2000 年开始,以基于 Internet 网结构的物流电子商务化为目标,开发出了现正在中海物流有限公司运行的中海物流管理信息系统(2000 年版),并专门成立了中海资讯科技公司进行该系统的商品化工作。中海 2000 管理信息系统由电子商务网站、物流管理软件、客户服务中心组成,集成了条码技术、GPS/GSM 技术、GIS 技术等物流技术,为供需双方提供了先进的电子商务交易平台,实现了物流作业、管理、决策的信息化。

通过信息化的实施,中海物流在管理、业务范围、经营规模、服务能力、服务效率、经济效益等各方面均发生了巨大的变化,目前信息系统已成为中海物流的核心竞争力,对公司物流业务的发展起着支柱作用。中海公司取得的经济效益具体表现为:资产利用率提高近十倍;劳动生产率提高 30%;客户服务满意度从 81% 提高到 95%;业务从单一仓储发展到国际货代、运输、仓储、报关、配送、贸易和信息服务;产生间接经济效益 5000 万元;新增利税 700 万元;年节约成本 40 万元。

4)供应链管理,网络化经营

中海公司的供应链管理首先体现在内部管理上。中海公司将业务确定为 4 大块:一是物流,以保税、监管货物的运输、报关、仓储、电子产品料件的配送及第三方物流为主。二是信息,以网络系统集成、软件开发、物流软件销售、电子商务网站开发为主。三是贸易,以国际贸易、转口贸易、加工贸易、保税贸易为主。四是实业,以进口特种汽车的改装、组装和配套检修为主。由此,相继成立了中海物流公司、中海资讯科技公司、中海货代公司、中海运输公司、汇福盛公司、瑞海联公司等,中海物流集团初具雏形。根据市场形势的发展和业务开展的需要,对原机构进行改革,这是第一次把服务链引入机构改革中,把部门职能整合分解。

2000 年中海公司进行了物流资源整合,与深圳能源仓储有限公司、蛇口赤湾仓储有限公

司合作，租赁了能源仓储 15000m^2、蛇口赤湾仓储 5000m^2 仓库，使公司仓储面积一下翻了近一倍。以深圳市福田保税区为基地，在香港、龙岗、盐田港、东莞、惠州、顺德、中山等地陆续建立了物流网点，物流业务已从珠江三角洲地区扩展到东南亚、日本、韩国，我国上海、天津、台湾、重庆、武汉、西安、青岛等地，物流网络已初步形成。

对外的供应链管理主要表现在与制造商和用户的合作及信息系统的整合上。中海公司与国际著名的 IBM 公司合作，为 IBM 在国内的工厂实施 JIT 配送服务，在全国物流行业首家开展高科技电子产品料件配送业务。接下来又与日本美能达公司合作开展配送业务，在此基础上公司又先后与联想、华为、NOKIA、ACER、LG、SONY 等国际知名公司合作，为其提供 JIT 服务，使其生产厂实现料件零库存生产的目标。在国外代理网络方面，公司利用中国海外集团的海外机构，在全球 100 多个国家和地区设有 1000 多个办事处。中海公司一向重视运输资源的合理配备，和其他运输企业建立广泛的运输联盟。除在公路运输上，中海公司拥有自己的强大车队外，在水路、铁路、航空运输方面和其他优势企业强强合作，建立了庞大的运输网络，可为客户提供全方位的运输服务。

中海公司在与多家公司开展业务的同时，还通过公司的电子商务平台与这些公司及有关政府机关（如海关）的管理信息系统进行整合，并为其他政府机关和潜在客户预留接口。

5）管理先进，注重发展规划

中海物流对仓储、运输、配送、货代等业务的管理均导入了 ISO 9002 质量体系，在信息处理上完全实现了计算机管理。由于信息手段的增强，使管理者对信息的掌握更加及时、准确、全面和有效，实现跨部门管理，管理模式趋于平展化。

配合物流管理信息系统，各类业务均采用先进的管理技术。例如，通过中海物流网，为客户提供存放货物的实时查询和统计服务，方便客户随时掌握货物进出、库存及租仓面积的利用情况。通过对货物的库存、进出过程的智能化管理，可迅速捕捉最佳库存点，达到减少库存量，减少客户租金的目的。同时，各仓库配备无线电对讲机、先进的中央闭路监控系统、全自动消防报警系统和喷淋消防系统、先进的通信系统，使货物进行库区操作前，仅需 1 ~ 2min 即可完成货物数据录入、制单的准备工作，从而保证了高效控制交货时间，进出仓作业快速准确，信息服务准确及时及有效降低库存、减少仓租。中海物流标准化、高效化的管理，为客户货物的及时进出提供了有力的保障。

中海公司自有车辆全部安装有 GPS 卫星定位系统，可对货物进行自动跟踪，让客户随时了解货物的状态。中海公司以先进的信息管理系统（包括 EDI 电子报关系统）为平台，通过 EDI 电子数据交换、E-Mail 电子邮件、图文传真、Internet 网远程数据实时查询系统等方式为客户提供以下各种报告：库存报告，每月的盘点清单，每周的盘点清单，进出记录的查询，补货通知，出货通知，货物的追踪，使运输、配送、货代等业务安全、优质、快捷、准确地进行。

中海物流的未来信息规划可用“搭建四个平台、建设一个中心”来概括，即在物流电子商务的体系下，构建企业完整的管理平台（物流、商流、信息流和业务流程的重组）、业务平台（全球一体化的市场营销体系）、服务平台（“一站式服务”和“全程服务”）和技术平台（多种系统和物流技术的集成），建设第三方物流资源和数据中心。以上信息规划的完成，将使中海物流的信息化水平达到一个新的高度，也是中海物流为国内物流企业的信息化建设做出的一份贡献。

综上所述，中海公司正是从客户需求出发，注重管理与发展，并以电子商务系统为平台，实现供应链管理，提供综合化物流服务，才获得了今天的成功。电子商务与物流结合得较为成功的中海物流管理信息系统，比较突出地反映了以仓储配送服务为核心业务的第三方物流企业的运营管理特点，它的运营在提高资产利用率、劳动生产率、客户满意度等方面经济效果显著，实现了物流、商流和信息流的一体化管理。

但从发展的眼光看，中海物流还存在某些不足。例如，公司的业务虽然形成了一定的网络规模，但就全球化来说，国外分支还有待加强；服务的货物品种较少（主要为电子产品），没有充分利用公司已形成的业务网络；没有充分利用专家系统、人工智能技术对系统进行智能化管理等。也就是说，中海物流还处在物流中心、配送中心的阶段，离物流基地还有一段距离。

4 供应链体系的发展

供应链的概念对于电子商务物流是非常重要的概念。形成快速反应的供应链是电子商务物流的目标之一，对电子商务物流的发展具有指导性的意义。本节主要介绍供应链的概念、战略要素以及供应链效率与能力的评价，阐述供应链管理所带来的变革、电子商务对供应链的改变以及企业降低供应链成本和提高竞争绩效的方法，并探讨供应链向需求链的转变。

4.1 供应链及其管理思想

4.1.1 供应链的概念

从20世纪70年代到80年代初，很多国外企业都孜孜不倦地开展一体化的物流管理，有机地、系统地管理贯穿于企业的物流，借此大力提高经营效果与效率。实践证明，这对不少企业来说，是一件费时费力的事情，但企业仍在朝此目标努力着。除了制订主要的业务流程并从中受益外，采用大系统的观念使企业在采购成本、运输成本、库存及仓储成本之间做到适宜的权衡。这些经营环节间的密切协调得以产生高水平的服务和绩效，并降低了总成本。

在企业内部物流流程一体化带来重大改观时，大多数消费者和工业产品没有完全与企业融为一体。通常，在制造一种产品并向最终用户交货中，会牵涉到若干个独立的企业。一个企业可能把生产的原材料卖给第二个企业生产零部件，第三个企业购买零部件组装产品后卖给第四个企业，如批发商，批发商接着把产品卖给第五个企业，如零售商，最后到消费者手里。物料流经的这一组企业可视为一条供应链，不过这里描述的只是一条十分简单的供应链。在实际中，技术复杂的产品的供应链可能包括成百上千个企业。虽然链上的每个企业开展其内部作业的一体化物流管理，通过对遍及整个供应链的总的物流实行一体化的物流管理仍有很大潜力，增加作为一个整体的供应链的综合效率与效益。

简单地说，供应链包含与转移货物从原材料阶段直到最终用户的相关联的所有活动，它包括供应来源与采购、产品设计、生产计划、物料处理、订货处理、存货管理、运输、仓储和顾客服务等。重要的是，它也包含了对供应链成员之间的沟通非常必要的信息系统。因而，成功的供应链管理是把所有这些活动协调与整合为一个无缝的过程。它包含并联系着链中的不同成员，除了组织内的部门，还包括供应商、分销商、第三方物流（3PL）公司和信息系统提供商等。

曾有一则IBM公司的电视广告，说的是一家商店的袜子没货了，需要再补充进货。但由于信息在供应链上的误传,致使订购信息到原材料供应商处已变成了需要兔子。最后,零售商只得无奈地说:“我需要的不是裤子,也不是兔子,我要的是袜子!”从实际情况看,它的确反映出当前我国供应链在信息通路上存在的信息不畅和信息封闭等问题,以及由此给链上的贸易伙伴带来的尴尬局面和潜在的经济损失。

4.1.2　供应链管理带来的变革

现在的管理者越发感到他们处于平衡顾客需求和企业利益增长的两难境地,而且,传统观念总是倾向于把企业及其组成部分划分为不同的职能体,这也常常导致不协调的目标、变革及管理活动出现在各部门,使企业陷入旷日持久的矛盾冲突与内耗中。

现代供应链管理思想为寻求改善的企业指出了方向。通过树立全局观念,把涉及管理从他们的供应商的供应商到他们的顾客(包括渠道顾客,如分销商和零售商)的产品、服务和信息的流动的所有环节与过程作为整体来考虑,实现供应链的一体化和谐运作,既满足了顾客日益增长的需求,也在收益、成本控制和资产利用等方面保证了企业的发展。所以,明智的管理者必须主动地去开发与执行供应链管理的变革计划,在增加链中各环节收益率的同时,为顾客创造价值的活动能贯穿供应链且更好协调,并使众多成员及职能部门朝同一目标前进。

如何战略性地看待供应链,并进行相应地供应链管理实施与运作呢?为此,企业管理者需要对下述方面及问题作出正确的认识与思考。

(1)供应链管理带给企业的挑战。

当我们迈进21世纪的时候,显而易见的事实是:供应链管理不是未来的波浪,它是海啸,将吞没阻挡其前进的各种企图—对变化的顾客需求反应迟缓、盲目地把产品推向市场、积聚存货、继续有纸化的商业贸易。

世界级的供应链领导者展示了某些共同的特征。例如,他们积极地关注实际的顾客需求,他们对实际的顾客需求反应,而不是对可能畅销或销售较慢的市场产品施加压力。由此,这些领导者将原材料、成品和被包装的物料的流动减少到最低限度,从而降低了贯穿于链中的存货保持成本。事实证明,供应链可以成为沃尔玛、戴尔计算机等市场领导者的有力竞争武器。研究发现,供应链管理良好的公司通常在降低运营成本、提高资产利用率和压缩订货周期方面表现出众。

技术也是重要的供应链管理手段。复杂精细的制造、仓储和运输系统正帮助供应链成员在整个通道中整合他们的作业。卫星通信技术现在能够对原材料和成品从来源到最终用户移动的过程进行跟踪。先进的计划与进度管理系统使企业的生产和实际的消费需求更紧密地吻合。

供应链专业人员在这些迅速显现的环境中,必须深刻领会企业使命并知道供应链怎样能够帮助实现该使命。他们需要对组织内部以及外部贸易伙伴进行供应链活动的协调。也许其中更为重要的是,他们必须和顾客更加密切。可以毫不夸张地说,供应链开始并终止于顾客。

知道顾客想要什么、什么时候想要,然后快速地交货,这就是供应链管理的核心所在,它是企业面对的一项真正的挑战。

(2)采购在供应链中占据重要地位。

采购人员在任何企业中都承担着一项重要职责—花钱。这种事实使得采购人员对企业的成败起着关键作用,特别是因为企业花在外部的货物和服务上的费用占了近2/3的销售收入。

另外,采购职能部门处于企业和供应商连接的界面。由于制造厂商调整并集中于自身的“核心能力”,他们在某些特定的专业技术领域开始更多地依靠供应商。今天,产业竞争的特征不再是企业与企业,或者说产品与产品,而是供应链和其他供应链的竞争。一个软弱无力的链接可能破坏整条链的竞争力。

在当今企业比过去更加依赖供应商的经营环境中,采购专业人员的一项重要任务是负责选择供应商。但是,供应商选择只是开端,此后,采购职能部门要和供应商谈判合同的条款与条件;和重要的供应商建立长期密切的联盟;担当供应商和其他内部部门之间的联络和供应商在质量提高、成本降低以及新产品开发计划上紧密合作;帮助供应商发展他们自己的供应商群体;搜寻产业界中可以给供应链带来额外价值的新供应商。

在过去的几年中,制造厂商增加了对“外筹”(Outsourcing)的利用,即使用外部的专家完成先前由内部进行的工作。采购职能常常涉足为设计、制造和物流等典型部门选择活动外筹的供应商。

现在的采购专业人员也深深地卷入到产品设计和开发工作中。多数制造业,特别是汽车业和其他 OEM(Original Equipment Manufacturing)市场的厂商发现,若在产品设计和开发过程的最初阶段,让重要的供应商参与到采购中,制造成本可以做到更小,产品质量更高,新产品进入市场的速度更快。

采购专业人员同样和分销商密切合作,通过把分销商整合到其顾客的日常作业中,使整个供应链实现一体化。过去,分销商仅仅储存原材料和产品,直到顾客需要时才向他们发送,几乎没有什么价值附加到产品上,也很少想到与那些顾客整合业务流程和信息系统。今天,分销商和顾客的企业的采购专业人员非常紧密地合作,增加真正的价值到产品中,并以总成本最低和最具创见性的方式管理业务。一些分销商甚至安排人员到顾客工厂的一线,在那里,由这些人员接管存货管理和订货。此外,企业正外筹对他们来说非核心的能力——存货管理,交给在该方面是专家的外部组织。

采购专业人员也处在实施基于 Internet 的电子商务系统的前线。万维网(WWW)在交易的处理上提供了理想的系统,所有产业的采购部门正迅速地研究与实施复杂的系统,以保证他们在网络上执行任一与采购相关的活动。总之,采购专业人员对供应链的效率很重要,因为选择供应商并开发与供应商共有的利益关系是采购的工作。没有优良的供应商,没有出色的采购,也就没有能够在今天的产业市场中成功竞争的供应链。

(3)战略性地管理供应来源、以降低拥有物料和服务的总成本。

制造商在想方设法降低物料采购价格之时,往往没有注意培养和供应商的良好关系。如一位总经理说的:“最好的供应方法是利用尽量多的供应商,使他们彼此为合同份额及利益争斗,那样你就可以得到最有利的价格。”这体现了“鹬蚌相争,渔翁得利”的传统思想。

优秀的供应链管理需要更有见识的思想方法,正如某制造商认识到的:“实际上,供应商的成本也是我们的成本。如果在 30 天足够的情况下强迫供应商预备 90 天的交付物料,由于该存货增加了他们的成本构成,其成本将附加到供应商的价格中后转移至我们手中。”

在制造商应对供应商提出较高要求的同时,他们也应明白,为了降低市场价格和增加利润,伙伴们必须共担减少整个供应链成本的目标,该思想的必然结果是利益共享机制。一些企业对这一积极思想的准备不够,因为他们缺少基本的先决条件,也就是对他们所有的商品成本,不仅仅是直接的物料,也有维护、修理和作业用品,以及花在日常事务、差旅、办公设备和其他各项工作上的费用的充分了解。要确定最佳方式来获得企业购买的每种物料与服务,这种基于事实的了解是基础。

制造商根据对其市场地位和行业结构的认识,可以考虑如何对待供应商——征求短期的竞争招标、建立长期的合同与战略供应商关系、外筹或垂直整合。优良的供应链管理需要创造性和灵活性。例如,对于许多业务部门都各自定购所需的纸板箱的制造商来说,创造性意味着集中采购,利用较少的、更有效率的供应商,并减少在质量检验等流程上的多余工作;对于许多小制造商,创造性意味着通过与大客户协商运费,搭载客户车辆向市场运送产品,来降低运输成本。

(4)使产品区别接近顾客并加快其在供应链中的转变。

制造商的生产目标往往以成品需求预测为基础,并备有存货来弥补预测的失误。虽然传统生产方式可以通过准备时间的降低、单元制造和JIT技术,在削减成本上得到改观,但是,很多企业正发现非常规的战略如大规模定制所具有的巨大潜力。例如,致力于有效率地满足单个顾客需要的制造商通过大规模定制之类的战略中发现延期(Postponement)的价值。他们把产品区别推迟到可能的最后时刻,从而克服了被一位美容保健品仓库经理描述的问题:"随着主要零售商对包装类型需求的增加,我们的存货保持单元数量急剧上升。我们常常会碰到给零售商像沃尔玛对库存品中某种除了包装之外其他都一样的品类的订货作出答复,有时,我们甚至撕开箱子并人工重新包装!"

例如,某计算机硬件制造商通过确定一个产品的标准基架或基础样式(尚未最后成形的产品)与众多存货保持单元的转换点,解决了该问题。当产品基架不得不包装成十几种样式来满足特定的顾客需求时,这个点出现。制造商进一步断定,虽然十几种存货保持单元的需求不稳定的多,但这些产品基架的总需求是相对稳定并容易预测的。因此,解决方案是:在工厂制造产品基架,而在顾客的订货周期内,在配送中心进行包装。这种策略通过降低半数以上的存货量,提高了资金利用率。

为向顾客迅速交货,延期通过在顾客附近使一个产品最后成形,带来了一些意想不到的供应链效率。最初的工厂可以生产基础样式的产品,运送到顾客附近的设施,在那里最后成形,根据对每个顾客订单的快速反应来添加。这削减了总的存货量,同时产品基础样式在大量生产时的成本较低。此外,高价值的成品只是按照顾客订单生产并立即装运,因而他们处于存货的时间短暂,加上顾客得到更快的回应,更有可能收到订单要求的所有货物。

JIT产品区别的关键是找到制造流程中的影响点,在该点,产品不变地形成为满足个别需求的样式,并对诸如延期、模块化设计或制造流程的调整之类可以增加柔性的选择进行评价。此外,真正认识到时间就是金钱,制造商必须向周期时间挑战:影响点能否被推进到接近实际需求,使制造商对显现中的顾客需求的反应具有最大柔性?许多制造商通过沿供应链压缩提前期,并加快从原材料到按顾客需要定制的最终产品的转化,对市场信号的反应能力增强。该方法提高了他们的柔性,以使产品成形决策更接近于需求发生的时刻。

例如,吉列公司在其剃刀刀片业务中应用延期策略。刀片的基础样式将继续在它目前的两个高技术工厂进行生产,但是,包装作业转移到地区配送中心。包装(那是一条装配线,进行印刷消费包装并将刀片放入之类的生产作业)将按订单进行。这使标签特征能够针对每个零售商定制。而且,吉列公司可以正确地满足零售商所希望的每个包装的刀片数量,而不会出现不恰当的数量造成的多余包装的浪费。该方案完全实施后,公司预计成品存货量会减少50%。

苹果电脑公司经常提到在销售旺季PC机的缺货问题。由于预测需求的错误,加上供应商无力在18周之内交付定制的驱动器和芯片,使苹果公司对顾客需求产生的变化无法更快地调整。为了解决这些问题,苹果公司重新设计了PC机,使更容易采购到标准零部件,缩短生产周期。

(5)根据不同的服务需求细分顾客群,并在供应链获益的情况下为其服务。

传统上,顾客细分是根据行业、产品或贸易渠道进行,然后采取通用的标准为他们服务,并在细分的群体内部和跨群体来平均成本与收益,这容易导致企业无法充分认识顾客寄予所提供服务上的价值期望。所以,应按照顾客需要来划分群体并分析预测每一群体的收益率。因不同行业、产品、地域以及不同渠道及层级的顾客或许对服务有着相似的需要,这种细分方法可能产生与传统方法不一样的顾客组合。

接下来,企业需采取有组织的、跨职能的流程开发系列供应链方案,并将面向每个顾客的基本服务与来自系列方案中的、对特定细分群体有较强吸引力的服务结合起来,建立针对细分群体的服务包。企业不应向勉强有利可图的顾客提供更低水平的基本服务,企业有义务按基本服务的承诺为所有顾客服务;另一方面,超出基本服务的增值服务表明了企业的一种额外承诺,其费用可以通过提高服务收费、销量增加或获得更多的业务予以补偿。就像经营理发店一样,剪发是面向全体顾客的基本服务能力,要一视同仁,不因顾客穿戴不同或顾客只剪发赚得少就区别对待,在顾客需要时,再提供烫发、焗油等增值服务,并在服务过程中征询顾客意见。最终评价服务质量好坏的也不是理发店自己,而是顾客。

例如,所有细分群体也许都重视一致性的交货,但某个细分群体,如包括小的零售店或小的批发分销商在内的这些对订货履行和销售及推销方面要求较低的群体,对先进的供应链管理方案,如定制化包装和货运跟踪查询技术几乎不感兴趣,然而这些服务内容对有的细分群体吸引力很大。

当然,不能仅仅只考虑顾客需要和偏好,服务必须转化为利润。很多企业对可能用来衡量收益率的顾客以及他们自己的成本缺乏足够的财务了解,不知道所服务的哪些顾客是最有利可图的,哪些顾客将带来最高的长期收益率,或者那些是最应该保持的顾客。因此,企业必须分析细分群体的收益性,以及可供选择的服务包的成本与利益,来保证合理的投资回报率与最佳的资源配置。

(6)针对顾客细分群体的服务需求和收益性来定制物流网络。

如果几年前询问一些企业对供应链管理的理解,也许会和“物流”混淆起来。对于这些企业来说,供应链仅意味着产品向顾客的移动,事实上,还有信息流与资金流。不过,供应链管理的诸多重点是在库存上,从原材料供应商经过许多环节直到最终消费者,许多努力针对于此。所以,有关供应链管理的话题必然涉及物流,实质上是把对运动或静止中的产品或物料的管理作为供应链考虑的重要部分。

企业一般在把其存货、仓库和运输活动组织起来的物流网络设计上采取整体的方法,来满足单一的标准。有些物流网络设计成满足所有顾客的平均服务需求,这种方法忽视了顾客需求的差异性；有些设计成满足某个顾客群最苛刻的需求，这种方法没有考虑到并非顾客都需要代价高的服务。例如，空运对某些顾客是需要的，但在顾客关心成本胜于速度的条件下，提供此项服务就不适宜了。所以，两种方法都不能实现较高的资产利用水平或为特定细分群体提供优良的供应链管理所需的物流服务。而且，在很多行业，安排特定的分销资产来满足个别的物流需求是那些实际产品没有很大差别的制造商做到差别化的重要来源。一个纸制品公司发现，在两个重要的细分群体中有着根本不同的顾客服务要求，大型出版商的订货提前期较长，小型的地区印刷商需要 24 小时内交货。为了向这两个细分群体更好地服务并实现利益增长，制造商设计了多层次的物流网络，包括 3 个储存型配送中心和 46 个位于地区印刷商附近，仅储存移动迅速的品类的快速反应的直拨库点。由于新的库存配置策略，辅之以快速反应中心及运输活动的管理外筹的支持，资产回报率和收入得到实质性的提高。

该例强调了针对特定细分群体服务的几个关键特征。涉及和第三方物流提供商的联盟，物流网络可能会变得更为复杂，也比传统网络更加灵活，并使企业在管理库存、降低周期和控制成本上变得更有效率。因此，在仓库的任务、数量、地点和所有权构成上的基本变革一般来说是必需的。最后，网络也需要有能够应对直接配送的实时决策支持工具配合的更有力的物流计划，以及更具时间敏感性的方法来管理运输。

一些有关物流的非常规思想正出现在某些行业，在那里，对顾客和相近地理区域实行共享的方法（物流与配送共同化）导致网络的多余。在第三方参与下，联合补充性产品企业与竞争性产品企业两者的物流，可以提供一个较低成本的行业范围的解决方案。例如，为满足市场对小批量、多批次或高频度的运输要求，从物流管理与技术着手，进行合理化决策分析，可采取运输集成模式，具体包括：

①混载运输。制造商可鼓励分销商实行混装订货的方法，用一辆货车装载同一制造商的不同种类的产品，对于同种产品来说，相当于实施了小批量的频繁订货，而运输次数并未增加，保证了运输效率。为鼓励混装订货，可对那些按混装存货单元订货的分销商给予折扣，如宝洁公司；而英国零售商 Tesco 则使用有不同温度分隔间的货车同时运送新鲜和冷冻食品。

②利用第三方物流提供商。他们的参与有助于小批量的补充存货变得更经济，因为这能产生简单供应关系下所不具有的一种经济规模。第三方物流提供商不局限于为一条供应链服务，它可同时服务于多条供应链。如果多个顾客彼此位置相邻，就可把每个顾客的货物依次装载到同一辆货车上，公司无须受单个顾客小批量货物的限制就实现了满载经济化。假如向毗邻的两家超市同时送货，若以前是以满载方式每周一次向每个超市分别送货，现在则意味着送货次数变为每周两次，随着顾客的增加，甚至达到每日一次。对于小客户的少量需求，进行单独满载运货是不经济的，利用第三方物流就比较有利。虽然混装和多次装载有一些附加成本，但节省的费用一般能补偿这些。

现在，第三方物流不仅提供运输和仓储，更提供有助于顾客朝真正的一体化供应链方向发展的能力。此外，第三方物流的发展也给物流人员提供了另一种管理货流的选择。

（7）监听市场信号并相应地统一整个供应链的需求计划，在保证一致的预测和最佳的资源配置传统上，供应链的上游总是将下游的需求信息作为自己需求预测的依据，并据此安排生产计划或供应计划，这一需求信息的产生过程是导致长鞭效应（由于供应链的固有属性，链中企业对信息的曲解沿着下游向上游逐级放大的现象，正如长鞭一样，在鞭子手柄有很小的抖动,在鞭梢就会产生较大的波动)发生的主要原因。譬如,采购部门发给供应商的订单中,既包括需要重新满足来自实际需求的库存量,也包括必要的安全库存量。在交货期间,保持数周的安全库存是习以为常的,其结果是预期的订货量将比需求量变化更大。而置身于供应链中的该供应商,以接收的订单上记录的数量形成需求来向自己的上游发出订货信息。所以,从经销商到制造商到供应商,订货量要比实际销售量大得多,由于大量的安全库存产生长鞭效应,并且供应链中的重要供应品的交货期越长,波动会更剧烈。

长鞭效应会造成低质量的顾客服务、低效运输、货物短缺或积压以及产品需求预测错误等问题,严重影响供应链的绩效。例如,惠普公司发现,代理商收到的订货量的变动比顾客需求量的变动要大,而汇总到总公司的订货量的变动则更大。这种需求量的扭曲显示出,如果上游的制造商或分销商只注重所接到的订货量,则有可能被这种扩大了的需求量欺骗,随之而来的将是一系列的费用。所以,这种独立的、自我为中心的预测和高水平的供应链管理是相矛盾的。

为此,企业有必要执行一个跨职能的销售与作业计划流程,在认识到每一职能团队的需要和目标的同时,将最终作业决策的基础建立在总的利润潜力上。实际上,出色的供应链管理在开发合作预测并保持需要的跨作业的能力中,提倡销售与作业计划应超越企业界限到包含供应链(从供应商的供应商到顾客的顾客)的每个环节。渠道范围的销售与作业计划能够及早察觉到隐匿在顾客促销、订货模式、再进货体系中的需求预兆信号,并能考虑到供货方和承运人的能力、水平与不足。

其次,要做到信息共享,避免多方需求预测。由于供应链是跨行业与部门,涉及供应一种产品到最终消费者的所有活动,所有供应链管理需要一条由链的末端,即市场消费者驱动的无缝信息流,在从下游向上游的传输过程中,要求速度快,且供应链成员共享信息,上游获得下游需求信息的原始来源,双方再根据相同的原始数据更新各自的预测,以避免多方进行需求预测及出现信息孤岛。过去,许多分销商把有关他们顾客与销售的信息视为商业秘密,与供应链管理相一致,这个信息应在整个供应链中交流,特别对于可以随后安排生产周期的制造商。供应链伙伴必须协同工作,以便产品的生产与使用大致同步。比如,在美国计算机业,一些制造商需要来自分销商中心仓库存货的销售数据,尽管这些数据并非完全等于 POS 数据,但制造商以这些数据作为和分销商保持联系的重要措施来缩小供应链中上游、下游在需求预测方面的差异。

另外,建立供应商管理存货体系或合作预测与补货体系,上游掌握下游的需求与存货信息,并以此进行必要的预测和对下游供货。通常,先联合供应链中一些销量大、有经验的伙伴开展,然后逐渐扩展到其他成员,促进制造与物流资产利用的改善和成本绩效的提高。

总之,上述所有方面都是重要的。供应链管理的成效不仅仅是在各职能部门之间铺设桥梁,也管理着整条链的计划、来源、制造和输送,这些正成为企业成功的基本原则。越来越多的企业正努力整合内部职能,并统一和他们的供应商与他们的顾客的战略目标。

上述提及的企业只是许多通过加强供应链的管理而提高了顾客满意度和收益率的企业的一部分。当这些企业进行了各种各样的创先举措的同时,也都认识到需要贯穿供应链来整合活动,由此提高资产利用和降低成本,创造价格优势,吸引和保持顾客,并因此增加了收入。而且,这些企业认识到了解并满足不同顾客需要的重要性。这种产品和服务的定制提高了供应链的效益,并以此赢得顾客忠诚,这一忠诚转化为利润。施乐公司发现,感到满意的顾客在随后的18个月中购买其他的施乐产品比不满意的顾客可能要多6次。

当然,这不是一项简单的任务。在单个企业内而不顾及整条链来优化作业是相当困难的,特别是由于整体的优化并不总是和局部的优化相一致。另外,因为市场的日益全球化,电子商务和新渠道对新战略的要求,以及反向物流变得更加重要等,也增加了供应链管理的难度。对于大多数企业,供应链的理论是超前于实践,即便如此,在供应链变革上的积极投入也是值得的。实践证明,在优化其供应链上成功的企业实现了竞争者没有达到的较低的成本、更快的周期和更少的库存。产品容易仿制,设计优良、敏捷的供应链却难以仿制,它将成为决定今后企业成败的关键。

4.2　电子商务改变供应链

引入电子商务之后,对供应链将产生重要影响。

4.2.1　反应力是区分竞争者的关键

几年前,在同一市场,质量是一个企业和另一企业主要的区别。后来,质量和低成本共同成为赢利的关键。但是今天,质量和成本是一定的,反应力则是区分竞争者的关键。在电子商务技术的支持下,权力从商家转移到消费者手中。现在的消费者是对市场有充分了解、从不满足的消费者,他们在市场中拥有绝对的力量,决定着生产什么,何时何地费用是多少。工业时代是大规模生产并将产品推向市场,消费者时代是大规模定制并由实时需求拉动。一个企业及其整个价值链都受到了消费者的左右。

作为一种全新的商业方式,消费者与那些众多企业参与的整体生态系统和价值网相互影响,所以电子商务有着全新的基础构造。在消费者的控制下,企业必须围绕消费者,重建其供应链,把无效的东西彻底清除出去。他们也必须把供应链从推动型转变为拉动型,并将业务流程从里向外延伸到供应商和贸易伙伴,以便企业的整个价值链能对消费者作出更好的响应。

对顾客反应最快的成为赢家。因为反应力等同于周期时间,这种新的模式需要周期时间的根本改进。供应链的成员形成了一种新的群体,即虚拟供应链。竞争从单个企业转向整个供应链。企业必须立即参加建立这一新的企业生态系统,否则竞争者将会这样去做。

电子商务使顾客导向、价值链的最佳化成为现实。需求拉动已经出现。这意味着在供应计划、物流和大规模定制上的一场革命,也表明了通过提高计划决策水平,精确地满足顾客和伙伴的需求来大量削减过高的分销成本的机会。

电子商务为中小企业融入实时供应网中创造了可能性。扩展的供应链管理思想的应用通过协调众多供应商及内、外供应链管理系统和中小企业形成协作并满足全球市场的需求,扩大了传统的供应链管理系统的范围。与传统的供应链管理系统不同,从广度上来说,在扩展的供应链管理系统,一个公司可以与其供应商、供应商的供应商、贸易伙伴、顾客以及顾客的顾客整合起来。通过共享从销售点到供应商存货水平等所有环节的信息,在扩展的供应链系统中的所有参与者能够赢得竞争优势、优化绩效和获益。

关键在于,通过传统的供应商、新的中小企业供应商、多种供应链和顾客的电子协作,参与者能够取得实质性的利益。通过整个渠道的全面盈利,整个供应链的全局观念建立起来。每个成员将不再为价格问题患得患失,因为所有价格波动带来的利益或损失都将共同分享或负担。

随着 JAVA、XML 等电子商务技术的发展，较大成员的供应链管理系统可以扩展到中小企业的浏览器，开放了新的供应来源，提供了新的渠道范围的信息分享机会。Internet 提供了突破性的成本节约，使大的或小的供应商都能有新的业务机会。

掌握电子商务的公司将比那些尚未认识电子商务的公司在成长的全球市场上获得更多利益与竞争优势。由于顾客寻求对定制化的产品和服务更快地交付，那些没有积极主动地融入到扩展的供应链中的公司将被他们所抛弃。

4.2.2 电子商务供应链的组成和特点

近年来，随着网络技术的迅猛发展，国外有很多企业开始把网络技术应用到供应链管理之中，并取得了可喜的进展。因此，基于网络技术的新型供应链——电子商务供应链伴随着电子商务正在兴起。

1）电子商务供应链的组成

互联网技术在促进电子商务迅猛发展的同时，在供应链管理中的应用也已越来越普遍。在企业内部，Intranet 已广泛应用于企业内部供应链管理；在企业外部，Extranet 在实施产业供应链管理方面起着重要作用；而 Internet 对构建全球化网络供应链又具有先天优势。网络技术所独具的费用低廉、兼容性强、操作简单、可跨平台、开放性运作的优势，使其在短时间内迅速成为供应链管理的关键技术，基于网络技术的电子商务供应链正显现出勃勃生机。

在企业内部供应链中，Intranet 把企业内部的各职能部门，如采购、库存、计划、生产、营销等部门连接起来，并把企业各分公司、分厂、子公司和办事处等包括在内；在产业供应链中，Extranet 把企业相关的供应商、客户，如原材料和零部件的供应商、分销商、合作伙伴等通过网络连接起来；而在全球化网络供应链中，Internet 则连接着全球范围内的潜在供应商和潜在客户，为供应链管理范围的拓展打下了坚实的基础。

2）电子商务供应链的主要特点

电子商务供应链借助于网络技术的应用，与传统的供应链相比，具有一些新的特点：

（1）快速客户响应。

电子商务供应链以 Intranet、Extranet 和 Internet 为支撑，并与客户关系管理相结合，使供应链上各企业围绕最终客户的需求形成一条电子化的通路，能对客户的需求作出快速反应。如一个区域分销商或零售商如果得到厂商授权，就可以从任意遥远的地方调动存货来满足客户的需求，甚至可以直接向生产工厂下订单，要求立即生产客户需要的而营销渠道中又没有相应品种规格的产品。

（2）供应链和物流高度集成。

电子商务供应链通过精细化的存货管理，使生产企业与仓储运输管理部门的物流信息做到有机集成，实时共享，减少物流领域的周转时间，降低物流成本，可显著提高物流效率。

（3）市场信息集中分析。

电子商务供应链通过数字化的分布式信息数据采集，在供应链中的核心企业进行集中分析，可有效地制定统一的营销政策，并可通过基于网络的电子商务供应链管理系统，对营销渠道的广度、长度和深度给予准确的辅助决策，提高营销的效率，降低营销成本。

3)电子商务供应链的主要优势。

与传统的供应链相比,基于网络技术的电子商务供应链具有较为明显的优势,具体表现在以下三个方面:

(1)提高供应链企业间的运作效率。

电子商务供应链借助于网络上的搜索引擎,企业可以迅速地搜寻到新的供应商,物色潜在的客户;下游客户可以自助地从在线供应商目录中查找、选择理想的供应商并直接订购商品,而不需要任何人为联络;供应链上不同企业有关配送延迟、缺货、计划装运日期变更、推迟到达等各种变更信息可以实时地为各企业所共享,以便以最快的速度作出调整,减少损失。

(2)提高客户服务水平。

电子商务供应链可以向全球范围内的客户提供每周 7 天,每天 24 小时的全天候服务,对客户服务问题有更快响应,减少服务成本和响应时间。而且,通过电子化的供应链,对生产和运输的预测水平也将大大提高,可有效缩短企业的生产运输周期,从而提高客户的满意程度。

(3)显著降低企业成本。

电子商务供应链可以在三方面节约企业的经营成本:

一是互联网将使得供应链内各环节的交易更加直接、高效,在缩短交易时间的同时,使交易成本有效降低。

二是由于供应商和客户可以通过网络充分共享库存信息,及时安排供货与发货,这样可使存货成本进一步下降。

三是由于无纸化的交易、即时化的库存信息沟通使得采购效率显著提高,采购人员的数量将大大减少,采购成本随之降低。

4)电子商务供应链的职能

电子商务供应链由于网络技术的应用,使得其在订单处理、采购管理、库存管理、生产管理、运输管理、客户服务、需求预测等多方面与传统供应链的运作有很大的区别。

(1)订单处理。

电子商务供应链中的订单基本都是在线生成、在线处理、在线交付,这样做的好处是显而易见的,如订单的管理成本将会大大下降,订单的处理时间将大为缩短,订单的差错率也会因为减少了重复录入而下降。另外,在订单生成之前,供应商价格的在线查询也将提高订单的准确性和有效性。

(2)采购管理。

采购管理是供应链管理的重要环节,在传统条件下,采购工作较为繁杂,牵涉的人力物力很多,效率不高。互联网的应用使得采购工作大大简化,效率显著提高。如通过互联网,可以从供应商那里方便得到查询回执,可以快速得到不同供应商的报价信息,可以从供应商的目录里直接选择采购商品,也可以使企业与供应商的谈判变得更为方便,传统的面对面的接触可以直接通过网络来完成。

(3)库存管理。

在电子商务供应链中,核心企业与供应商的缺货通讯可直接由网络来实现,核心企业还可以通过网络通知客户有关订单处理的延迟或库存告急的信息,并可向管理者提供现场库存商品的情况,以减少库存保留量,降低总的库存维持成本。

(4)生产管理。

在传统的供应链管理条件下,由于缺乏准确及时的有关市场、供应和库存的信息,生产计划和调度存在很大的困难,生产环节的脱节和浪费现象较为常见。而网络技术在生产管理中的应用使得生产过程中的不确定性大大下降,互联网通过改善供应商、核心企业和客户之间的通信来降低在生产调度管理中所出现的信息不同步问题,有利于JIT(即时制)生产方式的实现。

(5)运输管理。

网络技术在运输管理中同样发挥着重要的作用,如随时可以通过网络查询所运输物品的走向和货品的状态,可以及时公布发货和收货的相关信息,可以通过无线发射装置跟踪运输设备的位置等。可以说,网络是传输与物流相关的信息流的重要载体。另外,与运输相关的保险索赔等也可通过互联网进行跟踪处理,以便在出现纠纷时及时给出索赔报告。

(6)客户服务。

互联网的双向交互功能在为客户提供高水平服务方面同样可发挥有效的作用,如核心企业通过网络接受客户投诉,向客户提供技术支持,发布有关产品和服务的最新信息,加强与客户的沟通,培育客户的忠诚度等,都可以有效提高客户服务水平。

(7)需求预测。

互联网对更好地作出需求预测有很大作用。一方面,供应链内部的客户可以及时把有关需求信息及时传递给供应商,使供应商实现按需生产;另一方面,借助于互联网,生产厂商可以了解本行业的发展趋势、竞争者的动态、客户的各种特殊需求等,以便及时改进生产计划,调整产品结构。

4.3 电子商务发展中的供应链管理

供应链管理随着电子商务的发展为越来越多的企业所重视,对我国大多数企业来说,供应链管理与电子商务可以同步实施,相互促进。在电子商务发展的条件下,实施有效的供应链管理,应主要把握以下五点。

4.3.1 正确分析企业所处竞争环境

最大限度地满足客户需求是供应链管理的根本出发点,因此供应链管理的第一步就应从客户的需求出发,分析企业当前所处的竞争环境,以便明确企业实施供应链管理的目的和方向。竞争环境分析主要是为了识别企业所面对的市场特征和各种机会,为企业制定切实可行的竞争战略创造条件。

分析企业所处的竞争环境主要通过向供应商、客户及合作伙伴发放问卷调查、实地走访、举行研讨会等形式,明确诸如"客户的真正需要是什么,希望在什么时候、以什么样的价格满足","供应商能提供什么样的原材料、零部件,它们的信誉、质量和价格水平如何,在市场中的竞争地位怎样","合作伙伴的优势在哪些方面,如何更好地开展深层次的合作","现实的主要竞争者是谁,它们的优势和主要策略是什么,有哪些潜在的竞争者,又有哪些是替代品的竞争者","本企业目前的市场份额如何,价格、质量、服务在市场中处于什么水平"等。对这些问题的了解越深入、越透彻,越有利于供应链管理的实现。

在电子商务条件下,企业应该把市场竞争环境分析的工作经常化、正规化,要充分利用内联网、外联网和互联网收集分析各种信息,建立起动态数据库,随时为决策提供相应支持。

4.3.2 制订切实可行的竞争战略

对企业自身所处的市场竞争环境有比较全面的认识后，就应根据企业所具有的竞争优势，制订切实可行的竞争战略，以便据此选择合适的竞争伙伴。对核心企业来说，供应链管理注重的是企业的核心竞争力，企业凭借自身的核心竞争力与其他企业共同构建供应链。因此，对企业核心竞争力的分析是制定竞争战略的前提和基础。核心竞争力的分析主要针对企业所拥有的各种资源和能力进行客观评价，诸如回答"企业的资源和能力是否有持续的增值潜力，是否稀有，竞争者是否容易模仿"，"现有的竞争优势表现在成本、技术、服务还是其他方面"，"有哪些措施可以巩固自身的竞争优势"，"现有的竞争优势哪些可以与合作伙伴、供应商、客户共同分享"等。

在制订竞争战略时可参考迈克尔·波特著名的竞争战略理论，他把基本的竞争战略分为三种：总成本领先战略（Overall Cost Leadership）、差异化战略（Differentiation）和目标集聚战略（Focus）。赢得总成本最低的地位通常要求企业具备较高的相对市场份额或其他优势，特别需要有充足的低成本的原材料、零部件的供应作保证，换句话说，总成本领先战略需要核心企业与供应商的互动，只有在双方优势互补、互惠互利的前提下才能取得。差异化战略主要是利用企业独特的品牌形象、技术特点、经销网络和客户服务等方面的优势确立起客户对品牌的忠诚度，由此使得客户对价格的敏感性下降，为企业赢得超常收益的战略。差异化战略同样要充分发挥供应商和合作伙伴在加强竞争优势中的作用，在多方面加强合作，不断发现新的超过竞争对手的能力。目标集聚战略是主攻某个特定的顾客群、某产品系列的一个细分区段或某一个地区市场，它的前提是企业能以更高的效率、更好的效果为某一特定的战略对象服务，从而超过在更广阔范围内的竞争对手。不难看出，目标集聚战略要求企业专注于特定的客户群，企业只有充分把握这一特定用户群的深层次需求，通过优质的产品、周到的服务、有竞争力的价格等多方面入手，逐渐培养起忠诚度，才能取得持续的、稳定的竞争优势。

当企业追求总成本领先战略时，往往会选择同行业中的领先者作为合作伙伴，以期取得规模经济效益；当企业把差异化战略作为目标时，会较多地考虑选择在品牌、技术、营销渠道、服务等方面有领先优势的供应商和合作伙伴；而对目标集聚战略，企业则会投入大量精力寻找对自己的产品和服务有专门需求的客户，专门为它们量身定做，提供"一对一"的服务。

4.3.3 选择合适的供应商

供应商的选择是供应链管理的关键环节，国外的企业都十分重视这一项工作，因为供应商选择不当，不但会影响企业的产品质量、交货期，进而影响企业的盈利能力，而且会错过与其他优秀供应商合作的机会，对企业的发展极为不利。所以，从某种程度上来说，供应链管理是一个供应商的评估、选择和合作的过程，核心企业应建立起严格的供应商评估程序，确定科学的评估标准，选择到最理想的供应商，并与其建立起长期的信任、合作关系。供应商的选择一般包括以下五个步骤：

1）明确供应商选择的目标

在选择供应商之前，企业首先必须明确供应商选择的目标。这些目标主要可概括为以下5个方面：

（1）与供应商建立起一种能够不断降低成本，改善产品质量，改进服务的契约关系。

（2）改变过去那种单纯的买卖关系，或者为了各自利益不断讨价还价的对立关系，建立起以共同利益为基础的、合作的、团队性的关系，致力于高标准的信任和合作。

(3)与供应商建立起开放、畅通的沟通渠道，实现信息和利益共享、责任和风险共担的目标。

(4)让供应商不断参与到企业的产品设计与研发、市场开拓和售后服务等环节，同时让供应商充分体验到只有同舟共济，才能共同得益。

(5)共同探索双方业务流程的重组的方法，实现彼此物流的高度一体化，减少中间环节，杜绝各种形式的浪费。

2)确立供应商评估的标准

对供应商的评估必须有明确的、可以量化的标准。具体可包括以下一些方面：

(1)具有可资利用的核心能力，能与本企业优势互补。

(2)拥有与本企业基本相同的价值观和战略思想。

(3)在成本与价格方面，具有不断降低成本的潜力和努力，能适应市场竞争和本企业发展的需要。

(4)在质量方面，有完整的质量保证体系，在发生质量事故时能作出迅速反应，并能提供紧急服务及必要的免费服务。

(5)在后勤方面，能保证及时交货，能有计划地压缩订货时间，能不断减少采购批量，降低企业库存。

(6)在技术能力方面，应具有完善、先进的测试手段，有高水平的研究开发机构，有足够的研发资金的投入，保证产品不断升级换代，适应市场的需要。

对供应商评估的方法一般应坚持“定性与定量相结合，以定量为主”的原则，对可以定量的因素应考虑用适当的权重来评价其重要性，通过打分的方法评价供应商的优劣。

3)建立公正的评估小组

对供应商的评估应由专门的评估小组来实施，评估小组的成员应来自企业内部的相关部门，如采购部、技术部、质量控制部、生产部、工程部等部门，应选择既有丰富经验，又能坚持公正原则的人员参加。评估小组必须严格按企业制定的评价标准，给不同的供应商给出公正、公平、公开的结果，这样才能保证供应商在今后的合作中同样能以严格的标准要求自己，避免通过不正当手段得利。同时，对那些落选的供应商，只要结果是公正的，也会让他们有明确的目标，以便进一步改进。

4)通知初选合格的供应商参与评估

当企业初步确定了一部分合格的供应商后，应及时通知他们参与，以确认他们是否愿意与企业建立供应链合作关系，是否有获得更高业绩水平的愿望。企业应尽可能早地让供应商参与到评价的设计过程中来。应该指出的是，由于企业的力量和资源毕竟是有限的，企业只能与少数的、关键的供应商保持紧密地合作，所以参与的供应商数量不宜太多，以免分散精力。

5)与供应商建立起信任与合作关系

通过与供应商的直接接触或实地考察，基本能确定理想的供应商，接下来就应设法与供应商建立起长期的信任与合作关系。在传统的买卖关系中，企业和供应商一般都从自身利益的角度出发，尽量把责任、风险和损失转嫁给对方，结果往往两败俱伤。在供应链管理中，企业与供应商之间的相互信任与合作是前提和基础，双方都应改变传统的买卖观念和思维方式，尽量从对方的角度考虑问题，建立起风险、责任和成本共担，利益、市场和成果共享的机制，从而促进供应链管理的高效运作，为双方赢得共同的、持久的竞争优势。

4.3.4　逐步完善网络基础

供应链管理的实施必须以完善的网络设施为前提，特别是企业内联网、外联网和互联网的集成，是保证供应链高效运作的基本条件。此外，企业的知识库、电子数据库也是供应链管理的重要组成部分。逐步完善网络基础设施建设，一方面可以方便供应链中的成员能迅速、准确地收集和传递有关商业数据和相关信息，以最快的速度和最有效的方式满足合作伙伴的生产需要，最终以最快的速度和最优质的服务适应最终客户的需要；另一方面，还可以节省传统方式下人工处理业务的相应成本，与业务伙伴、客户共享由于成本降低所得到的各种好处。

对中国企业来说，企业信息化的程度总体水平还较低，企业内联网和外联网的建设还很不完善，相应的知识库和电子数据库在不少企业还是一个空白，尤其需要企业的领导和管理人员提高认识，从提高企业对市场反应能力、增强企业竞争力的角度，不断完善企业的网络基础设施建设，与供应商、销售商和各类合作伙伴共同构筑起一条高效、畅通、反应快速的电子通道。

4.3.5　加强协作，及时化解各种矛盾

供应链管理涉及众多的企业和组织，但由于各自目标和利益的不同，在运作过程中出现各种矛盾和冲突是在所难免的，如成本的分摊、利益的分配等，常会出现不协调的现象。因此，作为供应链的各组成部分，都应加强合作和沟通，采取互惠互利、求同存异的原则，从全局观念出发，及时化解供应链管理中的矛盾与冲突，使供应链管理真正成为使各方共同受益的有效途径。作为供应链管理中的各参与方，还应注意加强学习和反馈，及时发现供应链管理中出现的各种问题，共同分享成功的经验和承担失败的教训，使供应链管理切实成为提高企业经营管理水平、增强企业竞争力的重要手段。

4.4　案例——戴尔电脑的供应链管理

在全球高技术行业以及个人电脑制造业普遍不景气的大环境下，戴尔公司可谓“一枝独秀”。探究戴尔公司的成功，尤其是近期取得的成功的秘密在于高效率的“供应链”管理。戴尔公司副总裁迪克·亨特在接受美国《商业周刊》专访时透露，高效率的“供应链”对于戴尔公司的业绩而言，“绝对是一个至关重要的因素”。

对于供应链的重视，始于戴尔公司的最高层。戴尔公司总裁迈克尔·戴尔的注意力，一直集中在通过供应链降低物料和产品的成本，最终施惠于众多客户。戴尔公司的物料成本占运营收入的大约74%，公司一年花费在物料上的资金总计210亿美元左右。就此而言，这笔费用只需下降0.1%，其实际效果就远大于提高劳动生产率10%，戴尔公司的库存量相当于大约5天的出货量。鉴于个人电脑制造业的物料成本每星期下降大约1%的状况，高库存一方面意味着占用更多资金，另一方面还意味着使用了高价物料。所以库存量只有一个星期出货量的戴尔公司，相对于库存量相当于四个星期出货量的另一家电脑公司而言，就拥有3%的物料成本优势，反映到产品底价上就是2%或3%的优势。

在戴尔方面，对于世界各地每一家个人电脑工厂的每一条生产线，管理人员都借助于信息

和资源管理软件每隔两个小时更新一次零部件的供货安排——即只向工厂提供足够两个小时使用的物料。一般情况下，包括手头正在进行中的作业在内，任何一家工厂内的库存量都只相当于大约5个或6个小时的出货量。这就加快了各家工厂的运行周期，并且减少了库房空间。在节省下的空间内，戴尔公司安装了更多个人电脑生产线。

如此严密的生产安排，需要有一个组织严密的供应商网络，才能保障零部件的准点供应。为此，戴尔公司旗下最大的30家供应商提供了相当于戴尔公司总成本大约75%的物料；而再加上规模仅次于这30家供应商的另外20家供应商，则相当于戴尔公司总成本的大约95%的物料。日常生产运营过程中，戴尔公司每天都要与这50家主要供应商中的每一家打交道，甚至每天要与这其中的许多家打多次交道。

与客户保持互动是戴尔公司做得“最漂亮”的事情之一，就是依据“直线订购模式”每天与1万多名客户展开互动。这种互动如今最经常的是通过互联网实现，每天给予戴尔公司1万次机会，可以用于在供应和需求之间取得平衡。即使某一部件将会出现短缺现象，戴尔公司也会提前了解问题，进而着手解决问题。

在与客户互动的过程中，解决部件短缺问题的方法之一，可以是实施某种促销活动。例如，如果短缺索尼牌17英寸显示器，戴尔公司可以主动向客户提出以低于原价的价格，甚至与17英寸显示器相同的价格提供一台19英寸显示器。戴尔公司的管理人员明白，借助于这些手段以及通过设在互联网上的网站对标价和产品组合做实时调整，大量需求将会发生相应变动。这是通过零售渠道施行“直线订购模式”无法实现的。

持续供需平衡是戴尔公司追求的目标之一。戴尔公司的管理层认为，“如果公司能实现持续平衡，就一定能够随时满足客户对于供货的期望。持续平衡还将有助于最大限度地减少过剩和过时的库存。”实际上，戴尔公司从账面上注销的过剩和过时的库存介于物料总成本的0.05% ~0.1%，这在公司全球业务中就是每年大约2100万美元。而在个人电脑制造业内，这一比例介于2% ~3%，在其他行业则在4% ~5%。所以说，戴尔电脑的竞争优势是显而易见的，它在全球市场上叱咤风云也就不足为怪了。

思考与练习

一、思考题

1. 物流的基本功能和作用有哪些？
2. 物流作为第三利润源泉主要体现在哪些方面？
3. 现代物流发展有哪些特点？
4. 什么是第三方物流？什么是绿色物流？
5. 电子商务对物流有哪些影响？
6. 什么是增殖性的物流服务？包括哪些内容？
7. 电子商务物流有哪些特点？
8. 电子商务物流软技术包括哪些内容？
9. 什么是物流模式？传统物流有哪些主要模式？存在哪些问题？

10. 电子商务物流有哪些模式？如何选择？

11. 电子商务对供应链起什么作用？

12. 供应链管理带来了哪些变革？

二、练习题

1. 根据电子商务条件下物流业的发展策略要点，分析本地区电子商务物流的现状，筹划发展电子商务物流的策略和实施方案。

2. 调查当地汽车及相关企业从事电子商务的情况及特点，分析其主要活动模式。

3. 了解当地有哪些企业应用了供应链管理，取得的效果和存在的问题有哪些？

单元六　汽车保险业和租赁业的电子商务应用

学习目标

知识目标

1. 简述交强险的概念及与商业险的区别；
2. 简述机动车商业险的主要险种；
3. 简述汽车投保的条件、流程；
4. 简述汽车理赔的流程；
5. 简述汽车租赁的概念、类别和经营模式。

能力目标

1. 能够分析车辆出险定损和理赔的程序及主要内容；
2. 能够表述机动车保险电子商务作业流程；
3. 能够表述汽车租赁业经营管理的主要过程与内容；
4. 能够操作机动车保险电子商务系统；
5. 能够办理汽车租赁公司开业手续；
6. 会使用汽车租赁电子商务软件。

1　汽车保险业电子商务

购车就要买保险。现在的汽车营销企业一般都为购车客户同时办理车辆上户、缴纳车辆购置税、办理车辆保险等相关手续。一个合格的汽车经营者或经纪人不仅要为客户提供汽车产品的选购服务，同时还要成为客户的保险顾问。按照中国机动车保险的惯例，车辆保险通常是以年度为单位办理的。因此，众多的汽车用户，也需要对汽车保险的有关政策规定和业务流程有深入的了解。中国机动车保险政策在2003年发生了重大调整改革，本单元将对机动车保险及相关的知识进行介绍。

1.1　汽车险种

2003年1月1日前，我国采用严格的机动车辆保险条款管理制度，各保险公司统一执行2000年由保监会颁布的条款和费率。随着我国汽车工业及汽车市场的快速发展以及机动车保有量的不断增加，为促进机动车保险业务适应发展的需要，提高管理经营水平和服务质量，保监会规定自2003年1月1日起在全国范围内实施新的机动车辆保险条款费率管理制度，条款和费率实行差异化。2006年7月1日，又将第三者责任险分成交通事故责任强制保险（简称"交强险")和商业第三者责任险(简称"商三险"),同时将车损险和商三险再次统一,并分为A、B、C三款供保险公司任选其一(天平汽车保险公司除外),即2006版条款。2007年4月1日,保监会颁布实施2007版机动车保险条款。2008年2月1日,保监会又将交强险的责任限额由6万元提高到12.2万元,将原来的商三险承担的部分保险责任转由交强险承担,同时下调了费率,商三险的费率也进一步下调。

1.1.1　交强险

1)交强险的概念和功能

交强险是我国首个由国家法律规定实行的强制保险制度。交强险是由保险公司对被保险机动车发生道路交通事故造成受害人(不包括本车人员和被保险人)的人身伤亡、财产损失,在责任限额内予以赔偿的强制性责任保险。交强险具有强制性,凡是在我国境内行驶上路的机动车都必须投保交强险。这种强制性不仅体现在强制投保上,也体现在强制承保上,具有经营交强险资格的保险公司不得拒绝承保,也不能随意解除合同。而商三险则属于民事合同,机动车主或者是管理人拥有是否选择购买的权利,保险公司也享有拒绝承保的权利。

交强险负有更多的社会管理职能。建立该保险制度不仅有利于道路交通事故受害人获得及时有效的经济保障和医疗救治,而且有助于减轻交通事故肇事方的经济负担。而商三险则属于商业保险,保险公司经营该险种的目的便是营利,这与交强险"不盈不亏"的经营理念显然相去甚远。

交强险的责任赔偿限额是死亡伤残11万元、医疗费用1万元、财产损失2000元。无责任的赔偿限额是死亡伤残1.1万元、医疗费用1000元、财产损失100元。

2)车船使用税(简称"车船税")

车船使用税是指以车船为征税对象,向拥有并使用车船的单位和个人征收的一种税。车船使用税兼有财产税和行为税的性质,还具有单项财产税的特点。

根据规定,车船税的征收对象是依法在公安、交通、农业、军事等车船管理部门登记的车辆。这些车辆中,除拖拉机、军队和武警专用车辆、警用车辆等条例规定免税的车辆以外,若纳税人无法提供地方税务机关出具的完税凭证或减免税证明的,纳税人都应按照保险机构所在地的车船税税额标准缴纳车船税。

车船税纳税期限实行按年征收、分期缴纳。机动车的车船税具有涉及面广、税源流动性强的特点,且纳税人多为个人,征管难度较大。另外,纳税人直接到税务机关缴纳税款又存在道路不熟悉、停车困难、花费时间长等种种不便。因此,由保险机构在办理交强险业务时代收代缴机动车的车船税,可以方便纳税人缴纳车船税,提高税源控管水平,节约征纳双方的成本。

新颁布的《中华人民共和国车船税暂行条例》规定从2007年7月1日起,在购买交强险时由保险公司代收车船税,并及时向国库解缴税款。

自2008年7月1日起,向保险公司缴纳车船税时应提供上次投保的保单,以便查验上一年度的完税情况。若上年度未缴纳的,则保险公司除代收欠缴的税款外,还将按日加收万分之五的滞纳金。

保险公司代收代缴机动车的车船税后,要向纳税人开具含有完税信息的保单,作为纳税人缴纳车船税的证明。如需另外再开具完税凭证的,纳税人可以凭交强险保单到保险机构所在地的地方税务机关开具。

《车船税暂行条例实施细则》规定:已完税的车辆被盗抢、报废、灭失的,纳税人可以凭有关管理机关出具的证明和完税证明,向纳税所在地的主管地方税务机关申请退还自被盗抢、报废、灭失月份起至该纳税年度终了期间的税款。纳税人通过保险机构代收代缴车船税后,若在当年发生符合车船税退税条件的情况,可向保险机构所在地的地方税务机关提出退税申请。

3)《交强险财产损失"互碰自赔"处理办法》

"互碰自赔"是指在满足"互碰自赔"的条件下,由各保险公司在本方机动车交强险有责任财产损失赔偿限额内对本车损失进行赔付。其他情形参照《交强险理赔实务规程(2008)》处理。本办法自2009年2月1日起实施。

"互碰自赔"适用条件:

(1)两车或多车互碰,各方均投保交强险。

(2)仅涉及车辆损失(包括车上财产和车上货物),不涉及人员伤亡和车外财产损失,各方车损金额均在交强险有责任财产损失赔偿限额(2000元)以内。

(3)由交通警察认定或当事人根据出险地关于交通事故快速处理的有关规定自行协商确定双方均有责任。

(4)当事人同意采用"互碰自赔"方式处理。

满足"互碰自赔"条件的,事故各方分别到各自的保险公司进行索赔,承保公司在交强险有责任财产损失赔偿限额内赔偿本方车辆损失。原则上,任何一方损失金额超过2000元的,不适用"互碰自赔"方式,按一般赔案处理。即对三者车辆损失2000元以内部分,在交强险限额内赔偿;其他损失在商业险项下按事故责任比例计算赔偿。特殊情况下,参照《交强险互碰赔偿处理规则(2008)》中的相关规定处理。

1.1.2 机动车商业险

机动车商业险的险种主要有:

1)车辆损失险(简称"车损险")

机动车辆商业保险的险种分为主险和附加险两部分,而车损险是汽车保险中最主要的商业险种,同时也是主险之一。由于使用汽车时的意外事故较多,对于一般车辆而言,最好能买此险种。车损险是指赔偿车辆在使用过程中,由于自然灾害或意外事故造成的车辆本身损失和合理施救费用。

车损险的构成:

(1)2007-A款构成:家庭自用汽车损失险、非营业用汽车损失险、营业用汽车损失险、特种车保险和摩托车、拖拉机保险共五种。

(2)2007-B款和2007-C款构成:车辆损失险(不含摩托车和拖拉机)。

(3)2007-D款(天平汽车保险股份有限公司车险产品)构成:车碰车车辆损失险、车辆损失综合险和车辆损失一切险,共3种。

我国A、B、C三套条款中的车损险一般对由碰撞、倾覆、坠落、火灾、爆炸、外界物体坠落、倒坍等意外事故和暴风、龙卷风、雷击、雹灾、暴雨、洪水、海啸等自然灾害引起的车辆损失及发生保险事故时被保险人或其允许的合格驾驶员对车辆采取施救、保护措施所支出的合理费用负责赔偿。但对于一些特殊的风险,保险公司是要免赔的,譬如地震、战争、军事冲突、自然磨损、朽蚀、腐蚀、故障、车轮单独损坏、竞赛、测试、在营业性维修场所修理、利用保险车辆从事违法活动及驾驶人员饮酒、吸食或注射毒品后使用保险车辆、保险车辆肇事逃逸等特殊风险。

A、B、C 三款车损险在自然灾害方面：A 款与 B 款基本相同，但 C 款增加了台风、热带风暴、雪灾、冰凌、沙尘暴，所以在自然灾害方面，A、B 款的赔偿范围最窄，C 款的赔偿范围最宽。在玻璃单独破碎险方面：A 款只有风窗玻璃和左、右车窗玻璃不赔，而 B、C 款只赔天窗玻璃。所以在玻璃单独损坏方面，A 款的赔偿范围最宽，而 B、C 款的赔偿范围最窄。在合理施救费用方面：B 款明文规定不赔偿停车费、保管费、扣车费以及各种罚款；C 款明文规定不赔偿律师费、诉讼费、仲裁费，罚款、罚金或者惩罚性赔款以及未经保险人事先书面同意的检验费、鉴定费、评估费；而 A 款则没有上述规定，所以在合理施救费用方面，A 款对被保险人最为有利，C 款最为不利。

2）商业第三者责任险（简称“商三险”）

商业第三者责任险是指保险车辆因意外事故致使第三者人身伤亡或财产受损，保险人对于超过交强险各分项赔偿限额以上部分予以赔偿的保险。在保险期间内，被保险人或其允许的合格驾驶员在使用保险车辆的过程中发生意外事故，致使第三者遭受人身伤亡和财产直接损毁，依法应由被保险人承担的经济赔偿责任，保险人对于超过交强险各分项赔偿限额以上的部分，按照保险合同的规定负责赔偿。

交强险赔偿限额尽管大幅提高至 12.2 万，但其中死亡伤残赔偿限额 11 万元，医疗费用赔偿限额只有 1 万元，只比原先提高了 2000 元。另外，财产损失赔偿限额只有 2000 元，这些在稍大一些的事故中显然都是不够用的。事故中严重的人身死亡等极端情况毕竟是少数，车主一般都是撞伤了人需要花费医疗费。在交强险中最多只能赔偿 1 万元医疗费用，而在商三险里面对死亡伤残、医疗、财产等不作分项，如果车主保了 10 万保额的商三险，那么即使医疗费花到 8 万，也是能根据相关条款给予相应赔偿。即使 11 万元的死亡伤残赔偿限额对发达地区而言也很难满足赔偿车主承担责任的需要。

所以，商三险可起到补充作用，车主投保了商三险后，一旦发生交通事故，将由保险公司向受害第三方提供赔偿。交强险责任限额提高后，部分车主认为不必购买商三险，是一种认识上的误区。

目前 A、B、C 三套行业条款在商三险的赔偿限额的区间上是一致的，只分为 5 万元、10 万元、15 万元、20 万元、30 万元、50 万元、100 万元及 100 万元以上 7 档，客户可任意选择一档。但选择赔偿限额时并不是越高越好，最好考虑保障限额和保费之间的最合理程度。因为商三险从赔偿角度讲是交强险的一个补充，所以一般来说，选择 15 万元或 20 万元是合理性比较好的。这样，一般发生的第三者事故会在交强险的赔偿区间内，即使造成人员伤亡的事故时，在中等城市 20 万元的赔偿标准也基本够用（第三者赔偿主要是与当地居民生活水平因素相关）。

3）车上人员责任险

车上人员责任险是指在保险期间内，被保险人或其允许的合格驾驶员在使用被保险机动车过程中发生意外事故，致使车上人员遭受人身伤亡，依法应当由被保险人承担的损害赔偿责任，保险公司依照合同的约定负责赔偿。

2007 年 4 月 1 日起，车上人员责任险实行全国统一，但 A、B、C 款略有差异。选 2007-C 款的保险公司将车上人员责任险列为主险，选 2007-A 款或 2007-B 款的保险公司可自主决定是否将车上人员责任险列为主险。将车上人员责任险列为附加险的保险公司，必须投保商三险后方可投保。

车上人员责任险与意外伤害保险的有很大的区别。车上人员责任险是一种责任保险，而意外伤害保险则是意外险范畴，二者标准是不同的。其次，车上人员责任险是随“车”不随“人”的，不论什么样的乘客，只要在车上，就属于车上人员责任险的保障范围，而意外伤害险则是随“人”不随“车”的，只要是对应的人员投保了，无论在车上、车下的意外，都属于意外险的保障范围。

4)全车盗抢险

全车盗抢险是指在全车发生丢失被盗，报案后超过 60 天还无法寻回时，保险公司负责赔偿的险种。全车盗抢险的保险责任包括：全车被盗抢，经县级以上公安刑侦部门立案证实，满两个月(60 天)未查明下落；全车被盗抢过程中，受到损坏需修复的合理费用；全车被盗抢后，受到损坏或车上零部件、附属没备丢失需修复的合理费用。

2007 年 4 月 1 日起，全车盗抢险实行全国统一，但 A、B、C 款略有差异。选 2007-C 款的保险公司将全车盗抢险列为主险，选 2007-A 款或 2007-B 款的保险公司可自主决定是否将全车盗抢险列为主险。将全车盗抢险列为附加险的保险公司，必须投保车损险后方可投保。

5)主要附加险

(1)不计免赔险。

不计免赔险是指把原来合同中规定的应该由被保险人自行承担的免赔金额部分转嫁由保险公司负责赔偿。

由于不计免赔险的保障范围大，费率适中，所以是一个非常好的险种，投保率较高。一般而言，比较适合车技不佳的新手，而车技老练的老车主未必要投保该险种。不计免赔率特约险并不是对所有事故都没有免赔的，一般而言主要针对的是主险，如果没有指明附加险包括在内，则是不能全部免赔的。对于车损险，如果有一定的免赔额限制时(如 2007-A 款)，该免赔额的部分还是需要车主“自掏腰包”的。

2007 年 4 月 1 日起，不计免赔率特约险实行全国统一，但 A、B、C 款略有差异。

(2)玻璃单独破碎险。

玻璃单独破碎险是指在保险期间内，发生本车风窗玻璃、车窗玻璃等单独破碎时，保险公司按实际损失赔偿。车上玻璃破碎最常见的方式有三种情况，其一是小偷敲掉车窗玻璃为了偷包；其二是当汽车在高速公路上或者道路行驶条件不好的地区行驶时，溅起的小石子(飞石)将风窗玻璃击碎；其三是高空坠物将风窗玻璃或天窗玻璃砸碎。

2007 年 4 月 1 日起，玻璃单独破碎险实行全国统一，但 A、B、C 款略有差异。其中，2007-A、2007-B 款只赔偿风窗玻璃或车窗玻璃的单独破碎，而 2007-C 款却赔偿除天窗玻璃外的所有本车玻璃的单独破碎。

已投保车辆损失险的车辆方可投保玻璃单独破碎险。

(3)车身划痕险。

车身划痕险是指保险车辆发生无明显碰撞痕迹的车身表面油漆单独划伤时，保险公司按实际损失负责赔偿的险种。

车身表面被划伤最常见的方式有两种情况，其一是在停车期间被人用硬物划伤漆面；其二是由于驾驶技术不熟练剐蹭车身表面。一般只有是新车且是新手驾驶员时才考虑投保该险种。

已投保了车辆损失险的车辆方可投保车身划痕险。

2007 年 4 月 1 日起,车身划痕险实行全国统一,但 A、B、C 款略有差异。

车身划痕险的主要缺点是:因保费相对其他附加险而言较贵,性价比不高。尽管保额由 2000元、5000 元、10000 元和 20000 元可供选择,但有可能一次赔付只有三四百元,而保费却要好几百元。理赔手续也较复杂,为几百元还要开证明。

(4)自燃损失险。

自燃损失险是指保险车辆在使用过程中,因本车电器、线路、供油系统故障或货物自身原因起火燃烧,造成保险车辆的损失而由保险人承担的赔偿责任。

通常的机动车辆是不需要投保自燃损失险的,但是以下一些情况需要考虑投保:

因某种爱好或需要车辆经过改装,如改装音响、防盗器、电动天窗,增加动力等,使电路超负荷而容易引起自燃;或增加了触点等,使潜在漏电的隐患增大。

使用年限较长(10 年以上)的车辆:因电线老化容易引起自燃。

车辆因事故其电路或器件经过维修,电路、油路及其周边机件有较大的改动。

使用频率高的汽车(如公交车、某些私家车):因很少有时间检修再加上线路易老化短路,自燃的概率较大。

长时间使用空调的汽车(如出租车):因发动机负荷大且电线易老化,所以容易引起自燃。

“超载车”(如货车):因发动机过热且钢板几乎被压平发生机械摩擦而容易引起自燃。

该附加险由各保险公司自己拟订,但必须购买了车损险后方可投保。

(5)新增设备损失险。

新增设备险是指保险车辆除出厂时原有各项附属设备外,被保险人另外加装或改装的设备及设施。如加装了高级音响、防盗设备、GPS,加改了真皮或电动座椅、电动升降器、氙气大灯等。

新增设备损失险是指专门针对车辆新增加设备而进行保障的险种。

新增设备损失险的优点是保费不贵,性价比极高,如车主新增加了氙气前照灯,保费只要 100 元左右,最高可以赔偿 5000 元;其缺点是投保手续复杂,需要验车,需要新增器具的发票。

1.2　车辆保险理赔

1.2.1　理赔工作的概念及意义

理赔是保险工作中的重要环节,保险属于经济范畴,也属于历史范畴,其定义一般可以表述为:保险是以法令或合同形式,集合多数经济单位或个人,根据合理计算,共同建立专用基金,对特定危险事故所致损失或约定事件的发生给予经济补偿或给付的一种社会互助性质的经济制度。保险所体现的是人与人间的经济关系,即通过保险将社会上具有相同危险的人们组织起来,使大多数人用分摊损失的方法对其中少数人在遭遇自然灾害、意外事故等不幸事件后所造成的经济损失,给予补偿的一种特殊的经济活动。理赔是指保险合同所约定的保险事故(或保险事件)发生后,被保险人(或投保人、受益人)提出赔偿给付保险金请求时,保险人按合同履行赔偿或给付保险金的行为过程。

保险理赔的社会意义可以从两个方面来考察。第一,从保险职能来看,保险的产生和发展都是由于保险具有组织经济补偿这一个职能,保险以组织分散的保险费方式建立保险基金,其目的是用来对财产损失或人身事件进行经济补偿。保险金的职能和基本目的,都充分地说明经济补偿最终通过保险理赔来实现。第二,从保险金合同关系来看,投保人与保险人订立保险合同,以缴付保险费为代价,其目的在于约定的保险事故或事件发生时,能换取保险金赔偿或保险金。保险人在履行赔偿或给付义务时,也就是具体体现了保险组织经济补偿的职能。

保险理赔工作的意义:从保险经营角度来观察,具有改善经营的作用。第一,在保险业工作中,宣传是否深入,标的是否合法,承保手续是否齐全,保险金额是否恰当,保险费率是否合理等,平时往往不易觉察,但在理赔时,存在的问题就会被发现。因此,理赔工作也是检验业务质量的重要环节。第二,通过理赔,保险的职能和作用得到具体、实际的显示。事实证明,这是保险最有说服力的高效宣传。因此,理赔工作能直接影响保险业务的开展,有利于扩大业务。第三,通过理赔工作的进行,对每一受损案件进行调查分析,总结有关的经验教训,能进一步掌握灾害事故的发生规律,发现防灾防损中存在的问题。因此,理赔工作能为防灾防损提供依据,有利于加强保险的防灾防损。

1.2.2 理赔工作的一般原则

理赔人员的职责是处理赔案,同被保险人协商如何解决赔案,作为汽车理赔人员,他必须十分了解汽车保险条款和保险单的条件,也必须熟悉汽车结构原理和国家有关法律等。理赔人员在处理赔案时,必须遵循"主动、迅速、准确、合理"的原则,而对处理汽车险赔案尤其如此。

汽车如经常出事,要主动研究其主要原因;汽车在交通要道上出事必须迅速出动调查,如果经久不报,合适的见证人就难找,一旦迟延,事过境迁,什么证明也难弄到。此外,估计损失要准确,确定损失大小和各工费用要合理。

"主动、迅速、准确、合理"四个因素中,迅速对汽车险来说特别重要。迅速报案,及时处理赔案并使汽车得到及时修理,使汽车很快修好,恢复使用,尤其营业用车,还要受营业损失,时间因素制约显得更为重要。

1.2.3 车险理赔流程

机动车辆出险一般可分为三类:保险车辆(含投保的挂车)发生全车被盗窃、被抢劫、被抢夺称全车盗抢险;保险车辆出险受损称车损险;保险车辆出险致使第三者遭受人身伤亡或财物直接损失称第三者责任险。现将上述三类车辆出险的理赔程序分述如下:

1)盗抢险理赔程序

(1)接待报案,核查底单。

这部分工作一般由接报案员负责,主要工作有:

详细询问并记录车辆盗抢的时间、地点、经过;盗抢车辆的型号、制造年份、重置价值、发动机号码、车架号码等。

要求被保险人在地级市以上报纸上刊登《寻车启事》,并要求提供保单正本、行驶证、附加费证、车匙、购车发票等,并由经办人员签收。

指导被保险按实填写《出险通知书》;在《出险通知书》上加盖收件章,载明报案年月日时分。

查阅保单副本批单副本,核实保费收缴情况,确定公司应否负盗抢赔偿责任。

根据所了解的情况登录《保险车辆盗抢登记簿》并按规定将案情报上级公司。

(2)收集资料,调查取证。

接待报案员将有关资料移交车辆盗抢专职调查员,由调查员从多条途径对车辆盗抢情况进行调查、了解、取证。

到发生盗抢的地点进行现场查勘,找有关当事人(如保安、目击者等)询问并记录案发的情形。

从该车的销售部门及机电公司了解该车的购买价和实际价,参照保险金额,判断被保险人有无保险欺诈行为。

到车管所核对盗抢车辆的档案,查实其车型、牌号、制造年份、发动机号码、车架号码等是否与《出险通知书》上填写一致。

从当地公安反击机动车盗抢车辆的侦破近况,并协助其加强对盗抢车辆的侦破工作。根据调查情况填制《查勘报告》。

(3)逐级审核,归档结案。

这部分工作一般由编制赔案人员负责:

3个月未被破获的被盗抢保险车辆要求被保险人提供公安部门出具的车辆盗抢未破获证明。

由被保险人填写《权益转让书》,将盗抢车的追偿权转让给承保公司。

按《机动车辆出险索赔所需资料》要求,收集有关资料及单证,根据条款确定赔付金额,编制《赔款计算书》。

(4)按规定逐级复审并报上级公司,核批后赔付归档。

加强对盗抢寻回车的管理

盗抢车经公安部门破案寻回的,其奖励费由承保公司按公安部文件规定给付,须单独归档,统一管理。

盗抢寻回车原则上退回被保险人抵减赔款,确因工作需要收回的,需报上级公司有关部门批准方可留用。

2)车损险理赔程序

(1)接待报案。

接待报案员负责指导出险保户配合承保公司的理赔工作,负责有关理赔方面的答疑咨询,负责与保户进行联络并将有关资料及时反馈相关部门,负责受理公司系统内异地委托代理查勘业务的接待工作。

接待报案员应向报案人提供有关单证,进行逐项填写(接电话报案,由内勤填写)并由保户填写《出险通知书》。接待报案员还要查阅业务留存的有关资料,核定承保内容及保费收缴情况。根据条款规定和已填写的《出险通知书》,初步判定是否属承保公司应负赔偿的责任。无误后,填写《出险案件登记簿》立案编号,并将有关资料提交查勘定损人员。

(2)送修。

由送修人员负责出险事故车送厂修理的具体落实。送修人员按照事故的定损价格、送修,或按被保险人的要求送修。一般保险公司没有专门的送修员,可以由查勘员兼任。

(3)定损估价。

由查勘定损员负责对送达指定汽修厂内(含非指定修理厂)及未送达指定修理厂出险事故车的查勘定损估价,受理外埠事故车查勘定损估价,受理公司系统内异地委托代理查勘业务的查勘定损估价。

定损核价人员在接到任务及有关资料后,应利用必要的设备和手段做好查勘工作。对事故车及受损部位进行拍照。

根据查勘情况,应用所掌握的汽车专业知识和修理专业方面的知识,弄清事故原因及损伤形成的因果关系。正确区分:哪些是汽车本身故障所造成的损失,哪些是汽车正常使用过程中自然磨损、老化造成的损失,哪些是使用保养不当造成的损失,哪些是损伤产生后没有进行正常的维修保养致使损失扩大而造成的损失。依照机动车保险条款所列明的责任范围,明确事故车损伤部位和赔付范围。在定损估价过程中,遵循能修不换的保险补偿原则,并参照当地的修理工时价格和零配件价格对事故车的损伤部位逐项进行审定,做到合理准确地定损估价。

(4)核赔。

由核赔人员(缮制赔案员)负责从保险条款上和技术上对赔案进行分析审批,档案卷宗管理及分析统计。

核赔人员向保户和有关部门、人员收集索赔资料及有关单证,根据所查明的事故损失原因、涉及的部位和损失范围,按照保险条款规定确定赔偿范围及赔付金额。编制《赔款计算书》,缮制赔案,按照公司要求认真做好超权限赔案的审批上报工作,并按照核赔人的权限范围最终审定。

在赔案审批前,参考修理签订的项目和金额,估算未决赔款,录入电脑,统计未决赔款金额及赔付率。赔案审批后,按实际赔付录入电脑,统计已决赔款金额及赔付率。

1.2.4 第三者责任险理赔程序

(1)接受出险通知。

接待报案员在接待被保险人报案时,应根据被保险人填具的《出险通知书》详细询问并记录:

被保险人的名称、保单号码、驾驶员情况、车辆型号、牌照号码、发动机号码等;

出险日期、出险地点、出险原因及经过;

第三者人身伤亡及财物情况;

伤者姓名、性别及就医时间、医院名称、地址;

第三者受损财物的所有人名称、种类及存放地点。

(2)核实承保情况。

承保公司在接到《出险通知书》后,应立即查阅公司业务留存的保单副本、批单副本及保费收据,核实其承保内容及保费收缴的情况,无误后在《出险通知书》上加盖收件章,载明年月日时分。车险业务内勤须填写《出险案件登记簿》,编号立案,并及时将有关资料转交现场查勘人员。

(3)查勘定损。

现场查勘人员接到通知后,应立即赶到现场进行查勘、定损。

对出险现场全景、受损财物、事故发生的部、局部损坏的部分进行拍照,并绘制现场草图;

伤者及受损财物是否属第三者,是否确属保险金责任范围;

对第三者财物进行定损估价,第三者车辆损失参照《车损险理赔程序》处理;

至伤者就医医院了解事故发生的经过、治疗情况及所需医疗费用;

对于定损困难的第三者财物损失及人身伤害案,应及时聘请技术部门的专家或工程技术人员协助做出技术鉴定后,再定责定损,以防损失扩大和盲目处理;

根据查勘定损情况填制《查勘报告》,并在上面写明处理意见。

(4)核赔归档。

交警部门对事故做出裁决后,被保险人应将事故责任判定书、损失赔偿裁决书、医院诊断证明或法医鉴定书、医药费发票、损失清单、修理费发票等有关单据送交承保公司,承保公司根据《机动车辆保险条款》、查勘审定的责任以及单证、票据等确定其赔偿范围及赔付金额。

对第三者赔偿要根据当地《道路交通事故处理办法》,认真审核,看是否真合理,是否以责论处,对不合理的费用和间接损失要剔除;对未经承保公司许可,而保户自愿支付的款项,应由保户自负。

若第三者赔偿费用超过保单载明的第三者责任险每次事故最高赔偿限额,则按最高赔偿限额计算。

缮制《赔款计算书》,根据规定报各级核赔人审批,在赔案未最终核定前,不得对赔偿金额有任何预告或承诺。

由车险业务内勤将有关资料整理、归档。

1.2.5　车辆保险电子商务流程

我国汽车保险的电子商务业务已经全面开展,现以中国人民财产保险股份有限公司在其网站(www. e-picc. com. cn)开办的电子商务平台上开展的与汽车保险电子商务业务为例作简要介绍。中国人保财险电子商务平台网页首页包括车险报价、保单及理赔查询、保费支付、保单下载等内容,如图 6-1 所示。

图 6-1　中国人保财险电子商务平台网页首页

1)车辆网上投保

进入 www. e-picc. com. cn 网站后,选择点击车辆所在省市,如图 6-2 所示,即进入该城市财产保险公司的电子商务平台的“车辆及保险信息”及“联系人信息”网页。用户可按照网页的相关提示逐项填入相关投保信息,填写完成后点击“立即报价”即向保险公司递交了投保信息,如图 6-3 所示。续保报价可点击“续保报价”进行续保操作。

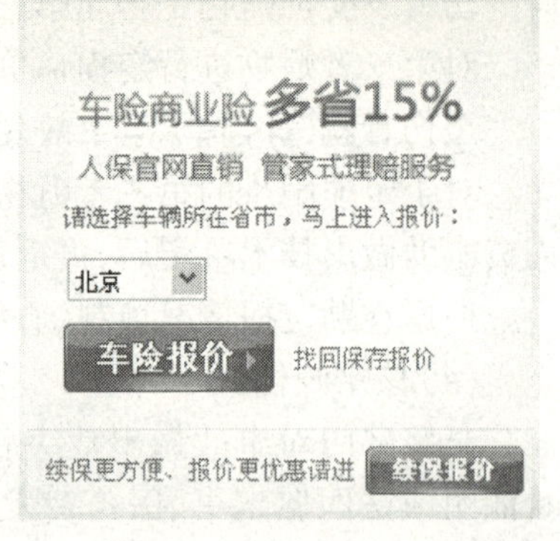

图 6-2　车险报价

2)机动车投保流程

进入 www. e-picc. com. cn/网站后,在主页左下角点击“网上投保流程介绍”即可进入“机动车辆投保流程”网页,如图6-4所示。机动车辆投保流程共分为 9 个步骤,用户可点击“新手上路”进入流程操作窗口。按照电脑屏幕的提示操作,即可了解流程步骤和内容要求。

* 请您填写真实完整的车辆及联系人信息。

车辆及保险信息

* 车辆行驶地区　北京

* 车牌号　京　格式:京AY××××　新车未上牌

* 车价　万元 车价请在1-80万之间录入

* 购车年份　2011　年

联系人信息

* 联系人姓名

手机号码

电子信箱

隐私保护声明:您提供的个人信息仅供本次报价使用,不会泄露给任何第三方作其他用途。

立刻报价

提交此页,即有机会抽取100元油卡!

4月19日-5月31日期间投保,还可抽取ipad、GPS导航仪大奖

图 6-3　车辆及联系人信息填报

3)机动车理赔流程

进入 www. e-picc. com. cn/网站后,在主页左下角点击“理赔知识”即可进入“理赔服务指南”网页。该网页包括机动车辆理赔服务 5 个方面的内容,分别是保险理赔服务流程、保险理赔案件赔付时限、赔案索赔车辆清单、联系电话和投诉电话和查看理赔服务程序公示全文。用户可按照网页(图 6-5)的提示及个人索赔的需要进行操作,即可完成车辆索赔。

4)车险保单及理赔查询

点击“保单及理赔跟踪”即可进入“查询保单信息”和“查询理赔信息”网页(图 6-6)。按照电脑屏幕上的“查询条件”及其他相关提示填入保单号码信息和被保险人证件号信息,即可进行查询。

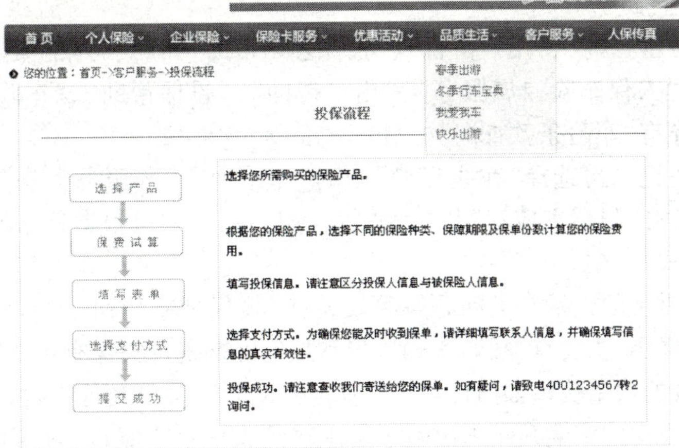

图 6-4　机动车辆投保流程

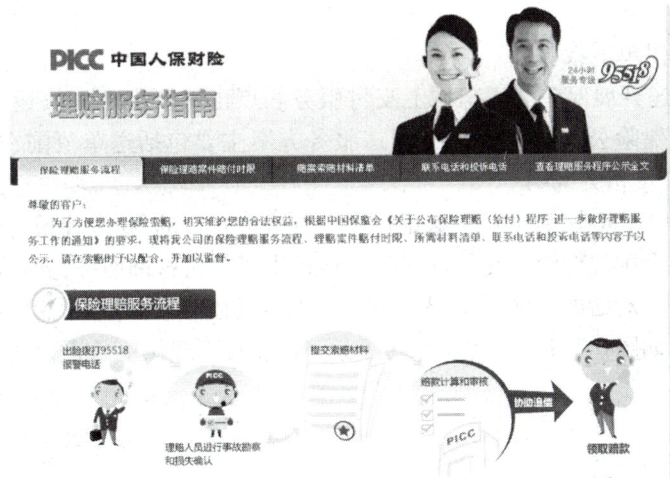

图 6-5　理赔服务流程

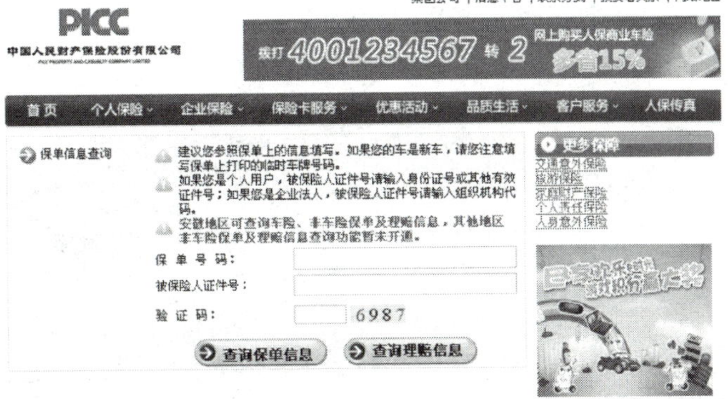

图 6-6　保单及理赔查询网页

5）车辆保险网上服务

主页开设了“点击咨询”、“用户留言”、“投保理赔帮助”和“我的保险箱”4个栏目；机动车辆保险页面开设了“人保车险专属服务”、“用户帮助”、“投保帮助”、“车险常识”和“理赔知识”等栏目；此外，还有“车险条款查询”栏目。

如点击“点击咨询”，可选择“在线交谈”中的“车险业务”与服务生就车险相关问题进行咨询交谈。此外，还有“机器人应答”与“我要留言”栏目，用户可根据自己的需要与实际情况选择接受服务的方式。

对一些与车险有关的包括常见问题解答设置在“投保理赔帮助”栏目内。栏目内提供了理赔注意常见问题提示，主要有“按新车购置价和按实际购置价投保有什么区别”、“车辆出险造成他人受伤，伤者的误工费该如何计算”、“车辆在A地投保在B地出险，该如何处理”、“以前在别的保险公司投保的车辆几年未出险今年想转到人保财险能否享受到优惠？如可以，如何计算”等。

如果咨询的内容不在常见问题范围且又比较多时，可在电脑屏幕显示的栏框内写信件，发电子邮件咨询。

6）保费支付与保单下载服务

有的保险公司还开展保单配送与网上支付服务。点击网页上相应按钮，会打开保单配送与网上支付网页。保险公司提供的保单配送服务方案主要包括送单范围、送单时限、送单费用、免送单费用政策及相关说明。

e-PICC网上支付业务支持国内17家银行和金融机构发行的60多种银行卡，持有其中任何一种银行卡，均可在全国进行网上支付。保险公司提供了支付查询服务，支付成功后，点击支付查询按钮，会出现一个对话框，在框内输入保单号码和被保险人证件号码，然后点击“确定”，即可查询支付是否成功，如图6-7所示。点击保单下载可以直接下载保单，如图6-8所示。

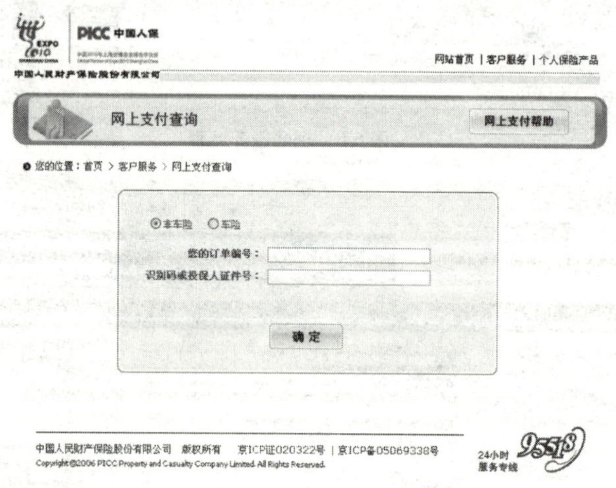

图6-7 保费网上支付帮助网页

7）其他网络软件的使用

在机动车保险业务中，还广泛采用其他一些软件或系统，主要有投保客户信息资源库、投保查询系统、车辆数据信息系统、车辆定损系统、车辆理赔操作系统等。由于涉及各保险公司的商业秘密和版权问题，这里从略。

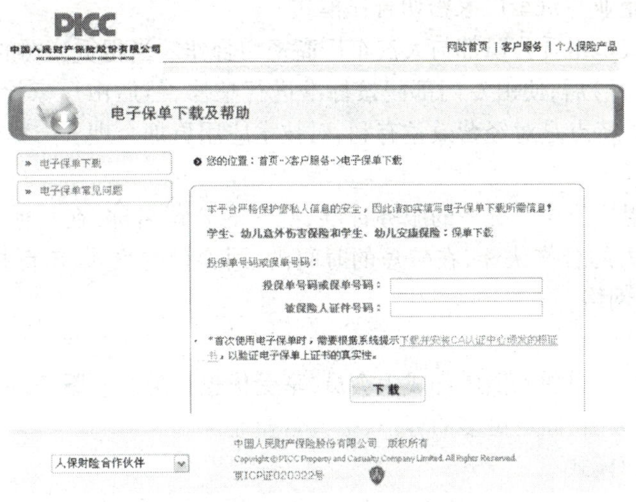

图 6-8　电子保单下载

2　汽车租赁业电子商务

汽车租赁业起源于 20 世纪 30 年代的美国，目前已经成为全球性的独立行业，年营业额达千亿美元。虽然我国起步较晚，却已表现出巨大的发展潜力和良好的发展前景。它对于汽车工业、汽车销售业、汽车出租业、汽车运输业、旅游业以及其他相关行业有着十分强烈的带动和促进作用。

2.1　汽车租赁常识

租赁是指将资产使用权从拥有权中分开，出租人拥有资产所有权，承租人拥有资产使用权，承租人与出租人双方订立租赁合同，以交换使用权利的一种交易形式。

汽车租赁是指在约定时间内租赁经营人将租赁汽车交付承租人使用，收取租赁费用，不提供驾驶劳务的经营方式。

2.1.1　汽车租赁类别

1）按照租赁期长短分

（1）长期租赁：租期在 90 天以上。

（2）中期租赁：租期在 15 ~ 90 天。

（3）短期租赁：租期为 15 天以下。

2）按经营目的分

（1）融资租赁：承租人以取得汽车的所有权为目的，却不承担所有权的一切风险。经营者却有“边租边卖”的销售性质。

（2）经营租赁：承租人以取得汽车的使用权为目的，经营者则通过租赁服务来实现投资增值。

2.1.2 汽车租赁业经营模式

1)汽车租赁企业与汽车厂家密切合作模式

国际知名的汽车租赁公司都与大汽车厂商密切合作。当租赁公司的车辆使用到一定时间(通常为8~12个月)后,便由专门部门按标准进行整修,然后由厂家检验、收回、翻新后再投入租赁市场使用。特点是对经营效益有利,对技术应用更加合理。

2)特许经营模式

著名的汽车租赁公司以统一的服务标准、统一的公司名称,在其他不熟悉的国度(地区)寻找具有一定能力的合作伙伴,在较短的时间内,用少量的投入,广泛拓展业务,形成区域性的、规模化的经营网络。

3)会员制模式

广泛征求吸收客户加入俱乐部成为会员,享受优惠和满意的服务,还可以享受由消费累积而给予的奖励,以吸引、固定更多的客户,扩大营业业务。

4)多元化经营模式

对于经营性租赁企业,同时开展融资性租赁,还可以开展二手车销售、车辆保险等与之相关的多科业务,可起到相辅相成的链式作用。特别是二手车销售业务的开展,可以消化租赁业淘汰的旧车,从而有效地扩展了车辆更新的空间和速度。

2.2 汽车租赁经营与管理

汽车租赁经营与管理包括项目论证、筹备开业和正常经营管理3个主要过程。

2.2.1 项目论证

1)市场调研

市场调研主要包括行业管理调研、交通治安状况调研、租赁市场状况调研和城市发展状况调研。

(1)行业管理调研。

①调研当地汽车租赁业的主管部门和其他相关的管理部门,搞清办公地点和联系方式。

②了解当地行政机关关于汽车租赁业的相关规定并收集相关的资料。比如对租赁车型有何限制,对租赁车辆报废年限为多少,对租赁车辆申领牌照,要办理哪些手续,有无限制,对租赁车辆年检有何规定,对租赁车辆保险有何规定。

③了解当地开办汽车租赁企业的业务的程序及各手续环节,列出程序表及手续项目。

(2)交通治安管理状况调研。

①了解新车购置后,涉及工商、税务、公安和交警、交通等职能部门的申办手续、程序、费用。

②了解事故报警电话号码、事故处理机构名称及其值班电话号码。

③了解交通违章的处罚规定。

④了解当地是否开通"110"报警电话及交巡警是否联合执法。

(3)租赁市场状况调研。

①了解当地汽车租赁企业的大致状况。

②了解当地汽车租赁市场的行情。

③了解当地现有出租车辆数、车型状况、业务饱和度及租赁价格。

④了解当地保险种类、费率、理赔规定及其手续。

⑤了解当地是否有专业的车辆救援服务公司,若有,了解其业务内容和方式。

⑥对当地汽车租赁市场进行评估。

⑦开展区域性乃至全国性联网、连锁的评估。

(4)城市发展状况及前景调研。

①了解当地道路交通状况、特点及发展规划。

②了解当地人们的主要出行量和出行方向。

③了解当地高速公路现状及建设前景。

④了解当地机场客运量及航线、航班数量、日期。

⑤了解当地知名的饭店、酒家、娱乐场所的地址、电话、传真、联系部门、联系人姓名及其简况、特点。

⑥了解当地主要机关、企事业单位、学校、团体的名称、电话及业务部门名称、联系人。

⑦了解当地有哪些会员制俱乐部,详细列出其名称、性质、入会条件、活动状况及联系方式。

⑧了解当地其他客运状况及其流量、流向、流时。

⑨了解当地及其周边地区知名的旅游景点,收集交通旅游地图、景点介绍资料。

2)开业后效益测算

主要进行汽车租赁成本的测算。汽车租赁成本指企业在为承租方提供汽车功能、税费、保险、维修及配件等在内的服务过程中的各种消耗费用。需要测算的主要项目有:

(1)车辆折旧(折旧期一般以5年计算)。

(2)各种税费:

①一次性税费(车辆购置税、牌照费)。

②固定税费(保险费、营业税、车船使用税等)。

(3)车辆维修、检测费用。

(4)经营场所租用费。

(5)职工工资福利。

(6)银行贷款利息。

(7)其他经营费用(办公费、广告宣传费、车辆救援费)。

(8)不可预计风险费用或风险提成。

3)确定投资规模

确定投资规模有以下基本条件:

(1)投资规模要满足规模经营的要求。

①规模经营可有效抵御经营风险;可有效提高服务水平;可有效提高竞争能力;可有效增强盈利水平。

②规模经营应着重考虑车辆数、站点数。

③规模经营应综合考虑投资金额、技术力量、人员素质、市场状况等必要充分条件。

④规模经营还应考虑采购、广告、管理的客观条件。

(2)只要各项条件符合规定和可能达到的条件,就应该考虑尽可能地提高规模经营水平,为今后的发展,奠定较好的基础。

2.2.2 筹办开业

筹办开业主要包括以下事项:

(1)选址。

选址的基本要求是:

①布局合理。若设多个站点,站点分布要均匀、合理;若只设一个站点,则站点应尽可能位于中心区域。

②交通便利。

③利于竞争。

④若有竞争条件,不妨与竞争对手设在同一区域;反之,则应避其锋芒,另辟新区域。

⑤充分考虑场租贵贱,注意经济适用,切忌盲目求好、求大。

(2)修建。

①营业厅注意个性特色、醒目、实用、照明、暖气、制冷等。

②停车场考虑出入通道、下水道、露天停车还是修建车棚。

③维修工场具备必要的设施和足够的车位。

(3)企业法人资格登记。

(4)办理道路运输经营手续。

(5)车辆选型。

(6)办理车辆牌证。

2.2.3 经营管理阶段

1)确定租赁价格

租赁价格是指在单位时间(通常以日或月计算)汽车租赁经营者向承租人提供包括汽车功能、税费、保险、维修及配件等综合服务所应该收取的费用。

(1)租赁价格的分类。

分为日租价、月租价、协议价、超时价和超程价。价格的构成因素主要有营运成本、国家税金和营运利润等。有关核算问题前已述及。

(2)影响租赁价格的因素。

影响价格主要因素有:管理水平;服务水平;客户消费水平;国家物价政策;相关行业价格配比;社会经济发展水平以及消费指数的高低。

(3)租赁价格的制订。

制订汽车租赁价格,主要考虑以下因素:

①车辆标准:包括车辆档次的高低和价值;车辆的新旧程度、技术等级和折旧水平等。

②租期的长短。

③服务项目。

④客户支付承受能力和当地消费水平。

⑤价格浮动因素,如季节性、节假日、区域、时段、特殊服务项目等。

2)业务流程管理

业务流程主要包括车辆租赁流程、车辆救援流程和还车流程。

(1)业务流程管理。

①接待客户:

简要介绍租赁情况,解答客户疑问,详细询问客户租车目的、用途、所需车型、租用时间;

查阅备车情况,若无客户所需车辆,则提出建议车型;

对预约的客户应简化手续。

②查验客户证件:

身份证或有效证明;

驾驶证;

留存客户证件复印件,把握风险,一旦有疑,及时上报领导,协同保安处理。

③签订正式租赁合同:

租赁合同双方各执一份。

④办理财务手续:

业务员陪同客户到财务部;

缴纳押金,预付租金。

⑤车管部门提供车辆:

业务人员陪同客户到车管部门;

试车、验车;

填写交接单,客户签字确认,提醒长期租赁客户,定期回场维护。

⑥客户离站。

(2)还车流程。

①接待客户:

主动上迎;

了解还车意图。

②查验证单:

租赁合同;

车辆交接单;

租赁证件、证明。

③现场验车:

业务员陪同客户到车管部门;

车管员现场对照车辆交接单进行验车;

填写交接单,双方签字确认。

④财务结算:

业务员陪同客户到财务部门;

正常结算、缴费;

若有车损,则双方协商,由技术部门出具赔偿单据,缴纳赔偿金;

出具财务结算凭证(发票)。

⑤终止租赁合同,客户离站。

(3)车辆救援流程。

①接听救援电话:

问清地点、联系方式、车辆状况、车损程度、故障部位、故障现象;

询问还有哪些困难需要协助(衣、食、住、钱等生活、工作求助);

询问是否需要替换车辆;

填写救援电话记录。

②派遣救援人员、车辆:

通知车管、技术部门安排救援,告知电话记录内容;

准备配件、工具;

准备通信工具;

准备替换车辆和救援车辆;

准备客户需要帮助的物品;

办理客户需要协助的事项。

③现场救援、维修:

救援人员尽快到达现场;

询问故障发生情况或事故情况;

检查车辆,确认故障部位、原因、损坏程度和责任方;

协助处理车辆事故、事项;

客户可驾驶替换车辆离去;

决定现场修理还是拖回修理。

④交通事故处理:

尚未通知交警部门的,则应提醒客户通知交警部门;

协助维持事故现场,寻找现场目击证人;

业务人员协助处理事故。

2.3 汽车租赁电子商务化

将计算机网络技术应用于汽车租赁业务,可以提高工作的效率和质量。实现汽车租赁电子商务化的关键是需要在租赁企业计算机网络设施的基础上配备能够开展汽车租赁电子商务业务的管理软件。

2.3.1 汽车租赁管理软件的基本功能

1)业务管理

(1)预订、租车、续租、救援和还车业务。

(2)租车单、续租单、替换车单、车辆交接单、还车单和违章记录单等的单据打印。

(3)租车到期自动警示。

2)客户管理

(1)客户档案的录入、检索和修改更动。

(2)客户用车记录、查询和打印。

(3)会员会期到期自动警示。

3)车辆管理

(1)档案记载、查询和打印。

(2)维修记录、换件记录和里程记录。

(3)轮胎行驶里程记录和换位、换胎记录。

(4)车辆装备变更记录。

4)员工及机构管理

(1)员工花名册及人事档案资料。

(2)员工资薪。

(3)机构设置及人员配备。

(4)租赁站点的信息管理。

(5)连锁企业状况。

5)财务管理和统计管理

(1)营业收入和支出。

(2)资产管理和投资管理。

(3)企业会计登账(有的企业按上级要求,使用统一的"会计电算化"软件)。

(4)企业统计业务和报表数据汇总。

(5)企业经营效益及经济活动分析。

6)系统维护

(1)车辆各类代码设置和维护。

(2)车辆审验到期、保险到期、维修周期的自动检索和提示。

(3)租车到期、会员资格到期的自动检索和提示。

(4)系统的备份和恢复。

2.3.2　汽车租赁电子商务实务

汽车租赁电子商务的主要业务内容包括租车业务办理、会员管理、车辆管理、企业内部管理、数据库维护,此外还须具备帮助功能。

1)租车业务办理

(1)车辆预订。

该项业务包括会员预订、明确预订地点、车辆选择和预订完成4个程序。

会员预订:主要业务操作是在计算机显示屏幕输出的窗口上输入会员个人资料数据,实现会员的车辆预订。

明确预订地点:预订地点分外地和本地,可在计算机显示屏幕输出的画面用单选按钮进行选择。若选择异地,则需要在相应的分公司所拥有的车辆资源数据库内进行推荐选择,如图6-9所示。

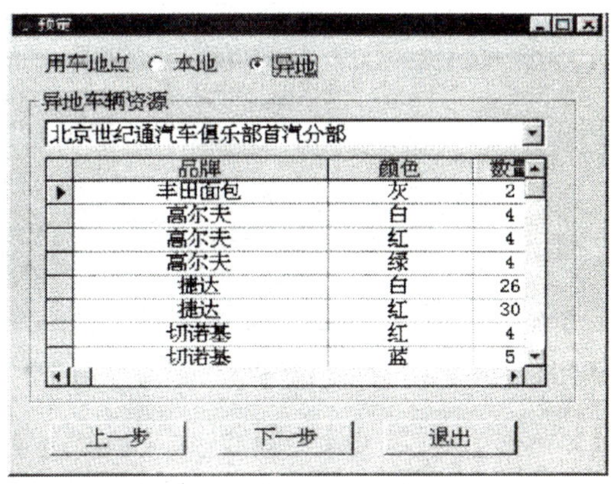

图6-9　异地车辆预订选择示意图

车辆选择:根据客户的要求,在画面上进行选择并予以确认。

预订结束:预订业务结束在屏幕显示的窗口如图 6-10 所示,完成各项预订义务操作后,点击完成键,系统会自动打印出预订单。

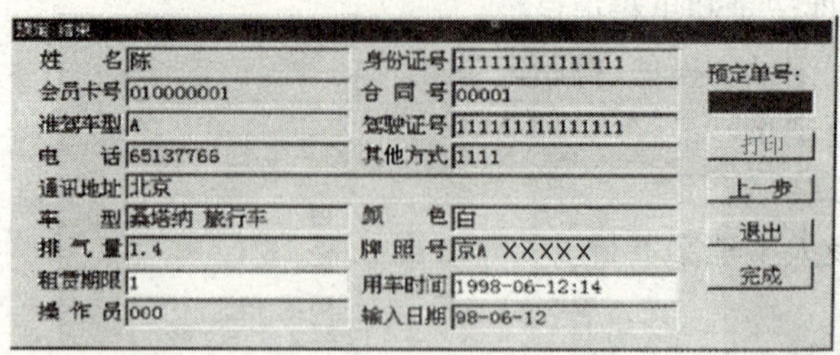

图 6-10　租赁预订结束窗口显示

(2)租车。

租车包括会员租车、会员信息显示、租车种类、车辆选择和租车结束 5 个程序。

会员租车及会员信息显示:主要操作内容是输入会员卡号后,由会员本人输入密码,再由工作人员进行核对和检查。确认无误后,计算机上会自动显示会员的个人信息。

租车种类:主要操作是确定租期的长短,15 天以内为短期,超出 15 天为长期,点击相应单选按钮即可实现。

车辆选择:业务工作人员按照用户的要求输入基本条件,系统将从公司或客户所在地分公司拥有的车辆资源中查找满足使用要求的车辆。如果没有,则可以和用户协商调整使用条件和要求,然后查找确定。

租车结束:车辆选择确定后,屏幕会显示如图 6-11 所示的窗口。窗口右下方有“交车信息”按钮,点击该按钮会显示交接单输入窗口,在该窗口上点击“交接单”按钮,系统自动打印出租车单,客户凭该单办理相关的财务和租车有关手续,再将租车单交回租车业务员,租车手续即告完成。

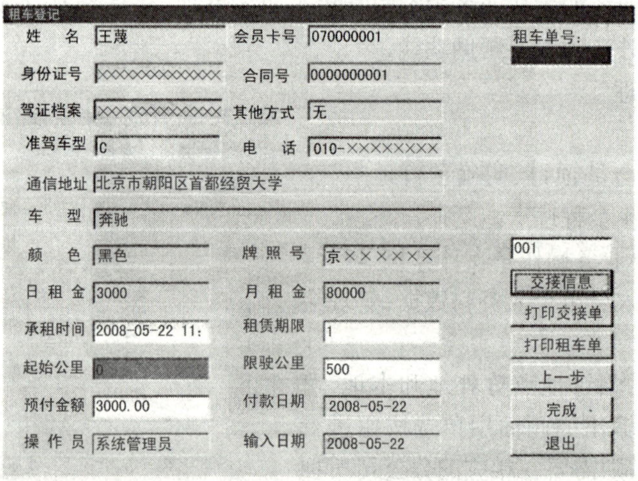

图 6-11　租车结束显示车辆登记窗口

(3)续租。

续租包括续租和续租结束 2 个程序。

在计算机屏幕显示的画面上输入会员卡号,再点击“下一步”即进入租车结束对话框,输入相应的续租天数和预付金额,点击“完成”即生成新的租车单。

(4)还车。

还车的业务流程包括还车、会员资料显示、还车结束 3 个程序。

还车及会员资料显示:在还车业务操作对话框内输入会员卡号即显示会员个人资料,由操作人员审核后,即进入下一程序。

还车结束:还车结束在屏幕上显示出“还车单”画面,如图 6-12 所示。在该对话框内输入超时加费标准、超程加费标准、超时数、超程公里数、其他费用、优惠比例、付款总额和交接验收员代码,之后点击“完成”。

还车单

姓名 陈　卡号 010000001　合同号 00001

电话 6513XXXX　其他方式 1111

始租车辆		替换车辆	
车　型	桑塔纳 旅行车	车　型	
颜　色	白	颜　色	
牌照号	京A XXXXX	牌照号	
日租金	100	日租金	
预付款	200	月租金	
承租时间	2008-06-12 14:	承租时间	
租赁期限	2	租赁期限	
起始公里	500	起始公里	
限驶公里	180	限驶公里	
终止公里	0	终止公里	0
超时加费	0 元/小时	超时加费	0 元/小时
超时数	0	超时数	0
超驶加费	0 元/公里	超驶加费	0 元/公里
超驶公里	0	超驶公里	0
其他费用	0	优惠比例	0
付款金额	0	付款日期	2008-06-12

实租天数 0.04

验车员

操作员 系统管理员

输入日期 08-06-12

车辆交接单　打印还车单　违规　上一步　完成　退出

图 6-12　客户还车管理单

非会员客户租车的手续办理与会员租车类似,不再叙述。

有关租车期间出租车辆发生意外需要救援时,租赁管理系统内有救援软件功能,包括救援、会员情况显示、车辆选择和救援结束 4 个程序。相应的操作也比较简单。

2)会员管理

会员管理主要功能是管理查询会员及个人资料。会员管理分系统包括会员档案管理、会员资料查询和会员密码修改 3 个部分。会员档案显示画面如图 6-13 所示,由 3 部分组成。上部为会员个人资料。中部为浏览器,包括预订、租车、挂失、违规、到期、退会等,可通过鼠标和滚动条操作。下部为命令区,主要包括针对某个会员的异动事项的输入操作功能键,如新增、会费、违规、挂失、密码等。还有指定、保存、修改、销卡、推出等常用功能键。会员资料查询和密码修改操作不细述。

3)车辆管理

车辆管理部分主要由车辆档案和车辆查询 2 个功能模块组成。

(1)车辆档案。

车辆档案画面如图 6-14 所示。画面结构也分 3 部分。上部为车辆的资料信息。中部为待租、已租、维护、预订、停驶、丢失、退役、报废以及交接车况等浏览区。下部为购入、报废、丢失、维护以及指定、保存、修改、打印、推出等命令按钮区。

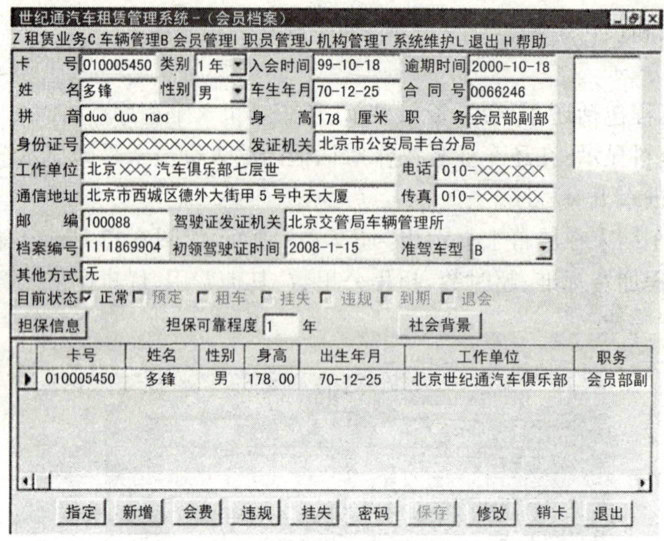

图 6-13 会员档案画面

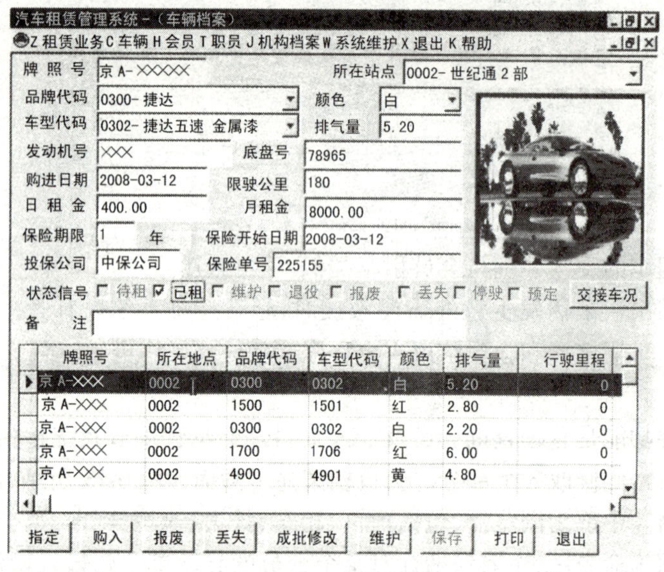

图 6-14 车辆档案画面

(2)车辆查询。

点击车辆档案画面中的“成批修改”按钮，进入车辆查询画面，点击要查询的相应内容即可得到所了解的信息。

4)企业内部管理

企业内部管理主要包括职员密码修改和站点档案，操作简单，不详述。

5）数据库维护

数据库的维护修改权限在总公司，各分公司只能查看、使用，不准修改。

数据库的内容主要包括汽车品牌、车型代码、车色代码、车辆信息提示和自动检索、提示。这里仅列出车辆信息提示画面供参考，见图6-15。

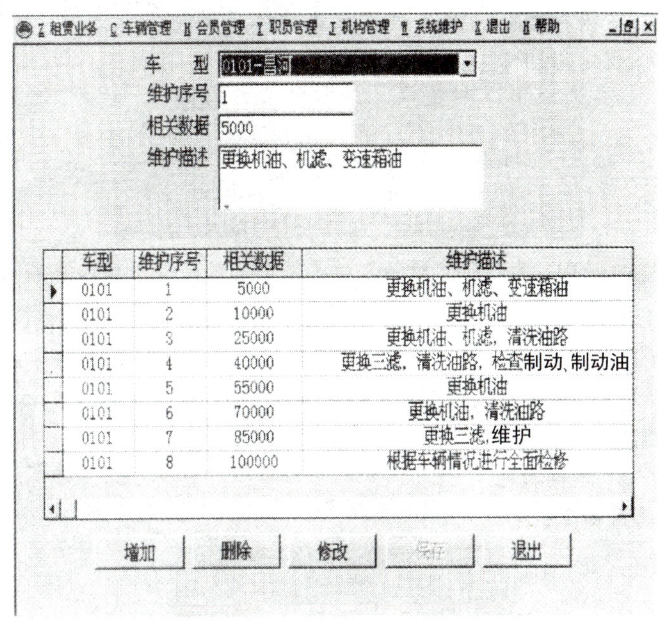

车型	维护序号	相关数据	维护描述
0101	1	5000	更换机油、机滤、变速箱油
0101	2	10000	更换机油
0101	3	25000	更换机油、机滤，清洗油路
0101	4	40000	更换三滤，清洗油路，检查制动，制动油
0101	5	55000	更换机油
0101	6	70000	更换机油，清洗油路
0101	7	85000	更换三滤，维护
0101	8	100000	根据车辆情况进行全面检修

图6-15　车辆信息提示画面

6）帮助

主要为用户提供网上的《用户手册》信息服务。

思考与练习

一、思考题

1. 机动车保险的险种有哪些？
2. 什么是车辆损失险？保费如何计算？
3. 第三者责任险为什么是强制性险种？
4. 保险人不负责赔偿的车辆损失有哪些？
5. 车辆损失险和第三者责任险的绝对免赔率有哪些规定？
6. 叙述车辆保险理赔的概念和意义。
7. 车辆保险理赔工作的一般原则是什么？
8. 车辆出险后进行理赔有哪些基本程序？
9. 叙述汽车租赁的概念、类别和经营模式。
10. 汽车租赁业开业进行项目论证有哪些基本内容？

11．汽车租赁业筹备开业要做哪些工作？

12．汽车租赁业开业的经营和管理的主要工作内容有哪些？

13．汽车租赁业务软件有哪些基本功能？

二、练习题

1．调查或实习办理汽车保险的业务过程。

2．实习汽车出险定损及理赔的业务过程及主要环节的把握。

3．到汽车租赁企业实习租赁业务的办理过程。

参 考 文 献

[1] 邓爱民,张国方.物流工程[M].北京:机械工业出版社,2002.
[2] 刘仲国,何效平.汽车服务工程[M].北京:人民交通出版社,2004.
[3] 邹向,黄仲景.汽车经纪人培训教材[M].北京:人民交通出版社,2005.
[4] 魏修建,等.电子商务物流[M].北京:人民邮电出版社,2001.
[5] 张连富.物流学[M].北京:人民交通出版社,2005.
[6] 宋华,胡左浩.现代物流与供应链管理[M].北京:经济管理出版社,2000.
[7] 唐春林,等.电子商务基础[M].北京:科学出版社,2000.
[8] 陈梅梅.电子商务实务[M].上海:东方出版中心,2001.
[9] 姚国章.电子商务与企业管理[M].北京:北京大学出版社,2002.
[10] 崔介何.电子商务与物流[M].北京:中国物资出版社,2002.
[11] 梅绍祖,等.电子商务与物流[M].北京:人民邮电出版社,2001.
[12] 张洪源.汽车商务[M].北京:人民交通出版社,2004.
[13] 李大军.电子商务[M].北京:清华大学出版社,2002.
[14] 岳云康.电子商务实训教程[M].大连:东北财经大学出版社,2008.
[15] 彭朝晖,倪红.汽车备件管理[M].北京:人民交通出版社,2010.

参 考 文 献